Industrie- und Handelskammern Niedersachsen:

Niedersächsischer Industrie- und Handelskammertag:
www.n-ihk.de

IHK Lüneburg-Wolfsburg:
www.ihk24-lueneburg.de

IHK Oldenburg:
www.ihk-oldenburg.de

IHK Osnabrück-Emsland:
www.osnabrueck.ihk24.de

IHK Stade für den Elbe-Weser-Raum:
www.stade.ihk24.de

IHK für Ostfriesland und Papenburg:
www.ihk-emden.de

Begriffserklärungen:

Duden Schülerlexikon:
www.schuelerlexikon.de

Freies Lexikon:
www.wikipedia.org
www.wissen.de

Zeitungen/Zeitschriften:

Spiegel:
www.spiegel.de

Focus:
www.focus.de

Stern:
www.stern.de

Süddeutsche Zeitung:
www.sueddeutsche.de

Handelsblatt:
www.handelsblatt.de

Gewerkschaften und Arbeitgeberverbände:

Deutscher Gewerkschaftsbund:
www.dgb.de

Ver.di Vereinte Dienstleistungsgewerkschaft:
www.verdi.de

IG Metall:
www.igmetall.de

IG Bau-Agrar-Umwelt:
www.igbau.de

Bundesvereinigung der Deutschen Arbeitgeberverbände:
www.bda-online.de

Bundesverband der Deutschen Industrie e.V.:
www.bdi-online.de

Statistiken und Schaubilder:

Bundesamt für Statistik:
www.destatis.de

Landesbetrieb für Statistik und Kommunikationstechnologie Niedersachsen:
www.nls.niedersachsen.de

Hans-Böckler-Stiftung:
www.boeckler.de

Institut der deutschen Wirtschaft:
www.iwkoeln.de

www.globus-infografik.de

Suchmaschinen:

Google:
www.google.de

Yahoo:
http://de.yahoo.com

Metager:
www.metager.de

praxis Wirtschaft 9/10

Herausgeber
Hans Kaminski

Autoren
Katrin Eggert
Manfred Hübner
Ursel Imhof
Hans Kaminski
Maida Pech
Ortrud Reuter-Kaminski

westermann

Auf verschiedenen Seiten dieses Buches befinden sich Verweise (Links) auf Internet-Adressen. Haftungshinweis: Trotz sorgfältiger inhaltlicher Kontrolle wird die Haftung für die Inhalte der externen Seiten ausgeschlossen. Für den Inhalt dieser externen Seiten sind ausschließlich deren Betreiber verantwortlich. Sollten Sie bei dem angegebenen Inhalt des Anbieters dieser Seite auf kostenpflichtige, illegale oder anstößige Inhalte treffen, so bedauern wir dies ausdrücklich und bitten Sie, uns umgehend per E-Mail davon in Kenntnis zu setzen, damit beim Nachdruck der Verweis gelöscht wird.

Druck A [1] / Jahr 2010
Alle Drucke der Serie A sind im Unterricht parallel verwendbar.

Redaktion: Sylvia Bock
Herstellung: Andreas Losse
Umschlaggestaltung: Schreiber VIS, Joachim Schreiber, Seeheim
Innenkonzept: init. Büro für Gestaltung, Bielefeld
Satz: AndersARTig Werbung & Verlag GmbH, Braunschweig
Druck und Bindung: westermann druck GmbH, Braunschweig

ISBN 978-3-14-**116181**-6

I Märkte, Preise, Verträge 6

II Organisation und Arbeitsbeziehungen 24

Beruf 3: Die Bewerbung 48

III Soziale Marktwirtschaft 56

IV Die Region und Welt verändern sich 82

V Lohn und Tarif 100

VI Lebenslanges Lernen 114

VII Soziale Marktwirtschaft – Herausforderungen 126

VIII Wirtschaften ist international 146

Der Aufbau der Kapitel

Auf der ersten Seite eines jeden Kapitels findet ihr eine **Grafik**, die euch durch das jeweilige Thema leitet. Sie wird in jedem Schuljahr erweitert, weil ihr immer mehr über das Thema erfahrt. Dabei erscheint alles, was ihr bereits wisst, in grauer Schrift, alles Neue in schwarz.

Arbeitsaufträge

Die Arbeitsaufträge stehen immer unten auf der Seite und sind durchnummeriert. Wir haben sie mit drei Symbolen gekennzeichnet: ○ ◒ ●
Diese Symbole bedeuten:
1. **Fachwissen**: Man muss etwas wissen, d. h. das kleine Einmaleins der Wirtschaft ist zu erlernen. ○
2. **Erkennen**: Dieses Wissen soll euch helfen, Schritt für Schritt wirtschaftliche Vorgänge besser zu verstehen und zu erkennen. ◒
3. **Beurteilen und bewerten:** Zu einer wirtschaftlichen Frage kann es unterschiedliche Ansichten geben. Deshalb muss man lernen, mit seinem Wissen bestimmte Zusammenhänge zu verstehen, um wirtschaftliche Situationen beurteilen zu können. ●

Methodenseiten

Auf extra gekennzeichneten Methodenseiten findet ihr die Arbeitstechniken, die euch helfen sollen, die Aufgaben zu lösen. (M)

Lernbilanzseiten

Am Ende eines jeden Kapitels findet ihr zwei Lernbilanzseiten, mit denen ihr den Inhalt des Kapitels noch einmal nachvollziehen könnt. (L)

Beispiel- und Quellentexte

Auf den Kapitelseiten findet ihr manchmal ein großes (B). Dieses markiert Texte, in denen alltägliche Situationen beispielhaft dargestellt werden.
Ein großes (Q) steht für Quellentexte, die bereits woanders veröffentlicht wurden. Die zugehörige Quellenangabe befindet sich immer in der Randspalte.

Berufsorientierung

In diesem Buch findet ihr das dritte Berufskapitel „Die Bewerbung". Auch hier seht ihr zu Beginn in einer **Grafik,** wie sich die einzelnen Schritte aufeinander aufbauen. Am Ende des Kapitels findet ihr eine **Checkliste,** die euch helfen soll, an alles zu denken, was für eure berufliche Orientierung wichtig ist. (C)

Und wir hoffen natürlich, dass ihr einen Ausbildungsplatz findet, der euren Wünschen und Fähigkeiten entspricht.
Viel Spaß und Erfolg mit dem Buch.

I Märkte, Preise, Verträge

In diesem Kapitel erfahrt ihr etwas über Märkte und Preise. Ihr lernt, wann ihr geschäftsfähig seid und welche Rechte ihr als Käufer habt. Außerdem untersucht ihr, gegen welche Risiken ihr euch versichern könnt.

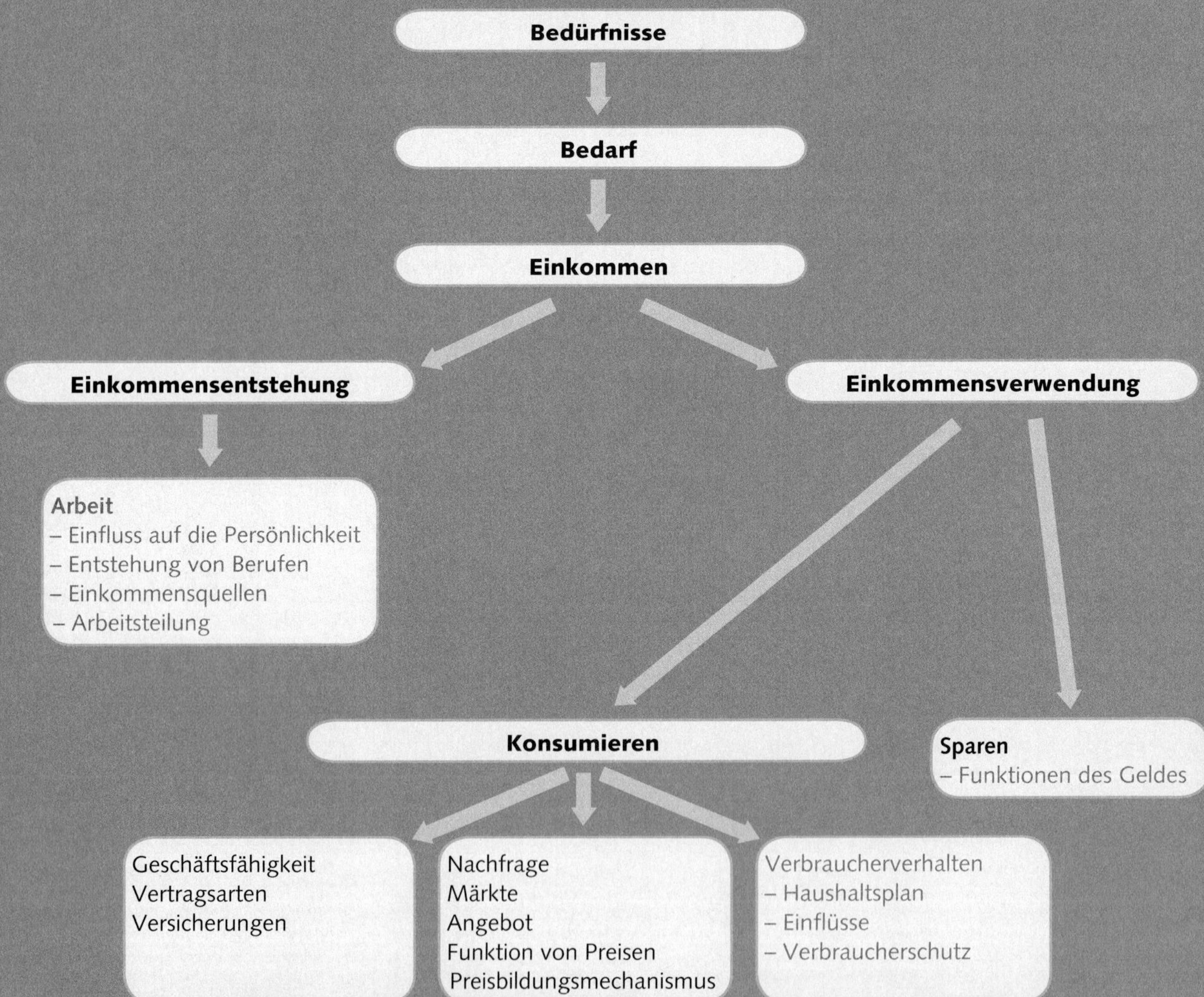

e Elektro-Haus

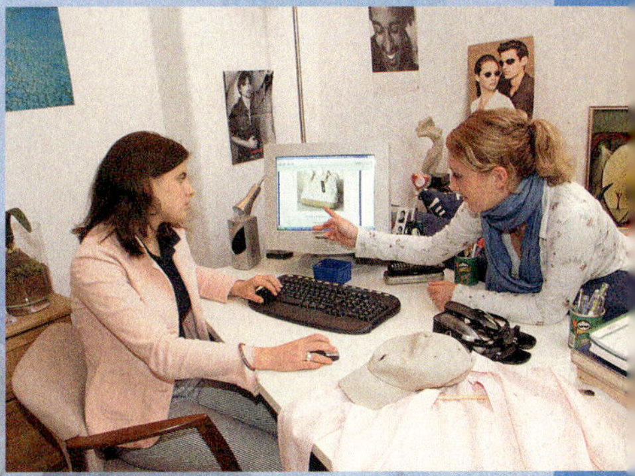

Kundenservice

Geldmarkt (Börse)

Gebrauchtwagenmarkt

Flohmarkt

1 Aufgabe von Märkten

Wo es überall Märkte gibt

Märkte sind überall dort zu finden, wo etwas angeboten und nachgefragt wird. Bereits im Mittelalter wurden die Städte durch einen Marktplatz geprägt. Meistens lag dieser in der Mitte der Stadt. Auch heute noch zieren wunderschöne Marktplätze viele Altstädte.

INFO

Auf den Märkten im Mittelalter wurden auch Dienstleistungen von Schustern, Barbieren, Kesselflickern, Scherenschleifern, Schneidern usw. angeboten.

So wie auf den heutigen Wochenmärkten fand schon im Mittelalter ein reges Handelstreiben statt. Geschäftstüchtige Händlerinnen und Händler boten Rüben, Hühner, Ziegen, Eier und viele andere Dinge des Alltags zum Kauf an. Sie warben um die Käufer und feilschten um die Preise. Allerdings unterschied sich der Handel von damals zu heute wesentlich. Der Tausch bestimmte die Geschäfte: Ware gegen Ware – z. B.: Eier gegen Mehl – oder später eben Ware gegen Geld.

Handel und Märkte veränderten sich ganz stark mit der Zunahme der Industrialisierung und der Entstehung von Fabriken. Eine Arbeitsteilung wurde notwendig. Die Herstellung von Gütern erfolgte kaum noch im eigenen Haushalt. Die Großproduzenten gaben die erzeugten Waren an Händler weiter. Der Verkauf erfolgte zum überwiegenden Teil schon in Läden oder Warenhäusern mit mehreren Beschäftigten. Der Marktplatz verlor als Handelszentrum mehr und mehr an Bedeutung.

INFO

Industrialisierung
Starkes Anwachsen der Güterproduktion in Fabriken auf Kosten der landwirtschaftlichen Produktion.

1. Erkundet einen Wochenmarkt in eurer Nähe. Wo findet er statt? Welche Produkte werden angeboten? Welche Vor- und Nachteile hat das Angebot auf dem Wochenmarkt z. B. gegenüber einem Supermarkt?

2. Erkundigt euch, ob es in eurem Ort Namen von Straßen oder Plätzen gibt, die an Märkte und Handel erinnern.

3. Schneidet Kleinanzeigen aus Lokal- oder Regionalzeitungen aus und klebt diese geordnet nach Angebot und Nachfrage in eure Hefte.

Marktgeschehen

Der Austausch von Gütern und Dienstleistungen gegen Geld ist heute nicht mehr allein an einen bestimmten Platz gebunden. Telefonverbindungen in alle Welt machen Absprachen, die sich auf Käufe und Verkäufe beziehen, in Minuten möglich. Dafür wurden früher häufig Wochen benötigt.
Hier handelt es sich oft um internationale Märkte. Durch neue Techniken entstanden ganz neue Märkte und Marktzugänge: So können z. B. über das Internet Angebote eingeholt und Bestellungen aufgegeben werden.

Auf dem heutigen Wochenmarkt werden hauptsächlich Obst, Gemüse und Blumen gehandelt. Auf Flohmärkten können altes Spielzeug, alte Möbel, Schallplatten oder Haushaltsgeräte erstanden werden; in vielen Städten gibt es in der Adventszeit Weihnachtsmärkte. Ebenso sind Kaufhäuser, Fachgeschäfte, Friseursalons oder Restaurants Märkte.

Alle Märkte, die bisher genannt wurden, könnt ihr besuchen; es gibt sie als tatsächlichen Ort. Bei vielen Märkten ist das anders: Zum Beispiel sind im Anzeigenteil von Tageszeitungen Angebote und Nachfragen zu finden. Sucht eine Familie eine neue Wohnung, hat jemand eine gebrauchte Skiausrüstung zu verkaufen, ein Autohändler einen Gebrauchtwagen oder ein Partyservice seine Dienstleistungen anzubieten, dann werden Kleinanzeigen aufgegeben. Es gibt also auch Wohnungsmärkte, Stellenmärkte, Gebrauchtwagenmärkte usw. Selbstverständlich gibt es auch Geld- und Kapitalmärkte, auf denen Geld angeboten und nachgefragt wird.
Meist werden als Märkte nur die genannt, auf denen Konsumenten Güter nachfragen. Es gibt aber auch Märkte, die fast ausschließlich für Unternehmen interessant sind. Sie finden dort Vorprodukte, z. B. Papier und Druckfarbe für Druckereien, Grundstücke für Unternehmen, Arbeitskräfte und Kapital.

Auch ein Restaurant ist ein Markt.

2 Preisbildung am Markt

Modelle als Erkenntnishilfen

Karte

Stadtplanungsmodell

Modellauto

Die drei Bilder stellen jeweils ein Modell dar. Vergleicht ihr das Modellauto mit einem tatsächlichen Auto, dem Original, dann stellt ihr fest, dass das Modell zwar eine Anschauung und Vorstellung von einem wirklichen Auto vermittelt, nicht aber das Original selbst ist. Das Modellauto ist beispielsweise sehr viel kleiner. In ihm sind nicht alle Apparaturen wie im Original usw. Dennoch erhaltet ihr durch das Modell eine Vorstellung von der Gestalt des Originalautos. Ähnliches gilt auch für die beiden anderen Bilder: Mithilfe des Stadtplanungsmodells können sich die Architekten ein Bild davon machen, wie ein neuer Stadtteil aussehen könnte. Ein Stadtplan ist nützlich, um sich in einer fremden Stadt orientieren zu können. Er ist ein Abbild der Straßen und Plätze, die Stadt sieht jedoch tatsächlich anders aus.

Menschen schaffen sich oft Modelle, damit sie die Wirklichkeit besser erkennen und verstehen können. Diese Modelle beziehen sich nicht nur auf konkrete Gegenstände, sondern auch auf Gedanken und Vorstellungen. Mit solchen **Denkmodellen** versucht man das komplizierte Wirtschaftsgeschehen in seinen wesentlichen Zusammenhängen besser zu begreifen.

Aber Vorsicht! Modelle haben auch ihre Tücken. Sie haben nämlich die Eigenschaft, nie die ganze Wirklichkeit zu erfassen. Sie werden nur für einen ganz bestimmten Zweck und unter einer ganz bestimmten Sichtweise konstruiert. Um ein Modell zu verstehen, ist es wichtig zu wissen, was durch das Modell deutlich gemacht werden soll und welche Annahmen gemacht werden, damit es funktioniert.

In den nachfolgenden Abschnitten lernt ihr solch ein wichtiges Denkmodell kennen, das immer wieder für das Untersuchen von wirtschaftlichen Vorgängen verwendet wird.

Angebot ▶ **Marktpreisbildung** ◀ **Nachfrage**

1. In den drei Abbildungen auf dieser Seite werden Modelle vorgestellt. Beschreibt, wofür sie benutzt werden könnten. ○

2. Überlegt: Was lässt sich mit diesen Modellen nicht erklären? ◒

3. In eurem Zimmer werdet ihr viele gegenständliche Modelle finden. Welche könnten das sein? ◒

Bedingungen für einen vollkommenen Markt

Das Modell vom Markt

Wir überlegen uns ein Marktmodell. Es soll deutlich machen, wie im Idealfall die Preisbildung am Markt erfolgt. Wir nehmen Folgendes an:

1. In unserem Marktmodell gibt es viele Anbieter, die sich Konkurrenz machen, aber auch viele Nachfrager. **Keiner** kann deshalb den Markt **allein beherrschen**, also großen Einfluss auf die anderen und deren Verhalten ausüben.

2. Die Nachfrager wollen zum günstigsten Preis kaufen, die Anbieter einen möglichst hohen Gewinn erzielen. Beide streben einen möglichst **hohen Nutzen bzw. Gewinn** an.

3. Sowohl die Anbieter als auch die Nachfrager wissen genau, zu welchen Preisen auf dem Markt Produkte angeboten werden. Für alle Marktteilnehmer herrscht also **vollkommene Marktübersicht**.

4. Die auf dem Markt angebotenen Produkte haben alle die **gleiche Qualität**. Deshalb wählen die Nachfrager die Produkte allein nach der Höhe des Preises aus.

5. Weder Anbieter noch Nachfrager bevorzugen aus persönlichen, räumlichen oder zeitlichen Gründen einen Marktpartner. Freundschaften, Ortsnähe und Zeitdruck spielen also für die Wahl des Anbieters oder des Nachfragers keine Rolle **(keine Bevorzugung)**.

Wenn diese Annahmen gelten, dann bestimmen **Angebot und Nachfrage den Preis.**

1. Ein Markt, auf dem Preisbildung ausschließlich nach Angebot und Nachfrage erfolgt, muss fünf Bedingungen erfüllen. Ordnet die Grafiken den entsprechenden Bedingungen zu. ◒

INFO

Gleichgewichtspreis
Alle Konsumenten, die zum Gleichgewichtspreis p Eier kaufen wollen, können auch kaufen, weil zu diesem Preis genauso viele Eier nachgefragt werden: Angebot und Nachfrage gleichen sich bei diesem Preis aus. Man sagt: Zu diesem Preis wird der Markt geräumt.

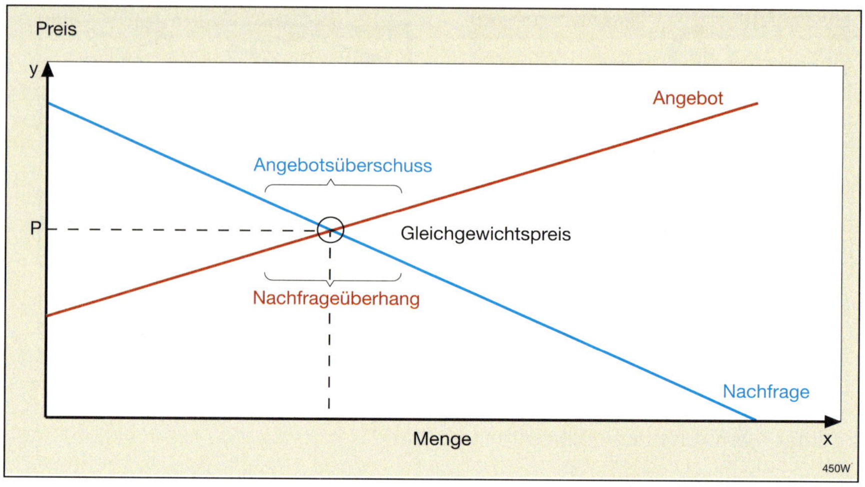

Preisbildung im Modell – Angebot und Nachfrage

Betrachten wir zunächst die Nachfrage. Allgemein kann man sagen: Hat ein Produkt einen hohen Preis, so werden wenige davon gekauft, bei einem niedrigen Preis dagegen viele.
Trägt man in einer Grafik (siehe oben) auf der x-Achse die Menge der Produkte ein, auf der y-Achse den Preis, dann ergibt sich die Nachfragekurve. Die Nachfragekurve zeigt ein wichtiges „Wirtschaftsgesetz", **das Gesetz der abnehmenden Nachfrage:** Je höher der Preis, desto geringer die Nachfrage.
Bei dem Angebot gilt, dass es mit dem Preis steigt. Jeder Anbieter ist bereit, für einen hohen Preis mehr Produkte anzubieten als für einen niedrigen. Zeichnen wir hier die Kurve, dann ergibt sich die Angebotskurve.

Die Angebots- und die Nachfragekurve schneiden sich in einem Punkt. Dieser Punkt kennzeichnet den Gleichgewichtspreis: Angebot und Nachfrage halten sich die Waage.
Liegt der Preis oberhalb des Gleichgewichtspreises, würde mehr angeboten, aber weniger nachgefragt werden (Angebotsüberschuss). Der Preis würde also auf den Gleichgewichtspreis sinken. Ist dagegen der Preis niedriger als der Gleichgewichtspreis, würde mehr nachgefragt, aber weniger angeboten. Der Nachfrageüberhang würde den Preis nach oben drücken.

Preis	Anzahl der angebotenen CDs	Anzahl der nachgefragten CDs
€ 4,10	2	12
€ 6,12	3	10
€ 7,65	4	7
€ 9,18	5	5
€ 11,22	6	4
€ 14,80	9	2
€ 17,86	12	1

1. Lest in der Tabelle ab, wie groß jeweils Angebot und Nachfrage bei einem bestimmten Preis sind. Welches ist der Gleichgewichtspreis?

2. Beantwortet mithilfe des Diagramms folgende Fragen:
a) Wie kommt der Gleichgewichtspreis zustande?
b) Welche Folgen hat der Angebotsüberschuss für den Konsumenten?
c) Welche Auswirkungen hat der Nachfrageüberhang für den Konsumenten?

Diesen Mechanismus kann man in vier Regeln fassen:

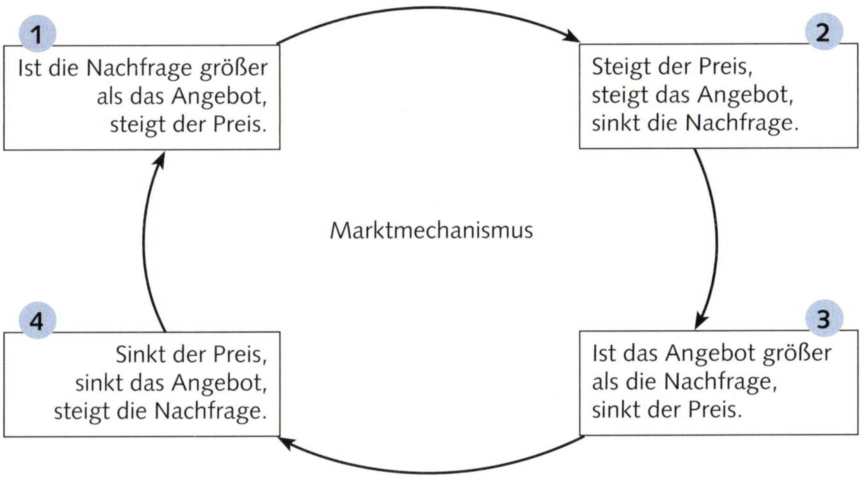

Wie der Marktmechanismus funktioniert

Dass es diesen Preismechanismus gibt, kann man gelegentlich sogar an einem Tag beobachten:

B Als die ersten Erdbeeren im Frühsommer auf den Markt kamen, drängten sich die Käufer vor den Ständen. Alle versuchten ein Körbchen zu bekommen. Die Marktverkäufer merkten, dass die Nachfrage trotz des hohen Preises, den sie angesetzt hatten, größer war als ihr Angebot. Da sie noch mehr verkaufen wollten, bestellten sie telefonisch frische Ware und erhöhten den Preis, nicht eben stark, aber doch spürbar. Doch jetzt kippte die Situation: Die Käufer, die den stärksten Wunsch nach frischen Erdbeeren hatten, hatten schon gekauft, den anderen war der Preis überwiegend zu hoch – das Angebot war plötzlich größer als die Nachfrage. Da die Händler die Erdbeeren nicht bis zum nächsten Markttag aufbewahren konnten, blieb ihnen nichts anderes übrig, als die Erdbeeren preiswerter anzubieten.

Großes Angebot und wenige Käufer: eine günstige Situation für die Käufer

1. Welche Auswirkungen hat es auf den Preis,
- wenn nach einem schneearmen, milden Winter die Geschäfte auf ihren Skisachen und Schlitten sitzen geblieben sind?
- wenn zur Hauptreisezeit sehr viele Urlauber Benzin nachfragen?
- wenn im Frühjahr zunächst wenige Erdbeeren, in der Haupterntezeit sehr viele und zu Saisonende nur noch einige besondere Sorten angeboten werden? ◒

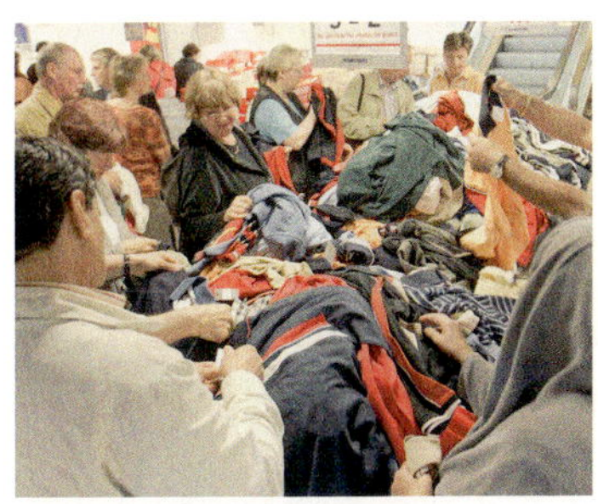

Kleines Angebot und viele Käufer: eine günstige Situation für den Verkäufer

2. Stellt euch vor: DVD-Spieler überschwemmen den Markt.
- Wie müssten sich nach der Regel die Preise entwickeln?
- Welche Auswirkungen könnte das auf einzelne Hersteller haben?
- Was geschähe dann wiederum mit dem Preis? ◒

3 Preisbildung in der Marktwirklichkeit

Bisher habt ihr am Modell kennengelernt, welche Bedingungen auf dem Markt herrschen müssen, damit ausschließlich Angebot und Nachfrage den Preis bestimmen.

Es wäre schön, wenn die Regel von Angebot und Nachfrage wie im Modell funktionieren würde. Doch leider ist es in der Wirklichkeit selten so, denn hier spielen viele andere Dinge noch eine Rolle, die man berücksichtigen muss:
- Anbieter und Nachfrager haben oft persönliche Gründe, ihre Geschäfte mit dem einen oder anderen Partner zu machen.
- Oft sind örtliche Gegebenheiten wichtig, wie z.B. die Erreichbarkeit eines Geschäftes oder die Fahrtzeit dahin.
- Viele Menschen kaufen unter Zeitdruck und können so nicht eine aufwendige Auswahl treffen.
- Es gibt nur einen oder wenige Anbieter auf dem Markt.
- Die Nachfrager haben eine mangelnde Übersicht über das Angebot.

Die Regel, dass Angebot und Nachfrage den Preis bestimmen, ist deshalb nicht die Regel, sondern häufig die Ausnahme. Sie zeigt dennoch wichtige wirtschaftliche Zusammenhänge auf.

Dorfladen

B Frau Berger will einen Kuchen backen, weil sich unerwartet Besuch angemeldet hat. Sie stellt fest, dass sie kein Mehl hat. Bergers wohnen auf dem Dorf. Im einzigen Geschäft am Ort ist das Mehl aber viel teurer als im Supermarkt in der zwölf Kilometer entfernten Kreisstadt. Frau Berger kauft trotzdem am Ort.

Geschäfte unter Kegelbrüdern

Familie Hörster will sich zu Weihnachten einen neuen DVD-Spieler leisten. Herrn Hörsters Freund und Kegelbruder Franz besitzt ein Elektrogeschäft. Bei ihm ist das Gerät, das sich Herr Hörster ausgesucht hat, aber 50 Euro teurer als bei der Konkurrenz. Frau Hörster möchte dieses Geld sparen. Dazu Herr Hörster: „Das kann ich doch nicht machen! Was meinst du wohl, wie Franz guckt, wenn er zu uns kommt?“

Riesige Auswahl

Herr Steinmann möchte ein neues Fahrrad kaufen. Er steht ratlos beim Fahrradhändler. Die verschiedenen Marken, die technischen Besonderheiten, die unterschiedlichen Materialien, Ausstattung, Zubehör und die Preisspannen machen es ihm schwer, eine Wahl zu treffen. „Wer findet da noch durch?“, stöhnt er und überlegt, was er tun kann.

1. Erläutere die Gründe für das Verhalten von Frau Berger, Herr Hörster und Herr Steinmann.

2. Habt ihr eine Idee, wie sich die drei verhalten könnten?

4 Funktion der Preise

B Saskia und Anja bummeln durch die Stadt. Anja will sich neue Jeans kaufen. Zunächst gehen sie in die Boutique „Smart" in der Einkaufspassage. Die Hose „Memory", die Anja gut gefällt und ihr gut passt, ist sehr teuer. „In unserem Briefkasten lag heute Morgen ein Werbezettel einer anderen Boutique", sagt Saskia, „lass uns doch da mal hingehen." Sie gehen also in die Reichenstraße, der Laden sieht nicht gerade toll aus, aber die Auswahl ist riesig. Anja findet sogar die „Memory" und hier kostet die Jeans 15 Euro weniger. Als Anja ihrem Vater vom Einkauf und den Preisen in der „Smart" Boutique erzählte, sagt er nur: „Hast du dir mal überlegt, welche Mieten gezahlt werden müssen? Stell dir doch mal vor, welche Kosten die Geschäfte da haben." „Schön", sagt Anja, „aber trotzdem kaufe ich ab jetzt lieber in der Reichenstraße."

Das zeigt, dass der Konsument nicht deshalb einen Preis zahlt, weil die Herstellung Kosten verursacht. Konsumenten interessieren sich für den Preis von Produkten, nicht für die Kosten, die ein Unternehmer hat. Ausschlaggebend ist, wie ihr wisst, die Nachfrage auf dem Markt.

Die Kosten sind aber für die Anbieter wichtig, denn der Preis, den sie am Markt erzielen, ist wesentlich für den Bestand ihres Unternehmens. Ist der mögliche Preis für ein Produkt zu niedrig, werden Verluste gemacht, die auf Dauer das Unternehmen gefährden. Durch die Preise müssen also mindestens die Kosten gedeckt werden. Der Inhaber der Boutique „Smart" hat wegen der hohen Kosten einen hohen Preis für die Jeanshose festgesetzt. Erfolgreich war dieses Verhalten nicht, denn der Inhaber konnte nicht so viele Jeans verkaufen, wie dies bei einem geringeren Preis möglich gewesen wäre. Das zeigt Anjas Kaufverhalten. Die Boutique hätte versuchen müssen, ihre Kosten zu senken, z. B. dadurch, dass sie die Waren preiswerter einkauft und einen günstigeren Mietpreis aushandelt.

Eine wichtige Funktion für den Konsumenten ist die **Vergleichsfunktion.** Vor dem Kauf eines Gutes oder der Inanspruchnahme einer Dienstleistung wird in den meisten Fällen die Höhe der Preise verglichen. Besonders vor größeren Anschaffungen ist solch ein Vergleich empfehlenswert. Ganz bequem kann man Recherchen kostenlos über das Internet z. B. unter www.guenstiger.de oder www.preisauskunft.de erledigen. Ganz einfach gibt man die gesuchte Warenbezeichnung und die geplante Ausgabenhöhe ein. Auf dem Computerbildschirm werden verschiedene Artikel sowie Anbieter aufgeführt. Für eine gezielte Suche, z. B. für Computerartikel oder für CDs, Bücher, CD-ROMs, gibt es auch spezielle Internetadressen.

1. Findet günstige Angebote für Inlineskater in der Preiskategorie 35–45 Euro im Internet. ○

INFO

4 Funktionen der Preise

Ausgleichsfunktion:
Die Preise auf den Märkten sorgen dafür, dass sich die angebotenen und nachgefragten Gütermengen ausgleichen.

Signal- oder Informationsfunktion:
Die Preise auf den Märkten zeigen an, welche Güter dringender nachgefragt werden und welche Güter keine Rolle mehr spielen.

Einkommensfunktion:
Die Preise auf den Märkten bestimmen auch die Höhe der Einkommen, die die Produktionsfaktoren erzielen.

Lenkungsfunktion:
Die Preise auf den Märkten lenken die Produktionsfaktoren (Arbeitskräfte, Rohstoffe, Kapital/Maschinen, Geld) dorthin, wo sie benötigt werden.

5 Bargeldloser Zahlungsverkehr

Hinweis auf Kartenzahlung an einer Ladentür

Electronic Cash

B Vor Kurzem gingen wir mit Oma in die Stadt. „Junge", sagte sie zu meinem Vater, „hast du genug Bargeld eingesteckt, damit wir den Kindern was kaufen können? Es sollen ja ein paar Geschenke von mir sein. Ich hab mein Geld zu Hause gelassen. Ich geb dir das Geld auch zurück." „Kein Problem", antwortete mein Vater.

In der Jeans-Corner suchte ich mir eine Jeans aus. An der Kasse zog mein Vater seine EC-Karte aus der Tasche. „Junge, so zahlt man doch nicht, damit holt man nur Geld am Automaten", entsetzte sich meine Großmutter. „Du wirst dich blamieren, man muss doch Bargeld in der Tasche haben."

Muss man wirklich Bargeld in der Tasche haben? Nein, statt mit Bargeld, Scheck oder Kreditkarte kann man auch mit der EC-Karte bezahlen. Das Fachwort dazu lautet Electronic Cash.

Bezahlen mit EC-Karte

Der Vorgang verläuft so: Der Kunde schiebt seine Karte in ein Lesegerät, bestätigt per Tastendruck den angezeigten Betrag und tippt seine persönliche Geheimnummer (PIN) ein. Ein aufwendiges Verfahren, das aber nur wenige Sekunden dauert, schließt sich an: Die Daten der EC-Karte werden an einen Zentralrechner übermittelt, der eine Leitung zur Hausbank des Kunden schaltet, wo Kundendaten, PIN oder die Betragsdeckung geprüft werden. Auf umgekehrtem Wege läuft nun die Freigabe der Zahlung.

Vorteile dieser Zahlungsweise für das Geschäft: Die Überprüfung von EC-Karte und Scheckvordruck entfällt, da das Kreditinstitut mit der Freigabe die Zahlung des Betrages garantiert, die Einnahme wird dem Geschäftskonto direkt gutgeschrieben, zusätzliche Buchungsvorgänge entfallen.

Bei einer anderen Variante der Kartenzahlung wird lediglich geprüft, ob die EC-Karte gesperrt ist. Bei diesem elektronischen Zahlungsverkehr gibt es keine PIN-Eingabe am Kartenterminal. Wird die Zahlung zugelassen, bestätigt der Kunde sie durch seine Unterschrift. Es gibt hier keine Online-Überprüfung des Kundenkontos.

1. Ermittelt bei Banken die Höhe der jährlichen Gebühren für eine EC-Karte.

2. Erkundigt euch bei der Bank nach den Kosten, die durch diese Art der Zahlung entstehen.

3. Die bequeme Zahlungsweise per Electronic Cash birgt auch ein bestimmtes Risiko. Welches?

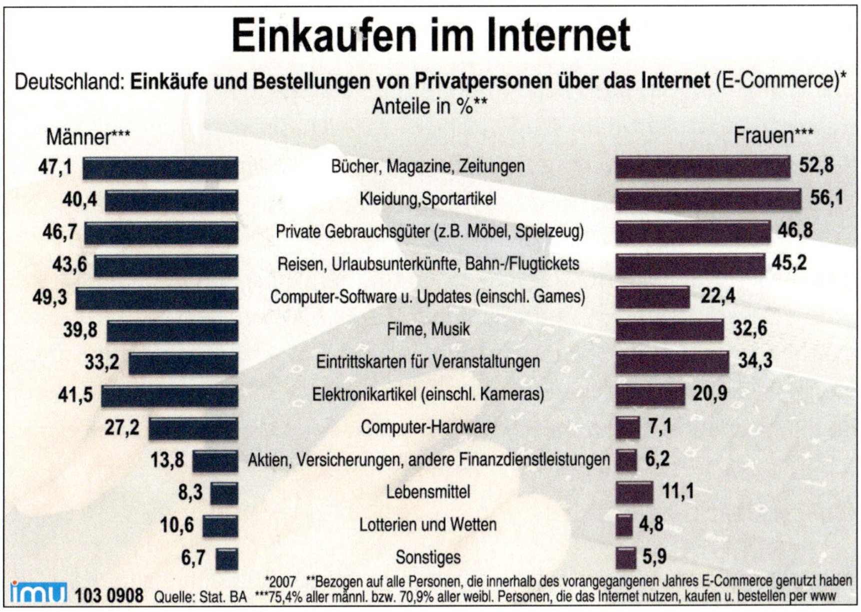

Kaufen im Internet

B Kurz vor dem Schlafengehen hörte Carla noch ihren Lieblingssender. Gespielt wurde ein neuer Song von Coldplay. Die CD mit diesem Song musste sie haben, sofort! Sie stand auf, schaltete den PC an, ging ins Internet, wählte die Adresse eines CD-Shops und bestellte die CD. Danach ging sie schlafen. Sie wusste, dass zwei Tage später geliefert würde.

So wie Carla suchen viele Menschen nicht mehr nur Informationen im Internet. Es gibt immer mehr Anbieter wie Banken, Buchhändler, Reiseveranstalter und Immobilienmakler, die ihre Waren im Internet anbieten und wachsenden Zuspruch haben. Dabei gibt es keine zeitliche Begrenzung. Das Internet hat rund um die Uhr geöffnet. Ebenso wenig gibt es Ländergrenzen: Wer in amerikanischen oder französischen Angeboten herumstöbern möchte, kann dies so leicht und schnell tun wie bei deutschen Anbietern. Probleme kann es allenfalls beim Bezahlen geben – aber das kann auch für Käufe im deutschen Internetangebot zutreffen.

1. Veranstaltet eine Umfrage:
a) Kaufen Sie/kaufst du über das Internet?
b) Welche Artikel kaufst du/kaufen Sie?
c) Würden Sie/würdest du über das Internet kaufen?
d) Welche Artikel würdest du/würden Sie kaufen?

2. Wie ist es mit dem Datenschutz, wenn ihr etwas über das Internet bestellt? Erkundigt euch bei der Verbraucherberatungsstelle.

6 Rechtsgeschäfte im Alltag

Manchmal kann es ganz schön nervig sein, ständig gesagt zu bekommen, was man alles nicht darf. Und vielleicht hat sich der eine oder der andere auch schon mal eine Welt ganz ohne Regeln und Verbote vorgestellt; eine Welt, in der jeder machen kann, was er will ...

Aber ganz so einfach ist das nicht, denn bestimmte Regeln sind im menschlichen Zusammenleben unumgänglich. Es gibt allgemeingültige Gesetze, durch die der Staat festlegt, was erlaubt und was verboten ist, und unabhängige Gerichte, die die Einhaltung der Gesetze überwachen und deren Regelungen notfalls durchsetzen.

Geschäftsfähigkeit

Wer einen Kaufvertrag abschließen will, muss geschäftsfähig sein. Die Geschäftsfähigkeit des Menschen entwickelt sich in drei Stufen:
Kinder sind bis zur Vollendung des siebten Lebensjahres geschäftsunfähig, sie können keine Kaufverträge abschließen. An ihrer Stelle müssen die gesetzlichen Vertreter – in der Regel die Eltern – handeln. Ein Kind, das sich von seinem Taschengeld einen Schokoriegel kauft, schließt keinen Kaufvertrag ab.

Vom siebten bis zum vollendeten achtzehnten Lebensjahr besteht beschränkte Geschäftsfähigkeit. Kaufverträge, die **Minderjährige** abschließen, bedürfen der vorherigen Zustimmung (Einwilligung) der gesetzlichen Vertreter. Wird ein Vertrag ohne Einwilligung geschlossen, so ist er, wie die Juristen sagen, „schwebend unwirksam". Wirksam kann er nur werden, wenn die gesetzlichen Vertreter nachträglich zustimmen (Genehmigung) (§§106, 107, 108 BGB).

Ausnahme: Kaufverträge, die der Minderjährige von seinem Taschengeld bezahlt, sind gültig (§110 BGB, Taschengeldparagraf). Das gilt aber nur, wenn der Kaufpreis sofort und vollständig bezahlt wird. Raten- und Kreditgeschäfte bedürfen also der Einwilligung des gesetzlichen Vertreters.

Mit dem 18. Geburtstag, mit dem vollendeten 18. Lebensjahr also, werden Heranwachsende **volljährig** und damit voll geschäftsfähig. Sie sind dann für geschlossene Kaufverträge voll verantwortlich.

1. Sonja schickt ihren 6-jährigen Bruder Max zum Supermarkt, um Eier und Erbsen zu kaufen. Er kommt mit einer Spielzeugpistole zurück und meint, dass er die Lebensmittel nicht gefunden habe. Kann Sonja ihren Bruder zurückschicken und das Geld für die Pistole zurückverlangen? Begründe deine Antwort. ●

INFO

BGB
§1 Die Rechtsfähigkeit des Menschen beginnt mit der Vollendung der Geburt.

§104 Geschäftsunfähig ist:
1. wer nicht das siebente Lebensjahr vollendet hat;
2. wer sich in einem die freie Willensbestimmung ausschließendem Zustand krankhafter Störung der Geistestätigkeit befindet, sofern nicht der Zustand seiner Natur ein vorübergehender ist.

§106 Ein Minderjähriger, der das siebente Lebensjahr vollendet hat, ist nach Maßgabe der §§107 bis 113 in der Geschäftsfähigkeit beschränkt.

§108, Abs. 1 Schließt der Minderjährige einen Vertrag ohne die erforderliche Einwilligung des gesetzlichen Vertreters, so hängt die Wirksamkeit des Vertrags von der Genehmigung des Vertreters ab.

§110 (Taschengeldparagraf)
Ein von dem Minderjährigen ohne Zustimmung des gesetzlichen Vertreters geschlossener Vertrag gilt als von Anfang an wirksam, wenn der Minderjährige die vertragsgemäße Leistung mit Mitteln bewirkt, die ihm zu diesem Zweck oder zur freien Verfügung von dem Vertreter oder mit dessen Zustimmung von einem Dritten überlassen worden sind.

Der Kauf – ein Vertrag

Ein Kaufvertrag hat folgende Merkmale:

- Man hat die freie Entscheidung, ob man die Ware kauft oder nicht (= Vertragsfreiheit/Kauffreiheit).
- Jeder Kauf ist ein Vertrag, ob beim Bäcker oder beim Kauf von Lebensmitteln usw., man merkt es meist nur nicht.
- Der Kaufvertrag kann mündlich, schriftlich oder formlos – der Verkäufer reicht ein Stück Pizza, der Kunde gibt 2 Euro – geschlossen werden.
- Größere Käufe, z. B. eines Hauses oder eines Autos, werden meist als schriftliche Verträge geschlossen. Damit hat man einen Beleg für den rechtmäßigen Besitz des Hauses.

Bei der Unterzeichnung eines Kaufvertrages

Die Rechte des Käufers

B Frank kauft von seinem gesparten Taschengeld ein Skateboard. Nachmittags will er es ausprobieren, aber beim ersten Fahren fällt eine Rolle ab. Ihm ist glücklicherweise nichts passiert, aber er ärgert sich sehr …

Der Verkäufer des Skateboards muss für diesen Mangel einstehen, denn er hat die Gewährleistung übernommen. Die Gewährleistungsfrist beträgt zwei Jahre. Innerhalb dieser Frist hat Frank verschiedene Rechte:

Frank hat zunächst das Recht auf **Nacherfüllung**. Der Verkäufer muss entweder ein mangelfreies Skateboard liefern, also eine Neu- oder Ersatzlieferung leisten. Er kann auch den Mangel beseitigen und das Skateboard reparieren lassen (Nachbesserung).

Erst dann, wenn diese Nacherfüllung zweimal fehlgeschlagen ist, das Skateboard also immer noch nicht wie vorgesehen funktioniert, kann Frank vom Vertrag **zurücktreten**. Er gibt dann das Skateboard zurück und erhält den Kaufpreis. Frank kann aber auch vom Verkäufer die **Minderung** des Kaufpreises verlangen, falls er das Skateboard selbst reparieren möchte.

Falls sich Frank beim Sturz vom defekten Skateboard verletzt hat, kann er vom Verkäufer **Schadensersatz** verlangen.

1. Erläutert folgende Rechte des Käufers nach dem BGB an Beispielen:
a) Nacherfüllung,
b) Minderung,
c) Schadensersatz.

2. Was ist sinnvoller in Anspruch zu nehmen: eine zweijährige Garantie oder die zweijährige Gewährleistung? Begründet eure Antwort.

B **Rollenspiel:**
Elke probiert zu Hause die neuen Jeans an und schon passiert es: Der Reißverschluss hakt aus und lässt sich nicht reparieren. Am nächsten Tag steht Elke in der „Jeans-Bude". Noch bevor sie ein Wort vorbringen kann, sagt die Verkäuferin: „Ach, bei deinen Jeans ist sicher auch der Reißverschluss kaputt. Das ist nicht die erste Reklamation. Aber wir haben eine Schneiderin, die näht euch stabile Reißverschlüsse ein, die halten dann eine Ewigkeit. Kostet nur 6 Euro."

B **Rollenspiel:**
In der Schule präsentiert Elke stolz ihr neues Sweatshirt. Das haut Nora, die nicht gerade Elkes Freundin ist, glatt um, denn sie hat sich genau das gleiche gekauft. „Das fehlt auch noch, dass ich mit der im Partner-Look auftrete", knurrt sie. Am Nachmittag steht sie in der „Jeans-Bude": „Dieses Sweatshirt habe ich hier gestern gekauft und jetzt ist mir Folgendes passiert ..."

Rollenspiel: Reklamieren – Umtauschen

Beim Reklamieren hart bleiben!
Wer beim Kauf eine fehlerhafte Ware erwischt hat, sollte sich wehren. Bei Reklamationen habt ihr gesetzlich verankerte Rechte! Welche Möglichkeiten es gibt, habt ihr bereits erfahren (siehe S. 19). Ihr habt ein Recht auf Nachbesserung, Rücktritt vom Kaufvertrag oder Minderung des Kaufpreises. Die Reklamationsfrist beträgt bei Gebrauchsgütern zwei Jahre. Wichtig ist, dass ihr alle Unterlagen, die ihr beim Kauf erhalten habt, insbesondere Kassenbon oder Rechnung, vorweisen könnt, sonst ist die Reklamation meist erfolglos.

Seriöse Geschäftsleute machen, schon um die Kunden nicht zu verärgern, bei berechtigten Reklamationen keine Schwierigkeiten. Es gibt jedoch Händler, die sich aus der Verantwortung stehlen wollen. Sie versuchen die Angelegenheit auf den Hersteller der Ware abzuwälzen, indem sie auf die Garantie verweisen und verschweigen, dass sie verpflichtet sind, innerhalb der gesetzlichen Gewährleistungspflicht von zwei Jahren selbst für die Reklamation geradezustehen. Hier müsst ihr hartnäckig auf euer Recht pochen.

Umtausch: Ohne Kulanz läuft nichts!
Auf den Umtausch fehlerfreier Ware gibt es keinen Anspruch. Trotzdem habt ihr eine Chance. Viele Händler sind bereit, freiwillig eine Ware umzutauschen oder sogar den Kaufpreis zu erstatten. Man nennt das **Kulanz**. Ihr könnt euch aber vorher absichern. Bevor ihr die Ware bezahlt, erkundigt euch, ob ihr sie umtauschen dürft, und lasst euch die Zusicherung auf dem Kassenbon bescheinigen.

Kulant sind Händler meist auch dann, wenn nach Geburtstagen oder Weihnachten Geschenke umgetauscht werden sollen. In all diesen Fällen ist es wichtig, dass die Ware, die umgetauscht werden soll, neuwertig ist. Dies ist z. B. dann der Fall, wenn eine CD-Hülle versiegelt ist.

Bestimmte Waren sind allerdings vom Umtausch ausgeschlossen, z. B. Ware, die schon gebraucht wurde, Sonderanfertigungen, Einzelbestellungen, offene Lebensmittel, meist auch Badebekleidung und Unterwäsche, unversiegelte CDs u. a. m. Auch hier gilt: Ihr braucht den Kassenbon.

1. Bei einem Kauf stehen sich Käufer und Verkäufer gegenüber. Stellt zusammen, welche Interessen und Ziele die beiden Parteien jeweils verfolgen. ○

2. Spielt die zwei Rollenspiele. Lest jedoch zuvor die Ausführungen über das Reklamieren und Umtauschen. Am besten wäre es, wenn ihr zunächst Rollenkarten für die zwei Situationen entwickelt. ◒

Absicherung durch Individualversicherungen

Ein typischer Regulierungsfall einer Versicherung

B

Versicherung gegen Risiken aller Art?

Schäden, die häufig mit hohen Kosten verbunden ist, lauern heute überall: Einen Moment hat ein Autofahrer nicht aufgepasst und schon ist er auf den vor ihm stehenden Pkw aufgefahren, ein Rohrbruch in den eigenen vier Wänden setzt die Nachbarwohnung unter Wasser, ein Kind verursacht mit dem Fahrrad einen Verkehrsunfall, ein junges Ehepaar kann eine bereits bezahlte Urlaubsreise nicht antreten, die neuen Skier werden vom Skigepäckträger des Autos gestohlen...

Kosten entstehen in all diesen Fällen für den Verursacher der Schäden. Gegen einige Risiken muss man sich in Deutschland privat versichern. So müssen z. B. Autofahrer eine Haftpflichtversicherung abschließen. Darüber hinaus bieten heute Versicherungen gegen Schäden und Risiken aller Art ihre Dienste an, von der Ausbildungs- bis zur Zivilrechtsschutzversicherung. Nicht alle Versicherungen sind aber notwendig.

Ob es sinnvoll ist, eine Skibruchversicherung oder eine Gepäckschutzversicherung abzuschließen, muss gut bedacht werden. Bevor man daher eine private Versicherung abschließt, sollte man sich Folgendes überlegen.

Tipps für den Abschluss von Versicherungen

- Ist der angebotene Versicherungsschutz überhaupt notwendig?
- Ist der angebotene Schutz durch eine bestehende Versicherung gedeckt?
- Angebotsvergleiche bei Leistungen und Prämien sind wichtig.
- Lies die Versicherungsbedingungen sorgfältig.

Denke daran: Es ist gar nicht so einfach, aus einmal abgeschlossenen Verträgen wieder herauszukommen.

1. Versichern kann man sich fast gegen alles.
a) Stellt eine Liste von Risiken zusammen, gegen die ihr euch versichern würdet.
b) Sucht ein Risiko heraus und erkundigt euch bei einer Versicherungsgesellschaft, ob sie dieses Risiko versichert und welche Versicherungsprämie ihr zahlen müsstet.

2. Überlegt in euren Familien, welche speziellen Versicherungen für euch wichtig sind.

3. Sammelt Schadensmeldungen aus der Zeitung und überlegt, welche Versicherungsarten dafür eintreten könnten.

4. Recherchiert im Internet verschiedene Versicherungsarten und entwickelt ein persönliches Vorsorgekonzept.

In diesem Kapitel habt ihr gelernt, dass es verschiedene Märkte gibt, auf denen Güter und Dienstleistungen gehandelt werden. Alle Märkte haben Gemeinsamkeiten. Denkmodelle versuchen, das komplizierte Wirtschaftsgeschehen vereinfacht darzustellen. Das Modell vom Markt verdeutlicht die ideale Preisbildung. In der Realität beeinflussen allerdings verschiedene Faktoren die Preisbildung. Die Preise haben für die Verbraucher verschiedene Funktionen.

Ihr habt auch gesehen, dass der bargeldlose Zahlungsverkehr Vorteile hat, aber auch Risiken. Wirtschaftliches Handeln braucht einen rechtlichen Rahmen, jeder Kauf ist ein Vertrag, und der Käufer hat bestimmte Rechte. Es gibt verschiedene Stufen der Geschäftsfähigkeit.
Gegen Schadensrisiken kann man sich durch Individualversicherungen absichern.

Hier könnt ihr euer bisher erworbenes Wissen testen und vertiefen.

1. Beschreibe die wesentlichen Aufgaben von Märkten. ○

2. Benenne zehn verschiedene Konsumgütermärkte. ○

3. Nenne die Gemeinsamkeiten, die alle Märkte haben. ○

4. Erläutere den Sinn und Zweck von Denkmodellen im Wirtschaftsunterricht. ◒

5. Nenne die fünf Annahmen, die bei dem Modell vom Markt gemacht werden müssen, damit die Regel gilt: Angebot und Nachfrage bestimmen den Preis. ○

6. Erkläre das Gesetz von der abnehmenden Nachfrage (Wirtschaftsgesetz) mit eigenen Worten. ◒

7. Beschreibe an einem Beispiel, was ein Gleichgewichtspreis ist. ○

8. Stelle die vier Regeln des Marktmechanismus in einem Schaubild dar. ◒

9. Nenne Faktoren, die in der Marktwirklichkeit eine ideale Preisbildung verhindern und erläutere sie an je einem Beispiel. ◒

10. Beschreibe die vier Funktionen der Preise. ○

11. Beschreibe die Vorteile und Risiken des bargeldlosen Zahlungsverkehrs. ○

12. Erkläre, inwieweit sich das Konsumentenverhalten durch das Internet verändert. ◒

13. Begründe, warum wirtschaftliches Handeln einen rechtlichen Rahmen braucht. ●

14. a) Nenne die Stufen der Geschäftsfähigkeit und welche Folgen sie für wirtschaftliches Handeln hat. ○

b) Timo möchte sich von seinem Konfirmationsgeld einen DVD-Player kaufen. Prüfe, ob er dazu die Einwilligung seiner Eltern benötigt. Informiere dich über seine Rechte auf Seite 18. ●

15. Erkläre die drei Rechte des Käufers nach BGB bei der Reklamation einer fehlerhaften Ware anhand von Beispielen. ◒

16. Begründe, warum jeder Kauf ein Vertrag ist. ●

17. Beschreibe wesentliche Schadensrisiken und deren Absicherung durch Individualversicherungen. ○

18. Diskutiere die Vor- und Nachteile privater Absicherung. ●

19. Stelle dar, welche privaten Versicherungen für dich jetzt und in Zukunft, z. B. wenn du einen Führerschein hast oder wenn du berufstätig bist oder wenn du eine Familie mit Kindern hast, von Bedeutung sein können. ◒

20. Beschreibe, welche Art von Schaden auf dem Foto passiert ist. Welche Versicherung könnte in diesem Falle helfen? ◒

II Organisation und Arbeitsbeziehungen

In einem Unternehmen arbeiten Menschen mit unterschiedlichen Interessen zusammen. Ihre Zusammenarbeit muss organisiert werden, damit die Abläufe im Betrieb reibungslos funktionieren. Dazu müssen Regeln aufgestellt werden, die helfen, Konflikte zu vermeiden und zu bewältigen.
Die Schülerfirma ist eine gute Möglichkeit, die grundsätzlichen Aufgaben in einem Unternehmen kennenzulernen.

Unternehmen

...haben unterschiedliche Zielsetzungen

- **wirtschaftliche**
  - Einkommen
  - Gewinne
  - Unternehmenswachstum
- **ökologische, wie z. B.**
  - Schutz der Umwelt
- **soziale**
  - sicherer Arbeitsplatz
  - Ansehen

Es gibt unterschiedliche Interessen, z. B.
Eigentümer, Erwerbstätige, Kommunen, Manager, Konsumenten

...produzieren Sachgüter und stellen Dienstleistungen bereit

- **beschaffen**
  - Maschinen
  - Gebäude
  - Werkzeuge
  - Arbeitskräfte
- **produzieren**
  - Planung der Produktion
- **setzen ab**
  - Wie ist der Markt?
  - Welche Ziele?
  - Welche Mittel?

Alle Tätigkeiten sind zu organisieren
- **formal**
  regelt den betrieblichen Ablauf und Aufbau (wie, wann, wer, wo?)
- **informal**
  Beziehungen der Menschen in einem Unternehmen untereinander und deren Auswirkungen

...bieten Arbeitsplätze an und schaffen Einkommensmöglichkeiten

- **schaffen Arbeitsbeziehungen**
  - Mitbestimmung
  - Informationsfluss

1 Wie ist ein Unternehmen organisiert?

Im Schulsekretariat

Das Unternehmen als Organisation

In der Bundesrepublik Deutschland gibt es mehrere Millionen Unternehmen ganz unterschiedlicher Art und Größe, die mit ihren Produkten und Dienstleistungen untereinander im Wettbewerb stehen, und zwar nicht nur in Deutschland, sondern auch mit anderen Ländern. Sie müssen Entscheidungen über ihre Produkte und über die Organisation in ihrem Unternehmen treffen und die Arbeit so organisieren, dass alles reibungslos läuft. Was zur Beschaffung, Produktion und zum Absatz gehört, habt ihr in Praxis Wirtschaft 7/8 am Beispiel einer Bäckerei erfahren.

Schlechte Organisation kann viel Geld kosten. Ohne eine gute Organisation der betrieblichen Abläufe würde in jedem Unternehmen schnell ein Chaos ausbrechen und keiner wüsste, was eigentlich zu tun ist.

Deshalb: Überall dort, wo viele Menschen zusammenarbeiten, muss die Arbeit organisiert werden, damit ein Unternehmen die drei betrieblichen Grundaufgaben Beschaffung – Produktion – Absatz auch erfüllen kann. So muss festgelegt werden, wer was tut, womit und wann etwas getan werden soll. Dazu werden häufig **Organigramme** benutzt, die die Zusammenhänge zwischen Abteilungen oder Mitarbeitern aufzeigen.

INFO

Mit **Organigrammen** bilden Unternehmen die Organisation ihres Aufbaus oder Ablaufs ab. Mit Kästchen, Pfeilen und Linien werden Zusammenhänge aufgezeigt. Die Verbindungen stehen dabei meist für:
- Wer ist für welche Aufgaben und welche Mitarbeiter verantwortlich?
- Wer ist wessen Vorgesetzter oder Untergebener?
- Wer kann Weisungen geben?

Ein Organigramm bildet also wichtige Spielregeln der Organisation für alle sichtbar und im schnellen Überblick ab.

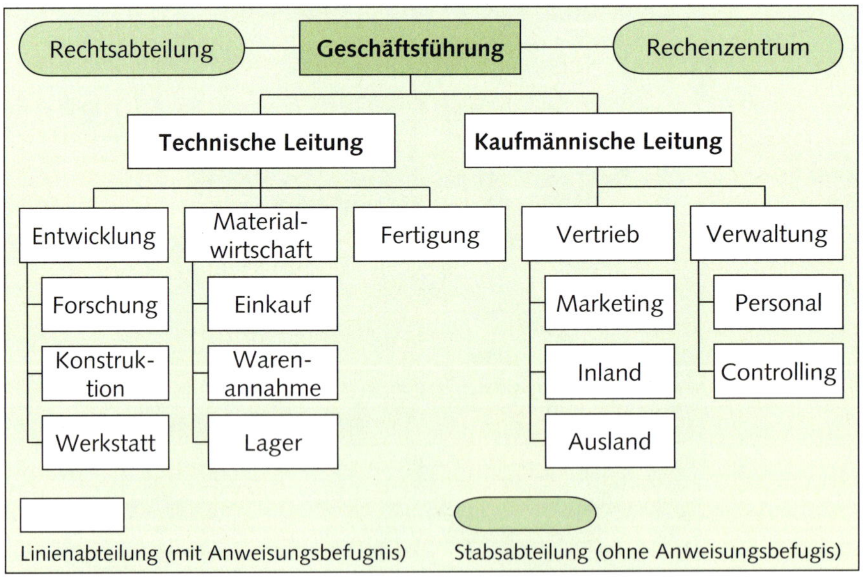

Aufbauorganisation

1. Überlege, welche Aufgaben in einer Schule erfüllt werden müssen.

2. Erkläre, welche Folgen es haben kann, wenn die Mitarbeiter einer Schule nicht wissen, wer was zu tun hat.

Aufbau- und Ablauforganisation

Es wird zwischen der **Aufbau- und Ablauforganisation** eines Unternehmens unterschieden.

Mit der **Aufbauorganisation** wird geregelt, wer wo, mit welchen Mitteln etwas tun soll. Sie regelt die Zuordnung von Aufgaben an Mitarbeiter. Aufgabenbereiche werden beschrieben und voneinander abgegrenzt, sodass jeder Mitarbeiter weiß, was er tun soll und was nicht. Es wird außerdem festgelegt, wer für bestimmte Aufgaben die Verantwortung trägt und Anweisungen erteilen darf.

Bei der **Ablauforganisation** wird der Ablauf der betrieblichen Arbeitsabläufe geregelt, nämlich wie, wann und warum bestimmte Aufgaben erledigt werden müssen.

Zum besseren Verständnis: Die Aufbauorganisation kann man mit der Anlage eines Straßennetzes vergleichen. Die Ablauforganisation entspricht der Regelung des Verkehrs in diesem Straßennetz. So wie diese beiden einen reibungslosen Ablauf des Straßenverkehrs sicherstellen, so müssen die betrieblichen Aufgaben ebenfalls geregelt und aufeinander abgestimmt werden.

INFO

Das **Flussdiagramm** ist ein geeignetes Instrument, um Arbeits- und Geschäftsabläufe darzustellen und zu analysieren.

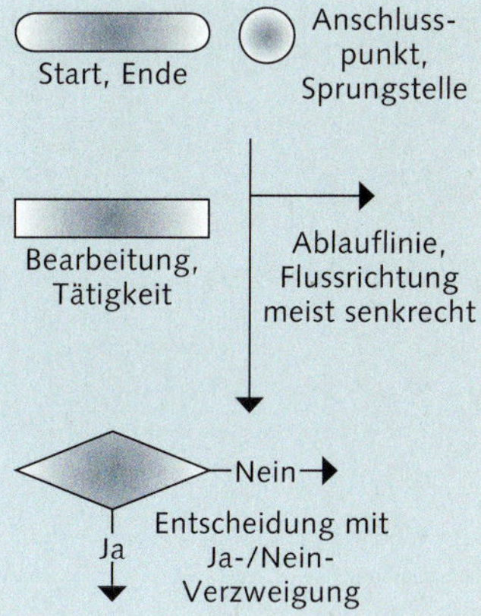

Ein Telefongespräch führen wir meist, ohne uns die einzelnen Schritte zu überlegen. Tatsächlich besteht diese Aufgabe aus einer ganzen Reihe von Tätigkeiten und Entscheidungen. In unserem einfachen Beispiel gibt es die folgenden Tätigkeiten und Abfragen:

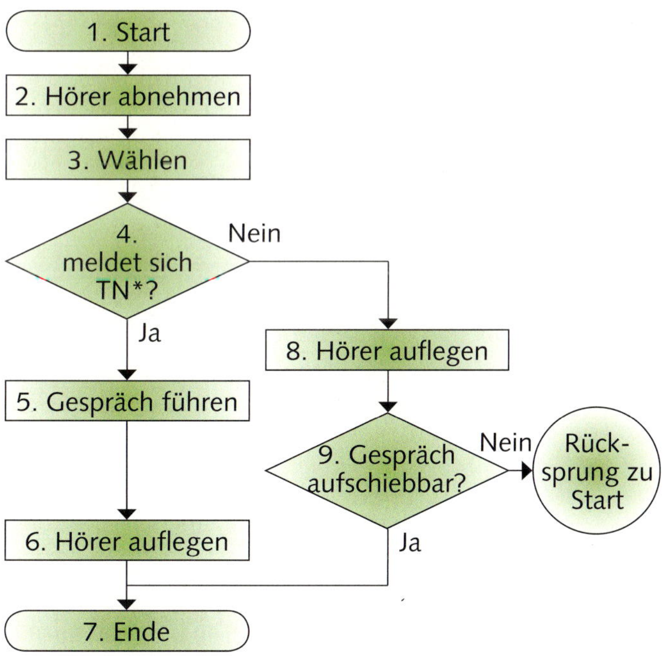

* Teilnehmer

1. Ermittelt, wer an der Aufbauorganisation eurer Schule beteiligt ist, und zeichnet eine Grafik.

INFO

formal
die äußere Form betreffend
informell
nicht offiziell; ohne formalen Auftrag

Formale und informale Organisation eines Unternehmens

Aufbau- und Ablauforganisation eines Betriebes werden als die **formale** Organisation eines Betriebes bezeichnet. Aber viele Vorgänge in einem Betrieb spielen sich auf einer ganz anderen, auf der **informellen,** nicht offiziellen Ebene ab, wie diese Beispiele zeigen:

B

Martin, 33 Jahre, Versicherungsfachangestellter: „Zurzeit fällt es mir wirklich schwer, mich auf die Arbeit zu konzentrieren. Wir haben gerade unser erstes Baby bekommen und meine Nächte sind im Augenblick wirklich kurz!"

Sonja, 24 Jahre, Groß- und Außenhandelskauffrau: „Seitdem ich in dieser Abteilung arbeite, habe ich das Gefühl, ich schaffe viel mehr als vorher. Meine Kollegen hier sind aber auch viel hilfsbereiter und freundlicher. Da fühle ich mich viel wohler, wenn ich morgens zur Arbeit komme."

Kollegen bei einer Geburtstagsfeier

Die Qualität der Beziehungen der Arbeitnehmer im Betrieb untereinander nennt man Betriebsklima. Es beeinflusst die Arbeitszufriedenheit, die Leistungsbereitschaft, das Wohlbefinden und das Verhalten zu Hause und in der Familie. Andererseits wirken sich familiäre Verhältnisse und besondere Umstände auf das Arbeitsverhalten im Betrieb aus. Ihr kennt das auch aus eurer Klassengemeinschaft.

Den einen Mitarbeiter mag man, den anderen nicht. Das ist von Stimmungen abhängig. Krankheit und Ärger in der Familie haben meistens einen großen Einfluss auf die Arbeit. Oder: Eine alleinstehende Mutter mit der Doppelbelastung von Haushalt und Beruf hat mehr Stress als ein Mann, der sich voll auf seinen Beruf konzentrieren kann.

Weitere Probleme können sein: die Angst um den Arbeitsplatz, der Aufschub einer längst fälligen Beförderung, dauernder Streit mit dem Vorgesetzten, die Eintönigkeit der Arbeit. Auch der Führungsstil von Vorgesetzten wirkt sich stark auf das Betriebsklima aus.

1. Erläutert, wie Situationen, wie auf dem Foto dargestellt, das Betriebsklima beeinflussen können, und übertragt dies auf euer Klassenklima. ◒

2. Stelle weitere Beispiele dar, die zeigen, wie die Organisation eines Unternehmens durch die informellen Beziehungen beeinflusst werden kann. ○

3. Nehmt Stellung zu folgender Aussage: Die Unternehmensführung muss sich bemühen, die positiven Effekte der informellen Beziehungen in einem Unternehmen zu fördern. Entwickelt dazu Beispiele. ●

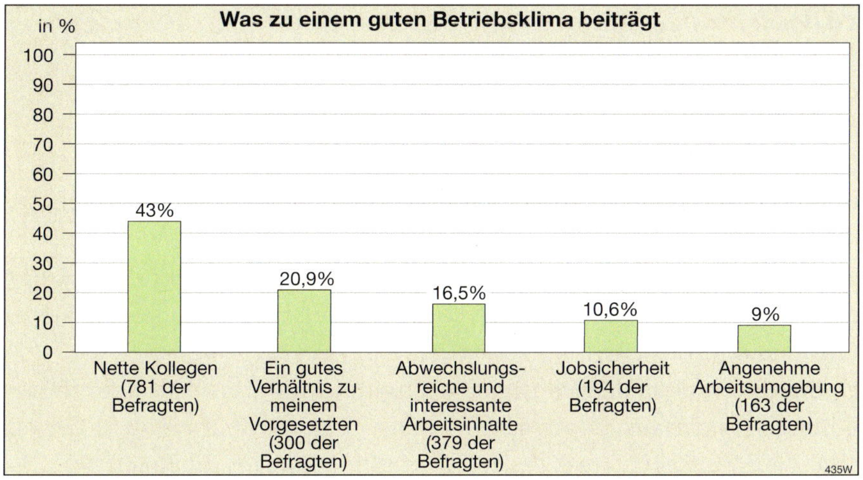

Quelle: www.rp-online.de/public/bilder showinline/aktuelles/beruf/arbeitswelt/24947, nach einer Studie des Karriereportals Monster

Weitere Faktoren können Einfluss auf das Betriebsklima haben. In einer Abteilung arbeiten z. B. zwei Personen, die auch private Beziehungen haben, etwa als Nachbarn, als Mitglied in einem Sportverein, in einer Partei, im Kegelclub.

Informelle Gruppen bilden sich aber auch aufgrund von sozialen Gemeinsamkeiten, wie Herkunft, Alter oder gemeinsamen Interessen, die nicht mit offiziellen betrieblichen Vorgängen in Zusammenhang stehen. Dies können z. B.

- Tischgruppen in der Kantine,
- Plaudergruppen,
- Anhänger von Fußballmannschaften sein,
- Nationalitäten (Ausländer, Emigranten).

Dies kann sich einerseits positiv auswirken, aber es gibt auch viele Beispiele, die zeigen, dass dies Probleme mit sich bringen kann.

Schulfoto einer Klasse

B Reiner Enders und Wolfgang Stolz sind Mitglieder in dem ortsansässigen Fußballverein und Kollegen in der gleichen Abteilung in einem Unternehmen. Am Samstagabend bei einer Vereinssitzung kam es zwischen den beiden zu einer heftigen Meinungsverschiedenheit über die Jugendarbeit in dem Verein. Schon länger gibt es Streitigkeiten zwischen den beiden, die sich leider auch auf die Arbeit auswirken. Kollegen beschweren sich schon beim Chef über das Verhalten der beiden …

1. Untersucht das Arbeitsklima innerhalb eurer Klasse und benennt, was eure Arbeit beeinflusst.

2. Diskutiert die Cliquenbildung in einer Klasse und deren Einfluss auf das Arbeitsklima in der Klasse.

3. Entwickelt eine Lösung für den Konflikt von Reiner Enders und Wolfgang Stolz und seine Auswirkungen.

Fallanalyse

Informationsbeschaffung

Lösungsmöglichkeiten

Entscheidung

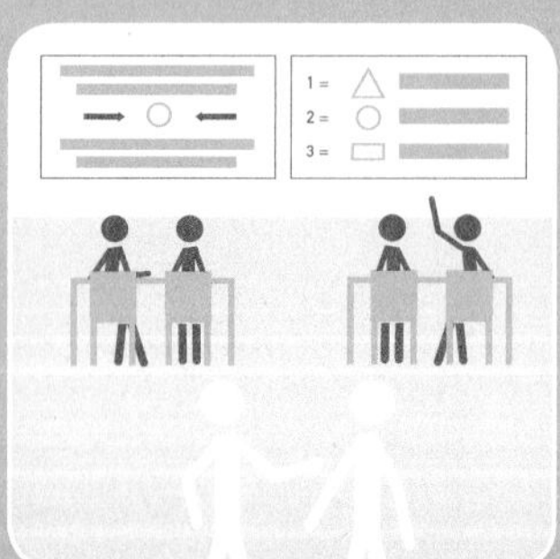

Fallstudie:
Hier stimmt etwas nicht mit der Organisation

Erklärung

Die Fallstudie ist eine Methode, die helfen soll, sich mit einem Fall aus dem Wirtschaftsalltag oder der Lebensumwelt auseinanderzusetzen. Dabei gilt es, einen Fall genau zu betrachten, sich erforderliche Informationen zu beschaffen, sie zu bewerten und Lösungsmöglichkeiten zu suchen. Aus den Lösungsmöglichkeiten muss man sich für eine entscheiden und diese in einer Pro- und Kontra-Diskussion verteidigen.

Und man muss schließlich seine Lösung mit der tatsächlich getroffenen Lösung vergleichen.

Idealtypischer Ablauf einer Fallstudie

Es lassen sich sechs verschiedene Phasen einer Fallstudie unterscheiden.

1. Der Fall: Was ist passiert?

Welcher Sachverhalt ist gegeben?

2. Welche Informationen benötigen wir?

Die zur Verfügung stehenden Informationen müssen untersucht und bewertet werden; weitere Informationen sind evtl. durch Erkundungen vor Ort, Befragung von Personen, durch das Erarbeiten von schriftlichen Quellen, durch Internetrecherchen zu beschaffen und zu bewerten.

3. Welche Lösungen sind denkbar?

Überlegt euch, welche Möglichkeiten es geben könnte, damit die Probleme in Zukunft nicht wieder auftreten können. Es muss nach unterschiedlichen Lösungsmöglichkeiten gesucht werden.

4. Wir treffen eine Entscheidung

Jetzt müssen die Vor- und Nachteile, aber auch die Konsequenzen einer Lösung gegeneinander abgewogen und bewertet werden. Zielsetzung dabei ist es, eine Entscheidung zu treffen.

5. Wir diskutieren und verteidigen unsere Entscheidung

Die Entscheidung, die in einer Gruppe getroffen worden ist, wird zur Diskussion gestellt. Die Gruppen versuchen, ihre Entscheidung gegen die Argumente anderer Gruppen zu verteidigen.

6. Wir vergleichen unsere Entscheidung mit der tatsächlich getroffenen Entscheidung

Wenn wir einen Fall bearbeitet haben, der in der Realität vorgekommen ist, vergleichen wir unsere Entscheidung mit der tatsächlich getroffenen Entscheidung. Wo liegen Unterschiede, wo Gemeinsamkeiten?

Der Fall: Frau Gerlach eröffnet ein Fotofachgeschäft mit Studio

B

Frau Gerlach, Fotografin, hat durch ein Erbe 60 000 Euro zur Verfügung. Ihr Traum war es schon immer, ein Fotogeschäft mit Studio zu betreiben. Wegen ihrer zwei Kinder, die nun aus dem Haus sind, hat sie ihren Beruf bisher nur als Hobby ausgeführt und ist dadurch aber immer auf dem neuesten technischen Stand geblieben. Sie hat in einer günstigen Geschäftslage einen kleinen Laden mit Studio gemietet. Sie hat auch zwei Angestellte übernommen, eine Verkäuferin und eine Auszubildende. Die beiden waren froh, ihre Arbeitsplätze behalten zu können, haben aber noch Schwierigkeiten, sich an den Leitungsstil ihrer neuen Chefin zu gewöhnen. Folgende Situation ereignete sich in den ersten Wochen nach der Geschäftseröffnung:

1. Die Verkäuferin Frau Arnold schickt mehrmals kaufwillige Kunden weg, da von einer nachgefragten digitalen Spiegelreflexkamera der neuen Generation noch keine im Lager vorhanden sind.

2. Da Frau Arnold diesen Mangel schnell beheben will und sie es gewohnt war, immer selbstständig zu entscheiden, ruft sie bei dem ihr bekannten Lieferanten an und bestellt fünf der Kameras.

3. Über diese mit ihr nicht abgestimmte Aktion ist Frau Gerlach ziemlich verärgert, zumal ihrer Meinung nach die Kameras da sein müssten. Sie findet den Liefereingang im Computer bestätigt und sucht deshalb im Lagerraum, wo sie vier der Kameras im Regal findet. Sie muss dazu allerdings lange suchen, da die Auszubildende das Lager auf Anweisung von Frau Arnold umsortiert hat.

4. Eine Kundin spricht mit der Auszubildenden Frau Schubert einen Termin für ein Familienfoto ab. Die Kundin möchte von der Chefin selbst fotografiert werden. Frau Schubert nimmt den Termin für Montagnachmittag um 15.00 Uhr an. Am Montag erscheint die Familie pünktlich. Frau Gerlach ist aber bei einem Außentermin. Die Kundin lässt sich nach einer lautstarken Diskussion mit der Auszubildenden auf ein von ihr gemachtes Foto ein, droht aber damit, es evtl. nicht abzunehmen. Umstehende Kunden sind peinlich berührt.

1. Benenne die in diesem Beispiel aufgetretenen Probleme in der bisherigen Aufbauorganisation. ○

2. Entwickle ein Modell zur Aufbauorganisation des Geschäftes. Beschreibe dazu die Aufgaben der einzelnen Mitarbeiterinnen. ●

3. Erläutere, wie die in dem Fallbeispiel aufgetretenen Probleme durch eine veränderte Organisation verhindert werden können. ◒

Diskussion

Vergleich

2 Die Arbeitsbeziehungen in einem Unternehmen

Unternehmen – mit vielen Verträgen

Mit dem Begriff „Arbeitsbeziehungen" sind die Beziehungen zwischen Arbeitgebern und Arbeitnehmern gemeint. In Unternehmen, in denen Menschen miteinander arbeiten, sind Regelungen erforderlich, um mögliche Konflikte lösen zu können. Viele dieser Regelungen sind im Arbeitsrecht enthalten (Arbeitsschutz, Tarifrecht, Mitbestimmungs- und Betriebsverfassungsrecht).

Man braucht einen Arbeitsvertrag, den Arbeitgeber und Arbeitnehmer miteinander schließen. Wie der Vertrag gestaltet ist, und damit die Beziehung zwischen dem Arbeitnehmer und dem Arbeitgeber geregelt ist, wird durch Gesetze und Regelungen festgelegt:

Auszubildende arbeitet an einem Werkstück.

1. **Jugendarbeitsschutzgesetz** (z. B. Verbot der Nachtarbeit für Jugendliche)
2. **Tarifverträge** (z. B. hinsichtlich der Arbeitszeitregelungen),
3. **Regelungen, die direkt zwischen Arbeitnehmern und Arbeitgebern getroffen werden** (z. B. Urlaubsregelungen).

Arbeitsvertrag für Arbeitnehmer
(unbefristet)

Zwischen der Firma
als Arbeitgeber

und Herrn/Frau
geb. am
wohnhaft in
als Arbeitnehmer/-in

wird folgender Vertrag geschlossen:

§ 1	Anstellung und Probezeit	§ 10	Kündigung und Vertragsbeendigung
§ 2	Allgemeine Pflichten	§ 11	Vertragsstrafe
§ 3	Arbeitszeit und Entgeltzahlung	§ 12	Rückgabe von Arbeitsmaterial
§ 4	Mehrwert / Überstunden	§ 13	Personalfragebogen
§ 5	Sonderzahlungen	§ 14	Betriebsordnung
§ 6	Urlaub	§ 15	Minderjährige
§ 7	Arbeitsverhinderung, Krankheit und Kur	§ 16	Datenschutz
§ 8	Abtretung von Schadensersatzansprüchen	§ 17	Vertragsänderungen / Nebenabreden / Teilungültigkeit
§ 9	Abstellen von Fahrzeugen	§ 18	Ausschlussfrist
		§ 19	Sonstige Vereinbarung

Ort, Datum

Unterschrift des Arbeitgebers — Unterschrift des Arbeitnehmers/der Arbeitnehmerin

Die Inhalte eines Arbeitsvertrages

INFO

www.gesetze-im-internet.de/bundesrecht/jarbschg/gesamt.pdf

Hier findest du alle Bestimmungen des **Jugendarbeitsschutzgesetzes**.

1. Schaue im Internet nach der Bedeutung der folgenden Begriffe des Arbeitsrechts und erläutere, was mit ihnen geregelt wird: Arbeitsschutz, Tarifrecht, Mitbestimmungs- und Betriebsverfassungsrecht.

2. Untersucht drei der Paragrafen aus dem Arbeitsvertrag und ermittelt durch Befragung von Arbeitnehmern, was sich dahinter verbirgt.

3. Begründet, warum der §16 zum Datenschutz gerade in der heutigen Zeit wichtiger Bestandteil eines Arbeitsvertrages sein muss.

3 Mitbestimmung – die gesetzlichen Regelungen

Es wird zwischen betrieblicher Mitbestimmung und der Mitbestimmung auf der Ebene der Unternehmensleitung unterscheiden. In den Gesetzen zur Mitbestimmung sind zwei Möglichkeiten für die Arbeitnehmer geschaffen, bei Entscheidungen des Arbeitgebers mitzuwirken.

- Die Unternehmensverfassung regelt die Mitbestimmung der Arbeitnehmer in den Aufsichtsräten.
- Die Betriebsverfassung regelt die Mitbestimmung bzw. Mitwirkung der Arbeitnehmer durch die Betriebsräte.

INFO

Der **Aufsichtsrat** kontrolliert in Aktiengesellschaften die Unternehmensleitung.

Die Mitbestimmung im Unternehmen

Der Kern der Mitbestimmung auf der Ebene der Unternehmensleitung ist die Mitbestimmung im Aufsichtsrat. In großen Unternehmen, die über eine Unternehmensleitung aus Hauptversammlung, Vorstand und Aufsichtsrat verfügen, haben die Arbeitnehmer dadurch, dass sie Sitz und Stimme im Aufsichtsrat haben, ein Mitbestimmungsrecht auch bei unternehmerischen Entscheidungen, z. B. über Produktions- und Investitionsprogramme, Preise, Vergrößerung des Unternehmens usw.

Zu den Aufgaben des Aufsichtsrats zählen weiter die Wahl und die Kontrolle des Vorstandes, der für die Geschäftsführung des Unternehmens verantwortlich ist. Wesentliche Gesetze zur Mitbestimmung auf Unternehmensebene sind:

- Das **Montanmitbestimmungsgesetz** von 1951 (zuletzt geändert 2004) und 1956 für Unternehmen mit mehr als 1 000 Beschäftigten.
- Das **Mitbestimmungsgesetz** von 1976 für Kapitalgesellschaften der gewerblichen Wirtschaft, des Handels und des Dienstleistungssektors mit mehr als 2 000 Beschäftigten.
- Das **Betriebsverfassungsgesetz** von 1952 für Gesellschaften mit beschränkter Haftung (GmbH) mit mehr als 500 Beschäftigten und Aktien- und Kommanditgesellschaften auf Aktien mit bis zu 2 000 Beschäftigten.

INFO

Montanunternehmen
Unter diesem Begriff werden Unternehmen zusammengefasst, die dem Bergbau oder der Eisen und Stahl erzeugenden Industrie angehören.

Diese Gesetze wurden in den letzten Jahrzehnten immer weiter entwickelt, um sie den aktuellen gesellschaftlichen Situationen anzupassen.

1. Ermittle mithilfe des Internets, was eine GmbH, eine Aktien- und eine Kommanditgesellschaft ist. ○

2. Untersucht bei Betrieben in eurer Region, welche Form der Mitbestimmung bei ihnen existiert. ◒

3. Diskutiert mit eurem Sitznachbarn die Karikatur in der Randspalte. ●

INFO

http://bundesrecht.juris.de/betrvg/index.html

Hier findest du alle Bestimmungen des **Betriebsverfassungsgesetzes.**

INFO

Pessimist
Schwarzseher

Pflichten des Arbeitgebers – Rechte des Arbeitnehmers

B

Bernd Krämer ist eigentlich ein netter Kollege, aber er sieht immer alles schwarz und seine Fantasie geht mit ihm durch:
„Also, was ich da gehört habe, schlimm, schlimm …
- Kemper und Voss können in zwei Monaten gleich zu Hause bleiben. Dann kommen die neuen Maschinen und daran sind beide nicht ausgebildet.
- Kuhlmann will in seine Personalakte schauen. Lässt sich der Chef doch nicht gefallen!
- Hagen hat gemotzt, weil ihm keiner seine Lohnabrechnung erklärt.
- Außerdem hatte Hagen schon an seinem ersten Arbeitstag Krach geschlagen, weil ihn niemand gewarnt hatte, dass das Sicherheitssystem an der Formpresse kaputt war. War auch gefährlich, hätte er aber selbst überprüfen müssen."

„Bernd", mischt sich Betriebsratsmitglied Hans Löb ein, „halt lieber die Klappe, du redest dummes Zeug!" Hans Löb kennt sich aus und weist die Behauptungen seines Kollegen aus gutem Grund zurück: Nach dem Betriebsverfassungsgesetz (§81 bis 86a BetrVG) hat jeder Arbeitgeber gewisse Pflichten. Danach
- müsste der Vorgesetzte mit Kemper und Voss z. B. eine innerbetriebliche Weiterbildung erörtern,
- kann Hagen darauf bestehen, dass ihm seine Gehaltsabrechnung erklärt wird,
- hätte Hagen zuerst über Unfallgefahren belehrt werden müssen.

Diese Rechte stehen den Arbeitnehmern nach dem BetrVG zu.

Die Beispiele zeigen, dass für einen Arbeitnehmer in einem Unternehmen rechtliche Regelungen zu seinem Schutz geschaffen worden sind. Die Rechte und Pflichten von Arbeitgebern und Arbeitnehmern sind im Betriebsverfassungsgesetz (BetrVG) geregelt. Jeder, der in einem Betrieb tätig ist, sollte daher die wichtigsten Bestimmungen dieses Gesetzes kennen, um bei auftretenden Problemen richtig handeln zu können.

1. Ermittle mithilfe des Internets, ob Herr Kuhlmann Einblick in seine Personalakte nehmen darf. ○

INFO

Das **Betriebsverfassungsgesetz** gilt für private Unternehmen. Für öffentliche Unternehmen ist die betriebliche Mitbestimmung durch das Personalvertretungsgesetz geregelt. Dort wird kein Betriebsrat, sondern ein Personalrat gewählt.

Das Betriebsverfassungsgesetz

Das Betriebsverfassungsgesetz ist sozusagen das Grundgesetz für Betriebe. Es regelt die Rechte und Pflichten der Arbeitgeber und Arbeitnehmer, wobei die Arbeitnehmer durch die von ihnen gewählten Mitglieder im Betriebsrat an betrieblichen Entscheidungen beteiligt sind.
Mit dem Gesetz soll die Idee der Partnerschaft von Belegschaft und Betriebsleitung verwirklicht werden. D. h., die Zusammenarbeit soll vertrauensvoll zum Wohle der Arbeitnehmer und des Betriebes (§2 BetrVG) partnerschaftlich sein, Streitfragen innerhalb des Betriebes sind grundsätzlich friedlich zu lösen, betriebliche Arbeitskämpfe sind verboten.
Bei der betrieblichen Mitbestimmung, die durch das Betriebsverfassungsgesetz geregelt ist, werden vier Bereiche/Ebenen unterschieden:

1. Informationsrechte und Beschwerderechte der Arbeitnehmer: Mitbestimmung am Arbeitsplatz (§§ 81 ff. BetrVG),
2. Mitbestimmung als gleichberechtigte Mitentscheidung (§ 87 BetrVG),
3. Mitbestimmung als Zustimmungsverweigerungs- oder Widerspruchsrecht (§§ 12 ff. BetrVG),
4. Mitbestimmung als Informations-, Unterrichtungs- und Beratungsrecht (§§ 106 ff. BetrVG).

Die Rechte von Betriebsrat/Personalrat sind von größerem Gewicht als die des Einzelnen.

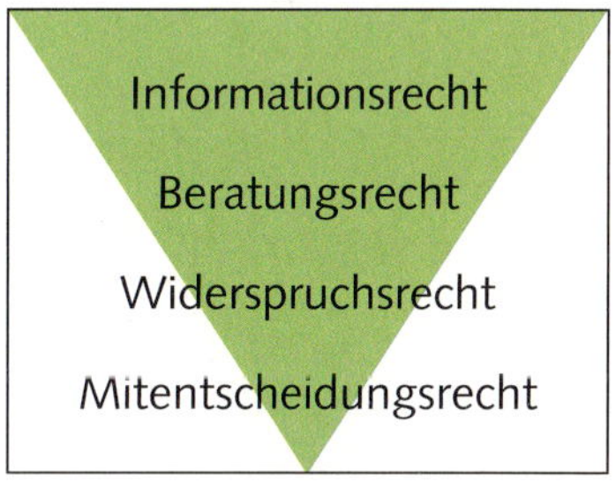

Ebenen der Mitbestimmungsrechte des Betriebsrates

1. Ermittelt jeweils ein Beispiel für das Mitentscheidungsrecht und für das Widerspruchsrecht. Nutzt dazu die Internetadresse von Seite 34. ○

2. Erläutert das oben stehende Plakat. ◒

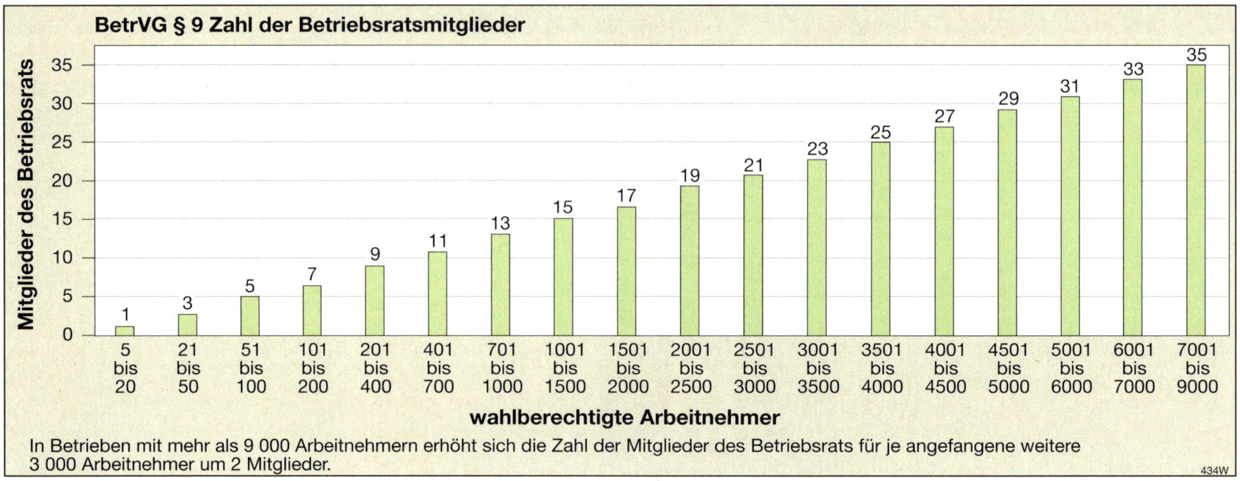

INFO

Einige weitere Informationsrechte des Betriebsrates:
- zu Angelegenheiten der Personalplanung, § 92 Abs. 1,
- zur wirtschaftlichen Lage des Unternehmens (Wirtschaftsausschuss), § 106,
- zum Arbeits- und Umweltschutz, § 89.

Der Betriebsrat

Der Betriebsrat wird nur von den wahlberechtigten Betriebsangehörigen gewählt. Die Mitglieder des Betriebsrates sind Vertreter der Belegschaft. Dabei gelten folgende Bestimmungen:

- Im Betrieb müssen mindestens fünf wahlberechtigte Arbeitnehmer beschäftigt sein. Die Größe des Betriebsrates richtet sich nach der Anzahl der wahlberechtigten Arbeitnehmer, die in einem Betrieb beschäftigt sind. Je größer ein Betrieb ist, desto mehr Mitglieder hat der Betriebsrat.
- Wahlberechtigt sind alle Arbeitnehmer über 18 Jahre. Wählbar sind alle Wahlberechtigten, die mindestens sechs Monate im Betrieb beschäftigt sind.
- Damit die Betriebsangehörigen über die Arbeit des Betriebsrates informiert werden können, muss der Betriebsrat in regelmäßigen Abständen Betriebsversammlungen durchführen.

Allgemeine Aufgaben des Betriebsrates:
- die zugunsten der Arbeitnehmer geltenden Gesetze und Verträge überwachen,
- Anregungen von Arbeitnehmern und Jugendvertretern entgegennehmen und über sie mit dem Arbeitgeber verhandeln,
- die Eingliederung Schwerbehinderter fördern,
- die Wahl einer Jugendvertretung durchführen,
- die Beschäftigung älterer Arbeitnehmer im Betrieb fördern,
- die Eingliederung ausländischer Arbeitnehmer fördern,
- Unfall- und Gesundheitsgefahren bekämpfen,
- Maßnahmen des Arbeits- und Gesundheitsschutzes durchführen.

1. Benennt mithilfe der Grafik, wie viele Betriebsratsmitglieder ein Betrieb mit 75, 750 und 7 500 wahlberechtigten Arbeitnehmern hat. ○

Eine Hauptaufgabe des Betriebsrates ist es, die im Betriebsverfassungsgesetz festgelegten Rechte der Arbeitnehmer gegenüber der Unternehmensleitung wahrzunehmen. Diese Rechte beziehen sich auf soziale, personelle und wirtschaftliche Angelegenheiten.

Dabei unterscheidet man zwischen **Mitwirkungs-** und **Mitbestimmungsrechten**. Bei den Mitwirkungsrechten bleibt die Entscheidungsgewalt bei der Unternehmensleitung, bei den Mitbestimmungsrechten hat der Betriebsrat ein Recht auf Mitentscheidung.
Die Mitwirkungsrechte des Betriebsrates sind je nachdem, worum es geht, abgestuft:

- **Informationsrecht:** Auf der untersten Stufe der Mitwirkung hat der Arbeitgeber seine Pflicht erfüllt, wenn er dem Betriebsrat anhand von Unterlagen seine Pläne mitteilt.
  Beispiel: Neubesetzung einer leitenden Stelle. Bei der Firma Klein sind der Personalchef und der Prokurist in den Ruhestand gegangen. Neuer Personalchef soll sein bisheriger Stellvertreter Dr. Neumann werden. **(BetrVG § 105 Leitende Angestellte)**

INFO

Der **Prokurist** ist ein Mitarbeiter, der über eine umfangreiche geschäftliche Vertretungsmacht verfügt.

- **Anhörungsrecht:** Der Arbeitgeber teilt dem Betriebsrat seine Pläne mit und fordert ihn zu einer Stellungnahme binnen einer bestimmten Frist auf.
  Beispiel: Kündigung eines Mitarbeiters. Bei der Speditionsfirma Gust wird dem Fernfahrer Henze gekündigt, weil ihm wegen Trunkenheit am Steuer die Fahrerlaubnis entzogen wurde (außerordentliche Kündigung). **(BetrVG § 102 Mitbestimmung bei Kündigung)**

- **Beratung:** Hierbei erörtern/beraten Arbeitgeber und Betriebsrat eine Angelegenheit in einem gemeinsamen Gespräch.
  Beispiel: Werksschließung. Die Kleiderfabrik Schulten, 230 Mitarbeiter, plant die Näherei zu schließen und die Näharbeiten an eine Firma im Ausland zu vergeben.
  (BetrVG § 111 Betriebsänderungen)

Arbeitnehmer und Arbeitgeber können Entscheidungen nur gemeinsam treffen. Die Mitbestimmung des Betriebsrates ist die stärkste Form der betrieblichen Mitgestaltung. Kommt es zu keiner Einigung, kann die geplante Angelegenheit eben nicht durchgeführt werden. Nun besteht noch die Möglichkeit, die Einigungsstelle einzuschalten. Der Spruch der Einigungsstelle ist dann verbindlich.

INFO

Einigungsstelle
Sie wird meist im Bedarfsfall eingerichtet und besteht aus Beisitzern, die zu gleichen Teilen von Arbeitgebern und Betriebsrat bestimmt werden.

1. Ermittle Gründe, warum die Mitwirkungsrechte des Betriebsrats abgestuft sind. ○

2. Diskutiere Vor- und Nachteile der Mitwirkungsrechte des Betriebsrats. ●

Eine Betriebsratssitzung

Fälle, in denen der Betriebsrat zustimmen muss
Hierbei darf der Arbeitgeber eine Maßnahme zwar nur mit Zustimmung des Betriebsrates durchführen, der Betriebsrat hat aber kein Recht, einen eigenen Vorschlag durchzusetzen.
Beispiel: Neueinstellung. Bei der Firma Krull, 140 Mitarbeiter, soll ein Betriebselektriker eingestellt werden. **(BetrVG § 99 Mitbestimmung bei personellen Einzelmaßnahmen)**

Der Betriebsrat kann bei personellen Einzelmaßnahmen die Zustimmung verweigern, wenn dabei z. B.
- gegen ein Gesetz, gegen eine Bestimmung in einem Tarifvertrag usw. verstoßen würde,
- im Unternehmen Beschäftigte oder der betroffene Arbeitnehmer durch die personelle Maßnahme benachteiligt werden,
- die durch Tatsachen begründete Besorgnis besteht, dass der für die personelle Maßnahme in Aussicht genommene Bewerber den Betriebsfrieden durch gesetzwidriges Verhalten stören würde.

Zu den „personellen Einzelmaßnahmen" des § 99 gehört nicht die Kündigung. Sie ist in §102 gesondert geregelt, wobei zwischen ordentlicher (z. B. Kündigung wegen fehlender Aufträge) und außerordentlicher Kündigung (unser Beispiel des Fahrers Henze auf Seite 37) unterschieden wird.
Einige Arbeitnehmergruppen sind vor Kündigungen in besonderer Weise geschützt:
- Auszubildende,
- werdende Mütter,
- Schwerbehinderte,
- Betriebsratsmitglieder und
- Jugend- und Auszubildendenvertreter.

Es soll auf diese Weise verhindert werden, dass z. B. besonders engagierte und kritische Mitarbeiter entfernt werden können.

Fälle, in denen der Betriebsrat mitbestimmt
Hierbei sind die Rechte von Arbeitgebern und Betriebsrat gleichberechtigt. Konnte beim Zustimmungsrecht der Betriebsrat nur „Ja" oder „Nein" sagen, so kann er nunmehr eigene Vorschläge, Anträge usw. einbringen, d. h., er kann selbst die Initiative ergreifen (Initiativrecht).
Beispiel: Firma Franke will die gleitende Arbeitszeit einführen.
(BetrVG § 87 Mitbestimmungsrechte)

1. Führt eine Expertenbefragung durch und ermittelt, wie sich die Arbeit eines Betriebsrates in einem Betrieb aus eurer Region gestaltet. ○

2. Erarbeitet durch die Befragung Beispiele für die einzelnen Ebenen der Mitbestimmung. ◒

Betriebliche Jugend- und Auszubildendenvertretung

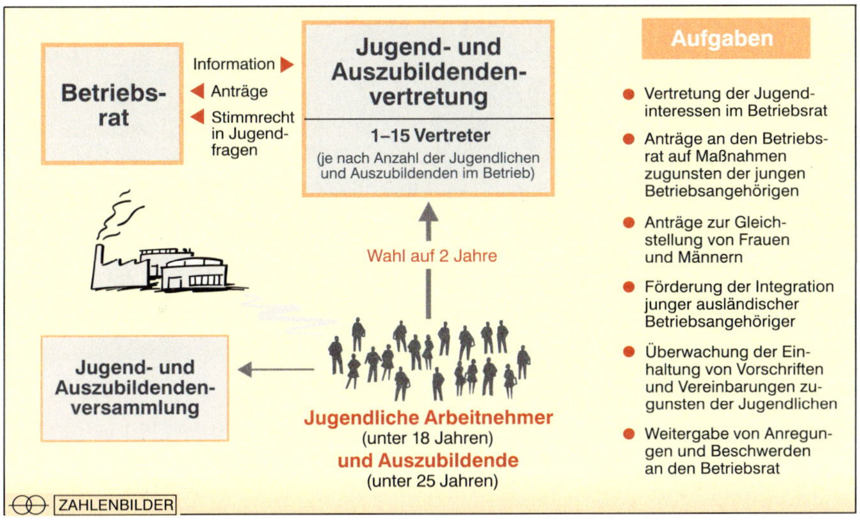

INFO

Aufgaben der Jugendvertretung:
- bei Angelegenheiten, die Jugendliche betreffen, Stimmrecht im Betriebs-/Personalrat,
- überwacht Einhaltung von Gesetzen und Verträgen,
- Einsatz für Verbesserung der Ausbildung,
- fördert Integration der ausländischen Jugendlichen,
- kann Jugendversammlungen einberufen.

Jugendliche werden durch besondere Regelungen geschützt. Um den Betriebsrat zu wählen, muss man nach dem Betriebsverfassungsgesetz über 18 Jahre alt sein. Jugendliche unter 18 sind aber nicht von der Mitbestimmung ausgeschlossen, denn in allen Betrieben mit mindestens fünf Jugendlichen unter 18 Jahren bzw. Auszubildenden unter 25 Jahren können Jugendvertretungen gewählt werden. Wählbar sind alle Arbeitnehmer des Unternehmens, die ebenfalls noch nicht 25 Jahre alt sind. Mitglieder des Betriebsrats können dabei nicht gewählt werden.

Eine Jugendvertreterin berichtet über die Arbeit:

B „Ich heiße Svenja Brand, bin 18 und wurde vor einem Jahr zur Jugendvertreterin gewählt. Als ich anfing, gab es einmal Ärger mit einem Ausbilder: Er hat seine Azubis ständig mit irgendwelchen ausbildungsfremden Arbeiten beschäftigt und nahm es auch mit der Arbeitszeit nicht genau. Beschwerte sich einer, dann sagte er immer nur: ‚Bei uns war das auch so.' Die Leute kamen zu uns und verlangten, wir sollten zur Betriebsleitung gehen. Das geht natürlich nicht. Da wir an den Betriebsratssitzungen teilnehmen, haben wir das da vorgebracht. Der Betriebsrat hat dann mit der Firmenleitung gesprochen. Die muss wohl mit dem Ausbilder gesprochen haben, denn seit der Zeit ist alles o.k."

1. Erarbeitet Fragen zu den Aufgaben der Jugendvertretung.

2. Ladet ein Mitglied einer Jugendvertretung ein und führt eine Expertenbefragung zu typischen Problemen der Jugendvertretung durch.

3. Begründet, warum es sinnvoll ist, dass Jugendliche in einem Betrieb eine eigene Vertretung haben.

Wir gründen eine JAV

Voraussetzung:
- Mindestens fünf wahlberechtigte Jugendliche oder Azubis im Betrieb
- Wahlberechtigt: Alle Jugendlichen bis zum 18. und alle Azubis bis zum 25. Lebensjahr
- Wählbar: Alle im Betrieb Beschäftigten bis 25 Jahre
- Betriebs-/Personalrat bestellt JAV-Wahlvorstand
- Wahlvorstand hat Kündigungsschutz
- Männer und Frauen müssen anteilig vertreten sein
- Arbeitgeber darf Wahl nicht behindern

Quelle: http://jugend.verdi.de/community/service/ver.di_school/unterrichtsthemen/ue_2_7/data/UE_2_7_folien.pdf

Schülerfirma

Gründung einer Schülerfirma

Mit einer Schülerfirma lässt sich gut zeigen, was ein Unternehmen für grundsätzliche Aufgaben zu bewältigen hat, welche Produkte oder Dienstleistungen angeboten oder hergestellt werden. Die Arbeit der Schülerfirma könnte in die Betriebs- und Praxistage gelegt werden.

Dabei könnt ihr euch z. B. mit folgenden Fragen auseinandersetzen:
- Was sind die immer wiederkehrenden Aufgaben eines Unternehmens?
- Welche Ziele streben Unternehmen an?
- Wie wird ein Unternehmen organisiert?
- Wie wirbt man für seine Produkte bzw. seine Dienstleistungen?
- Wie untersucht man einen Markt, und wie kommt man an Informationen über Verbraucher und Konkurrenten?
- Wie plant man die Zukunft eines Unternehmens?

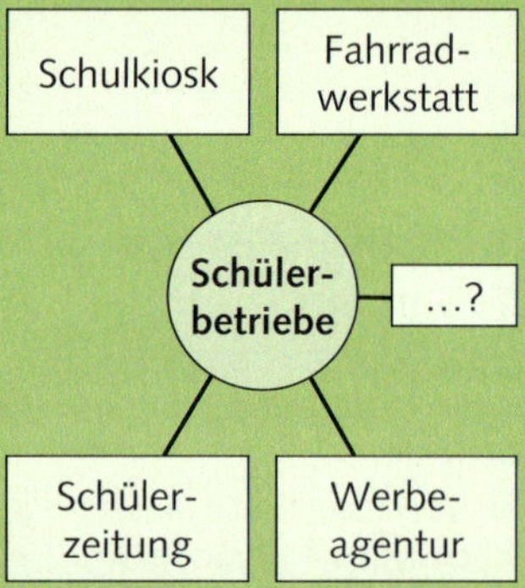

Beispiele für Ideen, die mithilfe einer Schülerfirma realisiert werden könnten.

Eine Schülerfirma ist also ein sehr gutes Trainingsfeld für die Zukunft. Man erwirbt ökonomische Kenntnisse, lernt sein Wissen anzuwenden, Arbeitstechniken und Verhaltensweisen einzuüben. Damit lernt man auch, sich auf die spätere Berufstätigkeit vorzubereiten.

Notwendige Schritte bei der Planung

Schülerunternehmen planen, produzieren und verkaufen Produkte und/ oder bieten Dienstleistungen an. Eurer Fantasie sind hierbei keine Grenzen gesetzt. Aber egal, welche Produkte oder Dienstleistungen ihr mit eurer Schülerfirma anbietet, die einzelnen Schritte zur Planung und Durchführung sind im Grunde immer dieselben.

Bei der Planung

Welche Geschäftsidee wird bevorzugt?

Zunächst müsst ihr euch Gedanken machen, worin eure Geschäftsidee bestehen soll. Wollt ihr ein Produkt herstellen und verkaufen oder wollt ihr eine Dienstleistung anbieten? Der erste Schritt bei der Entwicklung einer Idee ist es zu ermitteln, ob es dafür einen Markt gibt. Das heißt konkret: Was fehlt? Was wird gebraucht? Was könnt ihr Besonderes anbieten? Hilfreich ist es, eine Ideenliste zusammenzustellen, was für eure Schule infrage käme. Hier einige Vorschläge: Papiershop/Kiosk, Literaturcafé, Disco, Veranstaltungsagentur, Vermietung von Schülerkunst, Organisation von Klassen- und Tagesfahrten usw.

Wer macht mit?
Sprecht mit eurem Wirtschaftslehrer/eurer Wirtschaftslehrerin. Stellt eine Schülergruppe zusammen und entscheidet, ob eure Schülerfirma aus eurer Klasse bestehen soll. Ihr könnt auch eine Arbeitsgemeinschaft bilden, die sich aus Schülerinnen und Schülern mehrerer Klassen zusammensetzt.
Wichtig ist es, zu überlegen, ob eure Geschäftsidee überhaupt innerhalb eurer Klasse und/oder Schule umsetzbar ist, bzw. wo es Probleme geben könnte. Sprecht dazu mit der Schulleitung, mit Lehrerinnen und Lehrern, dem Hausmeister u. a. über den Standort der Schülerfirma, die Verantwortlichkeiten, die Aufsicht, die Versicherung, die technische Ausstattung.

Wie beurteilt man die Konkurrenz, die ein ähnliches Produkt hat?
Im Anschluss an diese Überlegungen müsst ihr eure Idee auf mögliche Konkurrenten hin überprüfen.

Dazu solltet ihr folgende Fragen beantworten:
- Wer sind eure Konkurrenten?
- Wo befindet sich eure Konkurrenz?
- Was bietet die Konkurrenz an?
- Zu welchen Preisen?
- Wie groß ist das Angebot, und was ist das Besondere daran?
- Wie ist die Qualität der Produkte?
- Wodurch macht die Konkurrenz auf sich aufmerksam?

Welcher Standort kommt infrage?
Im Fall einer Schülerfirma ist der Standort vorgegeben: eure Schule. Normalerweise geht man bei der Standortsuche aber nach bestimmten Gesichtspunkten vor (siehe „Fragen zum Standort").

1. In einer Straße gibt es zwei Blumenläden. Entwickelt eine Idee, welche besonderen Angebote ein Blumenladen anbieten könnte, um sich von dem anderen abzuheben. ●

2. Ermittelt mithilfe der Gelben Seiten alle Buchhandlungen eurer Stadt und markiert ihre Standorte in einem Stadtplan. Erläutert, welche Folgen das Ergebnis für die Wahl des Standortes einer neuen Buchhandlung hätte. ◒

3. Bewertet den Standort anhand der Fragen zum Standort. ●

Schüler und Lehrerin

Fragen zum Standort
- Kundennähe: Gibt es genügend Kundschaft?
- Konkurrenz: Wie viele andere Unternehmen gibt es, die gleiche oder ähnliche Produkte oder Dienstleistungen anbieten?
- Verkehr: Können uns Kunden und Lieferanten problemlos erreichen, können sie hier parken?
- Versorgung: Wie ist die Versorgung mit Waren, Verbrauchsgütern, Energie?
- Arbeitskräfte: Gibt es in der Nähe geeignetes Personal?
- Kosten: Wie hoch sind Mieten und Steuern?
- Behördliche Auflagen
- Technologie-/Gründerzentren: Besteht die Möglichkeit, sich dort niederzulassen?
- Liegt der Standort im Gewerbegebiet oder im Wohn- oder in einem Mischgebiet?

Planung

Wie viel Geld braucht man und woher bekommt man es?

Wenn man ein Unternehmen gründen möchte, braucht man eine Menge Geld, also Kapital. Viele Anschaffungen wie z. B. Grundstück, Gebäude, Maschinen, Geräte, Einrichtung, Fahrzeuge, Rohstoffe usw. müssen bezahlt werden.

Dazu benötigt man eine sehr genaue Planung, da sonst die ganze Existenz scheitern kann. Auch wenn eine Schülerfirma weniger umfangreiche Anschaffungen tätigen muss, ist es dennoch erforderlich, einen Kapitalbedarfsplan zu erstellen.

Um die im Kapitalbedarfsplan ermittelten Ausgaben tätigen zu können, reicht in den meisten Fällen das Eigenkapital des Unternehmensgründers nicht aus, er benötigt einen Kredit.

Auch bei einer Schülerfirma besteht die Möglichkeit, bei einer örtlichen Bank ein Startkapital in Form eines Kredites zu bekommen. Die Banken erwarten ein schlüssiges Konzept, aus dem der Geldbedarf zu ersehen ist. Darin muss auch beschrieben werden, wie die zukünftige finanzielle Entwicklung des Betriebes aussehen wird, und inwieweit die Bank sicher sein kann, dass sie ihr Geld auch zurückbekommt.

Informationen sammeln

Ist eine Unternehmensgründung an einen rechtlichen Rahmen gebunden?

Eine Schülerfirma fällt unter eine Ausnahmeregelung und ist an keinen besonderen rechtlichen Rahmen gebunden, solange die Einnahmen einen bestimmten Betrag nicht übersteigen. Die Schülerfirma muss sich verpflichten, mit den Gewinnen und Umsätzen unterhalb der Geringwertigkeitsschwellen (weniger als 16 620 Euro Umsatz und 3 835 Euro Gewinn) im Jahr zu bleiben. Ihr könnt auch Kontakt zu anderen Schülerfirmen über das Internet aufnehmen und euch in rechtlichen Fragen austauschen.

Wie macht ein Unternehmen auf seine Produkte, seine Dienstleistungen aufmerksam?

Wer etwas verkaufen will, muss seine Produkte oder Dienstleistungen bekannt machen. Andere müssen wissen, dass es einen gibt und was man anbietet. Dazu ist ein Marketingkonzept erforderlich. Dieses enthält Informationen zum Produkt, Preis, Absatzweg und zur Werbung (siehe Praxis Wirtschaft 7/8).

Die Werbung hat eine wichtige Bedeutung, da durch sie das Unternehmen in der Schule und evtl. auch außerhalb bekannt gemacht wird. Beachtet dabei Folgendes:

- Gestaltet eure Werbung zielgruppengerecht. Werbung für 15-Jährige ist anders als Werbung für 70-Jährige.
- Untersucht die Werbung eurer Konkurrenten.
- Beachtet ein einheitliches Erscheinungsbild.
- Legt fest, welche Werbebotschaft rübergebracht werden soll.
- Wählt Werbemittel und Werbeträger aus (Schülerzeitung, Handzettel, Plakate, Internetseite der Schule).

Litfaßsäule

Jetzt wird es ernst!

Nachdem ihr wisst, wie die wichtigen Schritte bei der Planung einer Unternehmensgründung aussehen, könnt ihr nun in die konkrete Planung einer Schülerfirma einsteigen.

Wie soll die Schülerfirma heißen?

Der Name eurer Schülerfirma sollte immer deutlich zeigen, dass es sich um eine Schülerfirma handelt und nicht um eine echte Firma. Weiterhin sollte der Name der Schülerfirma nicht von einem anderen realen Unternehmen verwendet werden. Ob der Name, den ihr euch ausgedacht habt, schon von einem realen Unternehmen genutzt wird, könnt ihr mithilfe des Internets herausbekommen.

Orientiert euch bei der Namensgebung an den folgenden Hinweisen:

- Der Name sollte kurz und einfach sein.
- Der Bezug des Firmennamens zu eurer Geschäftsidee sollte deutlich werden.
- Es sollte ein zum Namen passendes Logo gefunden werden.
- Der Name sollte sich gut merken lassen.

INFO

Hier noch einmal die Fragen, die bei der Gründung einer Schülerfirma zu beachten sind:

- Wie viel Gründungskapital benötigt ihr?
- Wer macht mit?
- Wie soll die Firma heißen?
- Für welche Geschäftsidee wollt ihr euch entscheiden?
- Welche Umsetzungsmöglichkeiten für eure Geschäftsidee sind in der Schule gegeben?

1. Wertet die Statistik auf Seite 42 aus und überlegt, welche Schlüsse ihr daraus für eure Unternehmensgründung ziehen könnt.

2. Überlegt, mit welchen Werbemitteln eine Werbeagentur in der Schule für sich werben sollte. Begründet eure Auswahl mit Beispielen.

3. Sucht aus einer Jugendzeitschrift Anzeigen heraus und erklärt, inwiefern die Gestaltung auf Jugendliche zugeschnitten ist.

Planung

Die Organisation der Schülerfirma

Welche Tätigkeiten im Alltag einer Schülerfirma sind zu organisieren (**Ablauforganisation**)?
Folgende Fragen helfen euch bei der Organisation der Arbeitsabläufe:
- Welche Arbeitsschritte sind nötig, damit ihr euer Produkt erstellen oder eure Dienstleistung anbieten könnt?
- Welche Arbeitsschritte gehören zusammen? Welche Reihenfolge gibt es hierbei?
- Erstellt ein Ablaufdiagramm, indem ihr die Arbeitsschritte in je einem Kästchen darstellt, die Kästchen dann in eine Reihenfolge bringt und ihre Zusammenhänge in einem Ablaufschema darstellt (siehe Seite 27 „Ablauf eines Telefongesprächs").

Wer arbeitet wo? (Aufbauorganisation)

Die Aufbauorganisation der Schülerfirma regelt, wer wo und mit welchen Mitteln etwas tun soll. Die arbeitsteiligen Tätigkeiten müssen wiederum abgestimmt, koordiniert werden. Auch die Organisation einer Schülerfirma hat zum Ziel, dass die Aufgaben sinnvoll erledigt, Zuständigkeiten festgelegt und Arbeitsabläufe geregelt werden.
Folgende Aufgaben müssen dazu gelöst werden:
- Welche Abteilungen ergeben sich aus eurer Ablauforganisation? Gebt diesen Abteilungen Namen.
- Überlegt, welche von euren Mitschülerinnen und Mitschülern den einzelnen Abteilungen zugeordnet werden sollen.
- Wer soll für was verantwortlich sein? Wer hat das Sagen?
- Zeichnet auf, welche Abteilungen eure Schülerfirma hat. Tragt die Namen der Mitarbeiterinnen und Mitarbeiter ein und hängt die Aufbauorganisation an geeigneter Stelle für alle zur Einsicht aus.
- Legt eure Aufbauorganisation einem Experten aus einem Unternehmen vor und lasst euch von ihm beraten. Hierzu könnt ihr eine Expertenbefragung durchführen.

Beratung durch einen Wirtschaftsexperten

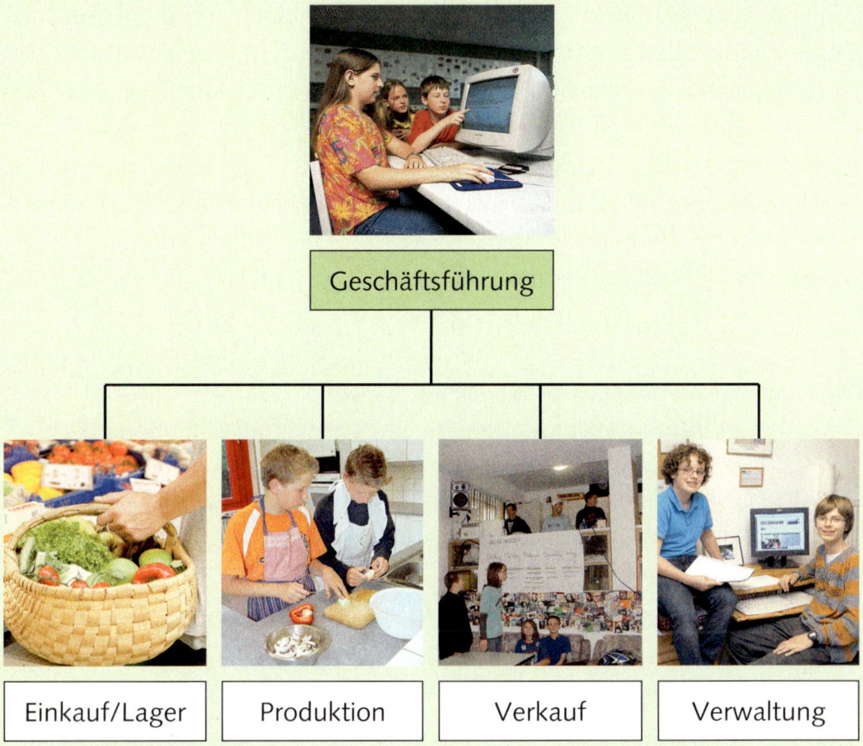

Aufbauorganisation

Die **Geschäftsführung** übernimmt alle Aufgabenbereiche, die der Steuerung und Lenkung des Unternehmens dienen. Dabei lassen sich zwei große Aufgabenbereiche unterscheiden:
- Aufgaben, die nach außen, auf das Umfeld des Unternehmens gerichtet sind und
- die internen Aufgaben.

In einer Schülerfirma setzt sich die Geschäftsleitung u. a. mit folgenden Fragen auseinander:
- Welches sind die kurz- und mittelfristigen Ziele unserer Firma?
- Mit welcher Zielgruppe haben wir es zu tun? Wem wollen wir etwas verkaufen?
- Welche Produkte, welche Dienstleistungen wollen wir anbieten?
- Wie organisieren wir die Struktur und die Arbeitsabläufe der Schülerfirma?
- Welche Instrumente können bei der Organisation der Arbeitsabläufe unserer Schülerfirma hilfreich sein (Zeitpläne, Organigramme, regelmäßige Treffen aller Abteilungen etc.)?
- Welches sind die richtigen Mitarbeiter für die verschiedenen Aufgaben in den Abteilungen unserer Schülerfirma? Wie wählen wir die Mitarbeiter aus?
- Wie wird der Informationsaustausch innerhalb der Schülerfirma (Abteilungen, Mitarbeiter) organisiert?

Am Ende dieses Kapitels solltest du darstellen können, welche Aufgaben die Organisation eines Unternehmens hat, und erläutern können, welche Bedeutung die Arbeitsbeziehungen und die Regelung der Arbeitsbeziehungen in einem Unternehmen haben.
Im zweiten Teil dieses Kapitels geht es um die Gründung einer Schülerfirma, und ihr habt gelernt, dass dabei viele Dinge zu beachten sind. Eine Schülerfirma kann Einsichten in betriebliche Abläufe, vermutlich aber auch einen Vorgeschmack auf das Berufsleben geben.

1. Untersuche, welche Aussage richtig ist:
a) Die Organisation eines Unternehmens ist nur etwas für besonders ordentliche Personen.
b) Die Organisation ist überhaupt das Wichtigste für ein Unternehmen.
c) Wer kreativ ist, braucht keine Organisation, der weiß auch so, was er zu machen hat.
d) Die Organisation eines Unternehmens legt fest, wer was womit und wann macht.

2. Was hältst du von folgender Aussage?
„Besondere rechtliche Regelungen sind für Unternehmer und die Beschäftigten eines Unternehmens doch völlig überflüssig. Alle Beteiligten haben doch das gleiche Ziel. Viele Gesetze machen das Leben in einem Betrieb doch nur schwieriger." Begründe deine Meinung.

3. Überlege, was der Zeichner der unten stehenden Karikatur kritisieren will.

„Ach wie nett, Mittagspause!"

4. Benenne die wesentlichen Ziele der Mitbestimmung. ○

5. Benenne, welche Voraussetzungen erfüllt sein müssen, um eine Jugendarbeitsvertretung zu gründen. ○

6. Überlege: Wie kommt man zu einer guten Geschäftsidee? ◒

7. Benenne, welche Rolle die Konkurrenz bei einer Betriebsgründung spielt und was man über sie wissen sollte. ○

8. Begründe, welche Standortfaktoren für einen Kindergarten eine Rolle spielen: ●
a) Möglichst auf der grünen Wiese, weitab von der Stadt, damit Nachbarn nicht belästigt werden.
b) Die Mieten sollten in dem Stadtteil möglichst billig sein.
c) Im Industriegelände, da ist viel Platz!
d) Möglichst nahe an einem großen Neubau-Wohngebiet.
e) Es sollte in der Umgebung nicht zu viele Kindergärten geben.
f) Geeignete Gebäude sollten vorhanden sein.

9. Erkläre, warum geringe kaufmännische Kenntnisse oft Ursache für Firmenpleiten sind. ◒

10. Benennt Werbemittel und Werbeträger, die für eine Schülerfirma besonders geeignet sind. ○

11. Schülerfirmen haben häufig auch Firmenpaten, die sie beraten. Z. B. hat eine Schüler-Werbeagentur eine Druckerei als Paten. Diskutiert, in welchen Fragen die Druckerei die Schüler beraten kann (s. Foto unten). ●

12. Erläutert, mit welchen Fragen sich die Geschäftsführung einer Schülerfirma auseinandersetzen muss. ◒

Beruf 3: Die Bewerbung

Alle Überlegungen zum künftigen beruflichen Lebensweg müssen in Entscheidungen münden: Ich werde eine weitere schulische Ausbildung machen, oder ich werde direkt in einen Ausbildungsberuf gehen.

1 Die Bewerbung

Wenn ihr euch im Klaren seid, ob ihr eine weiterführende Schule besuchen oder eine Ausbildung beginnen wollt, ist es an der Zeit, sich zu bewerben. Auch Schulen haben feste Anmeldetermine, sodass ihr euch auch hierfür rechzeitig Bewerbungsunterlagen besorgen und euch bewerben müsst.

Wollt ihr eine betriebliche Ausbildung beginnen, ist es für eine erste Kontaktaufnahme meist sinnvoll, wenn ihr in dem Betrieb anruft oder persönlich vorsprecht. Dabei wird euch dann mitgeteilt, bis wann ihr eine schriftliche Bewerbung mit den üblichen Unterlagen (Bewerbungsschreiben, Lebenslauf, Lichtbild, Zeugniskopien) abgeben müsst.

Sich zu bewerben bedeutet: Ihr gebt mit der schriftlichen Bewerbung eine erste persönliche Visitenkarte ab. Aber ihr braucht keine Angst zu haben, denn ihr erfahrt hier, wie ihr euch gut darauf vorbereiten könnt:

- Bei der Berufsberatung gibt es verschiedene Unterlagen, z. B. in „Mach's richtig", das Heft „Wie bewerbe ich mich?" oder ein Programm im BIZ-Computer.
- Weiterhin bieten Broschüren von Banken und Sparkassen, den Krankenkassen, den Gewerkschaften, den Arbeitgebern und auch anderen Stellen Hinweise über die Erstellung von Bewerbungsunterlagen. Auch im Deutschunterricht wird das Schreiben einer Bewerbung geübt.

Ihr braucht vor allem Informationen zum Bewerbungsschreiben und zum Lebenslauf.

INFO

Zu einer Bewerbung gehören:
- Anschreiben
- Lebenslauf
- Lichtbild
- Zeugniskopien
- Nachweise über Praktika, Kurse etc.

Das Bewerbungsschreiben

Durch das Bewerbungsschreiben erhält der Betrieb einen ersten und wichtigen Eindruck von euch. Es ist ausschlaggebend dafür, ob ihr in die weitere Auswahl genommen werdet. Achtet dabei auf das äußere und inhaltliche Erscheinungsbild.

B

Jürgen Köster, Maschinenfabrikant:
„Unseren Mechanikern vertrauen wir Maschinen von hohem Wert an. Deshalb verlangen wir von ihnen fachliches Können, Präzision, Konzentration, Ausdauer und Verantwortungsbewusstsein. Und wenn mir so ein Zettel auf den Tisch flattert, auf dem es nur so von Fehlern wimmelt, dann landet solch eine Bewerbung gleich im Papierkorb. Wer seiner eigenen Ausbildungsstellensuche nicht die nötige Sorgfalt widmet, von dem kann man sonst auch nichts erwarten."

Herr Köster liest eine Bewerbung.

1. Stelle dar, was Herr Köster an Bewerbungsschreiben bemängelt und warum diese Bewerbung nicht erfolgreich sein wird.

INFO

Die erste Zeile vom oberen Rand: 2,54 cm, Abstand vom linken Rand: 2,41 cm. Die Leerzeilen sind mit . gekennzeichnet.

Folgende Elemente sollte euer Bewerbungsschreiben enthalten, dabei sollte es nicht mehr als eine Seite umfassen:
① Absender
② Datum
③ Anschrift
④ „Betreff" (Zweck des Schreibens möglichst in einem Wort; „Betreff" wird nicht geschrieben)
⑤ Anrede (immer beide Geschlechter nennen; es sei denn, der Ansprechpartner ist bekannt)
⑥ Anlass der Bewerbung hier: Hinweis auf Anzeige
⑦ derzeitige Situation
⑧ „Schlussformel": Bitte um ein Vorstellungsgespräch
⑨ Gruß
⑩ Unterschrift
⑪ Anlagenvermerk

In der Form solltet ihr euch am Musterbrief auf dieser Seite orientieren. Er berücksichtigt die DIN-Normen.

.
.
① Torsten Spengler — ② Neustadt, 2. Februar 20..
Koblenzer Str. 2
12345 Neustadt
Tel. (05432) 7890
.
③ Zweirad-Center Maier
Oberer Stephansberg 2
67890 Altdorf
.
④ **Bewerbung um einen Ausbildungsplatz als Zweiradmechaniker**
.
⑤ Sehr geehrte Damen und Herren,
.
⑥ in der letzten Samstagsausgabe der Altdorfer Zeitung habe ich Ihre Anzeige gelesen, in der Sie einen Ausbildungsplatz für einen Zweiradmechaniker zum 1. August 20.. anbieten.
.
Ich bin ein begeisterter Bike-Fahrer und ein handwerklich geschickter Bastler mit viel Geduld. Da ich gerne Zweiradmechaniker werden möchte, bewerbe ich mich um den Ausbildungsplatz bei Ihnen.
.
⑦ Ich besuche die neunte Klasse der Hauptschule Neustadt, die ich im Sommer mit dem Hauptschulabschluss verlassen werde.
.
⑧ Über eine Einladung zu einem Vorstellungsgespräch würde ich mich sehr freuen. Einen Lebenslauf und mein letztes Zeugnis füge ich bei.
.
⑨ Mit freundlichen Grüßen
.
⑩ . *Torsten Spengler*
.
⑪ Anlagen
1 Zeugnis
1 Lebenslauf

Der Lebenslauf

Der Lebenslauf soll dem Empfänger eurer Bewerbung eine erste genauere Vorstellung von euch vermitteln. Ihr gebt Auskunft über eure Person und über euren schulischen Werdegang.
Die tabellarische Form wird am häufigsten verwendet, manchmal auch ein ausführlicher Lebenslauf. Da Handschriften auch etwas über die Persönlichkeit des Schreibers aussagen, wird manchmal ausdrücklich ein handgeschriebener Lebenslauf gewünscht. Nun braucht ihr euch keine neue Schönschrift anzueignen, bleibt bei eurer Handschrift; allerdings sollte der Text fehlerfrei sein und keine Verbesserungen und Übermalungen aufweisen. Ebenso kann auch ein ausführlicher Lebenslauf verlangt werden.
Zum Lebenslauf gehört ein Passfoto. Meist wird es oben rechts aufgeklebt. Euer Foto sollte aktuell und von einem Fotografen als Bewerbungsfoto erstellt sein. Schreibt auf die Rückseite des Passfotos euren vollständigen Namen und euer Geburtsdatum. Dies ist wichtig, weil es vorkommen kann, dass sich das Bild vom Blatt löst.

① **Lebenslauf**

② Name:	Torsten Spengler
③ Anschrift:	Koblenzer Str. 2 12345 Neustadt Tel. (05432) 7890
④ Geburtsdatum: Geburtsort:	7. August 19.. Neustadt
⑤ Eltern:	Erich Spengler, Kfz-Mechaniker Kerstin Spengler, geb. Müller, Hausfrau
⑥ Geschwister:	eine Schwester, 13 Jahre
⑦ Schulbildung:	1. Sept. 19.. bis 20. Juli 20..: Grundschule Neustadt seit 1. Sept. 20..: Schulzentrum Altdorf
⑧ Schulabschluss: Zeugnis:	voraussichtlich Juli 20.. voraussichtlich Hauptschulabschluss
⑨ Schwerpunktfächer:	Physik/Chemie; Wirtschaft
⑩ Besondere Kenntnisse:	PC-Kurs (Volkshochschule)
⑪ Hobbys:	Rad fahren, Sport
⑫ Ort und Datum:	Neustadt, 2. Juli 20..

⑬ *Torsten Spengler*

INFO

Hinweise auf die Abfassung eines Lebenslaufes findet ihr auch im Internet:
www.machs-richtig.de
www.bewerben.de
www.arbeits-abc.de
www.bmbf.de
(Bildung → Ausbildung → Schule – und dann?)

INFO

In jedem Fall sollte der Lebenslauf folgende Angaben enthalten:
① Überschrift: Lebenslauf
② Vollständiger Name
③ Anschrift
④ Geburtsdatum und -ort
⑤ Eltern (mit Beruf)
⑥ Geschwister
⑦ Schulbildung
⑧ Schulabschluss
⑨ Schwerpunktfächer
⑩ Besondere Kenntnisse (z. B. Kurse in der VHS)
⑪ Hobbys
⑫ Ort und Datum
⑬ Unterschrift

Die Online-Bewerbung

Mittlerweile ist es bei vielen Unternehmen üblich, sich online zu bewerben, was einen zeitlichen Vorteil bietet. Es gibt im Wesentlichen zwei Formen:

- Bei der **E-Mail-Bewerbung** werden dieselben Unterlagen wie bei einer schriftlichen Bewerbung (Anschreiben und Lebenslauf mit Foto) nicht per Post, sondern als E-Mail-Anhang versendet. Es können auch eingescannte Zeugnisunterlagen mitgeschickt werden.
- Das **Bewerbungsformular:** Große Unternehmen haben inzwischen eigene Bewerbungsformulare auf ihrer Internetseite, die der Bewerber bzw. die Bewerberin online ausfüllen muss.

1. Fertigt nach dem Muster von Seite 50 ein Bewerbungsschreiben am PC für euren Wunschberuf und eure „Ersatzberufe". Achtet darauf, dass es die dort genannten Elemente enthält.

2. Da manchmal ein ausführlicher handgeschriebener Lebenslauf verlangt wird, solltet ihr auch einen solchen zur Übung schreiben. Achtet darauf, dass ihr keinen der genannten Punkte vergesst.

INFO

Tipps zu Einstellungstests
1. Pünktlich erscheinen.
2. Keinerlei „Mittelchen" einnehmen.
3. Bei Tests unter Zeitvorgabe: Zuerst die Fragen lösen, die man sofort beantworten kann.
4. Möglichst viele Fragen ganz, statt alle nur halb beantworten.
5. Falls etwas nicht verstanden wurde, vor Testbeginn fragen.
6. Meist sind alle Fragen gar nicht zu schaffen. Also nicht nervös werden.
7. Übt Einstellungstests: erhältlich bei der Arbeitsagentur oder in Buchhandlungen.
8. Bei einer großen Anzahl an Bewerbern sind eure Chancen gering. Nicht enttäuscht sein, wenn ihr durchfallt.

Der Einstellungstest

Häufig werden als weiterer Schritt der Auswahl von Auszubildenden Tests eingesetzt. Es gibt sehr viele, und wahrscheinlich sind sie für euch ungewohnt. Hier wird nicht nur schulisches Wissen gefragt, sondern auch noch andere Fähigkeiten. Daher könnt ihr euch zwar nicht vollständig darauf vorbereiten, aber es gibt Möglichkeiten, die euch helfen, möglichst gut abzuschneiden.

- Nehmt an einem Eignungstest der Arbeitsagentur teil. Habt ihr schon einmal einen Test mitgemacht, dann wisst ihr, wie er abläuft. Die Schrift der Arbeitsagentur „Orientierungshilfe zu Auswahltests" hilft bestimmt, euch unverkrampfter dem Test stellen zu können.
- Es wird sicher auch nach Aktuellem gefragt. Es ist deshalb sinnvoll, das Tagesgeschehen genau zu verfolgen (Zeitung lesen, Nachrichtensendungen hören oder sehen).
- Beantwortet erst die Fragen, die euch leichtfallen. Anschließend könnt ihr die anderen zu lösen versuchen.

Häufig werden einige der folgenden Schwerpunkte getestet:
- logisches Denken,
- technisches Verständnis,
- Arbeitstempo und Arbeitsgenauigkeit,
- Umgang mit Zahlen und Rechenkenntnisse,
- Sprach- und Abstraktionsvermögen,
- Kenntnisse in Rechtschreibung und Zeichensetzung,
- schriftliche Ausdrucksfähigkeit und Wortschatz.

Wenn es nicht geklappt hat

Die Tests dürft ihr nicht überbewerten. Ca. 10 % der Unternehmen entscheiden sich aufgrund des Bewerbungsschreibens, 40 % nach dem Test und 50 % nach dem Bewerbungsgespräch. Eine Ablehnung nach dem Test muss nicht bedeuten, dass eure Leistungen schlecht waren oder ihr für den Beruf ungeeignet seid. Also: Kopf hoch, wenn es einmal nicht geklappt hat.

1. Besorgt euch z. B. in einer Buchhandlung Testaufgaben. Achtet darauf, dass die Tests für euren Ausbildungsberuf geeignet sind. Sprecht den Test mit euren Eltern durch.

Das Vorstellungsgespräch

Beim Vorstellungsgespräch

Die Verantwortlichen im Betrieb haben Interesse an euch, sonst hätten sie euch nicht eingeladen. Im Vorstellungsgespräch will man euch genauer kennenlernen und sehen, ob ihr zum Betrieb passt. Lampenfieber und Ängste sind in solchen Situationen ganz normal. Ihr solltet euch über die Einladung freuen und mit Selbstvertrauen zum Vorstellungstermin gehen.

Eure Vorbereitung auf das Vorstellungsgespräch

Dazu einige Tipps und Verhaltensregeln:

- Reagiert auf die Einladung telefonisch – besser – schriftlich. Bedankt euch für die Einladung und bestätigt, dass ihr den Termin wahrnehmen werdet.
- Bittet nur in gut begründeten Ausnahmefällen um eine Verschiebung.
- Seid pünktlich. Sucht den Weg zum Betrieb rechtzeitig auf dem Stadtplan heraus und plant einen möglichst großen Zeitspielraum für Bus- oder Bahnverspätungen, Staus usw. ein. Denkt daran, dass ihr in Großbetrieben Zeit braucht, um die richtige Abteilung zu finden. Eine Verspätung macht einen äußerst schlechten Eindruck!
- Kleidet euch angemessen, weder schlampig noch zu fein, schon gar nicht solltet ihr Sachen anziehen, in denen ihr euch nicht wohlfühlt. (Dem Beruf angemessen!)

Bei Vorstellungsgesprächen geht es darum, einen guten Eindruck zu machen. Dabei solltet ihr alle Fragen höflich und korrekt beantworten und auf eure Ausdrucksweise achten. (Jugendsprache vermeiden!)

- Macht euch eure Stärken klar und bewertet eure Schwächen nicht zu stark. Setzt euren Schwächen Stärken entgegen, z. B. Langsamkeit – Gründlichkeit: Ich bin zwar langsam, arbeite aber sehr gründlich.
- Überlegt euch Gründe für gute und schlechte Schulnoten. (Nicht den Lehrern die Schuld geben!)
- Überlegt, was ihr zu eurem Werdegang erzählen könnt.
- Stellt euch vor, wie das Vorstellungsgespräch verlaufen könnte. Spielt die Situation mit Freunden durch. Jeder stellt einmal sowohl den Bewerber als auch den Personalchef dar.

Etwas zu cool, der Typ!

Rollenspiel

Wie ihr ein Vorstellungsgespräch am besten führt, könnt ihr in Rollenspielen üben. Hier könnt ihr euch in die Rolle des Bewerbers hineinversetzen und Verschiedenes ausprobieren. Für den Ernstfall können so Erfahrungen gesammelt und Sicherheit erreicht werden. Wer nicht den Bewerber spielt, ist kritischer Beobachter und gibt Tipps und Anregungen, was gut war und was verbessert werden sollte. Die Rolle des Personalchefs sollte die Lehrkraft oder ein außerschulischer Experte, den ihr dafür einladet, übernehmen. Sie können die Rolle unterschiedlich spielen: Der Personalchef kann den Bewerber unter Druck setzen oder mit ihm ein zuvorkommendes Gespräch führen.

Vorbereitung

1. Vorbereitung

Zunächst legt ihr fest, in welchem Betrieb welcher Ausbildungsberuf angeboten wird. Danach richten sich die Fragen des Personalchefs und die Interessen und Fähigkeiten des Bewerbers. Fragen und mögliche Antworten sollten vorbereitet werden. Auch der Bewerber sollte sich Fragen zur Ausbildung, zum Ausbildungsbetrieb überlegen. Überlegt, welche Fragen ein Bewerber nicht stellen sollte. Macht euch auch bewusst, in welchem Rahmen ein Vorstellungsgespräch abläuft. Kleidung, Frisur, Schmuck und das Auftreten sollten angemessen sein. Außerdem müsst ihr euch Gedanken zu Körperhaltung, Sprache, Höflichkeit und dem eigenen Selbstvertrauen machen. Die Beobachter legen fest, worauf sie während des Rollenspiels achten wollen und verteilen diese Beobachtungsaufgaben.

Durchführung

2. Durchführung

Nachdem die Rollen verteilt sind, wird das Vorstellungsgespräch gespielt. Die Spieler achten darauf, dass Begrüßung, Vorstellung mit Namen und die Gesprächsführung möglichst realistisch ablaufen. Seid dabei aufmerksam, geht auf den Gesprächspartner ein und haltet Blickkontakt. Die Beobachter machen sich Notizen zu ihren Aufträgen und sollten das Rollenspiel selbst dabei nicht stören. Das Vorstellungsgespräch kann beliebig oft gespielt werden. Dabei können sowohl die Spieler wechseln als auch die Berufe, Betriebe und Wirtschaftsbereiche. Dadurch können Unterschiede festgestellt werden.

Auswertung

3. Auswertung

In der Auswertung werden die Beobachtungen verglichen und besprochen. Auch die Spieler kommen hier zu Wort.
Beobachtungsaufgaben:
- Die Spieler sagen, wie sie sich gefühlt haben.
- Wie realistisch wurde die Rolle gespielt?
- Was wurde gesagt?
- Was lief gut, was kann verbessert werden?
- Wer hat die Rolle so gespielt, dass er/sie die Stelle bekäme?

Eine Unternehmerin erzählt von ihren Erfahrungen

B

Die schriftliche Bewerbung

1. Wenn man sich bei meinem Unternehmen bewirbt, sollte man sich genau informieren, in welchen Berufen mein Unternehmen ausbildet und wie die Berufsbezeichnungen sind.
2. Keine Standardbewerbung, sondern deutlich machen, was man bereits Besonderes schon unternommen hat (Auslandsaufenthalt, Gruppenleiter im Sportverein, Praktika, Mitarbeit in Schülerfirmen usw.).
3. Achtung! Als Unternehmer bekommt man viele Bewerbungen und hat aber nur wenig Zeit, sich überzeugen zu lassen!

Wenn ich jemanden einlade

1. Bitte Rückmeldung geben, ob man zum Termin erscheinen kann.
2. Pünktlich zehn Minuten vorher da sein. Wenn jemand zu spät kommt, führe ich das Bewerbungsgespräch nicht mehr selbst.
3. Wenn man das Einladungsschreiben mitnimmt, kann man bei Problemen mit dem Bus oder der Bahn anrufen, um eine Verspätung anzukündigen. Dann kommt es mir auf eine überzeugende Begründung an.

Das Bewerbungsgespräch

1. Bei der Begrüßung Vor- und Zunamen nennen, auf keinen Fall mit dem Vornamen vorstellen!
2. Keine extravagante Kleidung, nicht bauchfrei oder kurze Röcke oder Jeans mit Löchern tragen. Der Branche angemessen kleiden!
3. Dann mache ich ein Aufwärmgespräch (Small talk).
4. Bei der folgenden Befragung stelle ich Fragen zum Betrieb oder zu den erwarteten Tätigkeiten und zum Beruf. Hier trennt sich schnell die Spreu vom Weizen, und ich merke, wer sich vorbereitet hat. Ich frage auch nach der Zukunftsplanung oder den Eltern.
5. Dann erzähle ich den Bewerbern, wie die Rahmenbedingungen sind, Berufsschule, Verdienst, Urlaub oder Wochenarbeitszeit der Auszubildenden und wie die betriebliche Ausbildung gestaltet ist.
6. Dann erwarte ich Fragen des Bewerbers und erkenne, ob er sich Gedanken gemacht und zugehört hat.
7. Meine letzte Frage ist: „Warum sollen wir Sie einstellen?“ Hier erwarte ich Selbstbewusstsein und Wissen, aber auch Überzeugungskraft!
8. Es kommt auch häufig vor, dass ich plötzlich Englisch spreche, um die Kenntnisse zu testen, die in unserem Betrieb, der sich mit Außenhandel beschäftigt, wichtig sind. Es kommt auch vor, dass ich ein Verkaufsgespräch aus dem Unternehmen als Rollenspiel durchführen lasse.

Am Schluss stellen sich die Personen, die am Bewerbungsgespräch teilgenommen haben, die Frage: „Wer von den Bewerbern passt zu uns?“ Ich frage meistens erst die anderen nach ihrer Einschätzung.

Eine Unternehmerin erzählt.

III Soziale Marktwirtschaft

In diesem Kapitel werden eine Wirtschaftsordnung und deren Entwicklung dargestellt: Die soziale Marktwirtschaft, die in der Bundesrepublik Deutschland als Wirtschaftsordnung nach dem Zweiten Weltkrieg eingerichtet wurde. Von großer Bedeutung war die deutsche Einigung, mit der diese Wirtschaftsordnung für ganz Deutschland Gültigkeit bekam. Des Weiteren ist die „Soziale Sicherung" ein wesentliches Element unserer Wirtschaftsordnung.

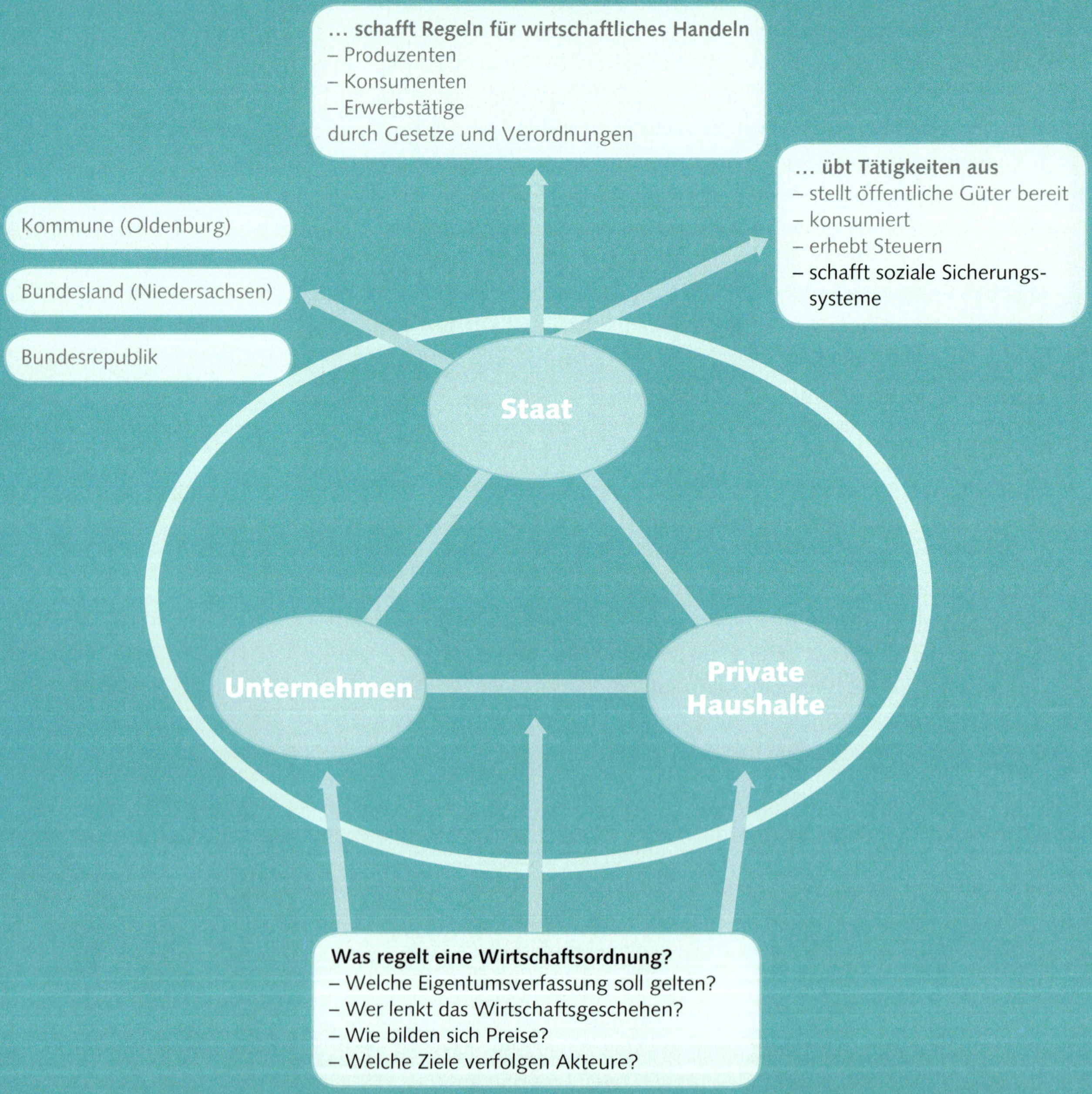

DSK
Bergwerk
West

Fußgängerzone einer Innenstadt

1 Was ist eine Wirtschaftsordnung?

In Deutschland gibt es rund 82 Millionen Menschen. Sie wollen essen, trinken, benötigen Kleidung; der eine will eine Jeans, der andere einen Frack. Frau Meyer möchte Kinderkleidung oder sie sucht eine Bluse für ein Fest. Herr Wenger kauft sich eine DVD, benötigt eine Bohrmaschine für seine Hobbywerkstatt. Jana kauft eine Zeitschrift, um etwas über ihre Lieblingsband zu lesen. Eine Unternehmerin besucht eine Messe, um sich dort über die neueste technische Ausstattung für ihr Druckereiunternehmen zu informieren. Morgens gehen wir zum Bäcker um Brötchen, Milch und Brot zu holen. Diese Aufzählung ließe sich beliebig fortsetzen.

Viele Millionen unterschiedliche Produkte und Dienstleistungen werden täglich von den 82 Millionen Menschen benötigt. Und wenn man die Produkte (Rohstoffe und Betriebsstoffe) zählen würde, die die Unternehmen für ihre Produktion benötigen, wären es noch wesentlich mehr.

Die Produkte, die von den Menschen benötigt werden, werden nicht von *einem* Unternehmen hergestellt und verkauft, sondern von Millionen: Es herrscht **Arbeitsteilung**, wer etwas haben will, muss tauschen, z. B. seine Arbeitskraft gegen Einkommen und Maschinen oder Brötchen gegen Geld. Woher weiß aber ein Bäcker, wie viele Brötchen er verkaufen kann, woher weiß der Müller, dass ein Bäcker ihm Mehl einer bestimmten Qualität abkaufen wird? Güter müssen produziert, transportiert, verkauft und immer zur richtigen Zeit am richtigen Ort zur Verfügung stehen, damit Menschen ihre Bedürfnisse befriedigen können oder Unternehmen die benötigten Rohstoffe und Maschinen kaufen können.

INFO

Arbeitsteilung
Aufgliederung von Arbeitsprozessen in Teilverrichtungen und deren Verteilung auf verschiedene Erwerbszweige und Berufe, vgl. Praxis Wirtschaft 7/8, Kapitel I.

Damit wird deutlich: Täglich werden in Deutschland viele Millionen von Entscheidungen getroffen, um die Bedürfnisse von Konsumenten und Unternehmen zu befriedigen. Es ergibt sich ein fast undurchschaubares Gewirr von Aktivitäten. Wir müssen deshalb untersuchen, nach welchen Regeln diese Aktivitäten ablaufen.

Daraus ergibt sich die grundlegende wirtschaftliche Frage: Wie muss eine Wirtschaft organisiert sein? Nach welchen Regeln werden die unzähligen wirtschaftlichen Handlungen aufeinander abgestimmt, damit alle Menschen mit Sachgütern und Dienstleistungen versorgt werden, die benötigten Arbeitskräfte zur Verfügung stehen und sie genügend Einkommen erzielen, dass sie ein menschenwürdiges Leben führen können? Diese Fragen sollen durch die Wirtschaftsordnung eines Landes beantwortet werden.

Ordnungsformen und Ordnungselemente

Wenn man sich das zunächst kaum durchschaubare Geflecht von wirtschaftlichen Handlungen näher ansieht, dann helfen uns die folgenden vier Fragen weiter. Es sind die Hauptfragen, die von einer Wirtschaftsordnung gelöst werden müssen:
- Welche Formen von Eigentum gibt es, also wem gehört was?
- Wer regelt und lenkt mit welchen Mitteln das Wirtschaftsgeschehen?
- Wie werden Preise gebildet?
- Welches Hauptziel verfolgen die Unternehmen?

Sicherlich: Alles lässt sich noch nicht beantworten, aber doch schon vieles, und man bekommt ein Grundverständnis von unserer Wirtschaftsordnung, so wie die Beherrschung des kleinen Einmaleins in der Mathematik uns hilft, unser mathematisches Verständnis weiter aufzubauen.

Die Beantwortung dieser Fragen bestimmt, wie die Wirtschaftsordnung aussehen wird.

INFO

Marktwirtschaftliche Ordnungen sind in der Regel gekennzeichnet durch:
- Privateigentum,
- Dezentrale Planung und Lenkung,
- Preisbildung auf Märkten
- Betriebliche Ergebnisrechnung nach dem Gewinnprinzip.

1. Begründe: Warum wird eine Wirtschaftsordnung benötigt? ●

2. Beschreibe die Grafik auf S. 60 und beantworte folgende Fragen für die Bundesrepublik Deutschland: ○

a) Wer plant den Bau von Automobilen, wer plant den Kauf? Zentrale oder dezentrale Planung?

b) Wem gehören z. B. Fabriken, Grundstücke und Maschinen? Ist das Eigentum weithin in privater oder in staatlicher Hand?

c) Nach welchen der genannten Prinzipien arbeiten Unternehmen bei den Formen der Ergebnisrechnung?

d) Wie kommt der Preis z. B. für ein Auto zustande? Welche Preisbildungsform herrscht also vor?

Ordnungsform „Eigentumsverfassung“
Hier ist zu entscheiden, ob grundsätzlich Güter u. Ä. einzelnen Menschen gehören (Privateigentum) oder ob alles dem Staat gehört und dieser entscheidet, was hiermit geschieht (Kollektiveigentum).

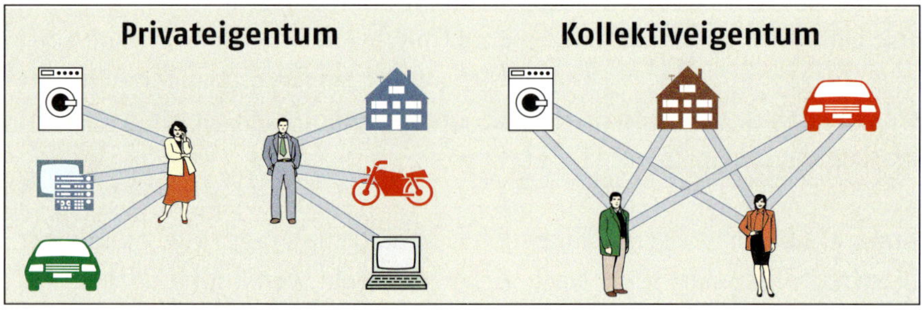

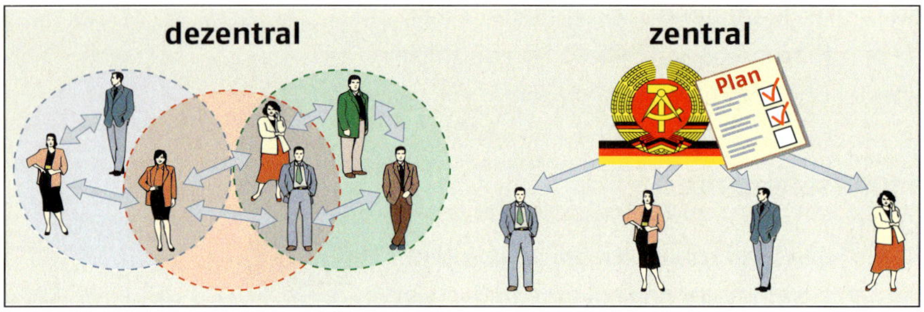

Ordnungsform „Planung und Lenkung“
Hier gilt es zu klären, wie die wirtschaftlichen Prozesse innerhalb einer Gesellschaft geplant und gelenkt werden sollen: auf Märkten, also dezentral oder durch den Staat, also zentral.

Ordnungsform „Preisbildung“
Sollen sich Preise auf Märkten aus dem Zusammenspiel von Angebot und Nachfrage ergeben, oder sollen sie staatlich für einzelne Güter und Dienstleistungen festgelegt werden?

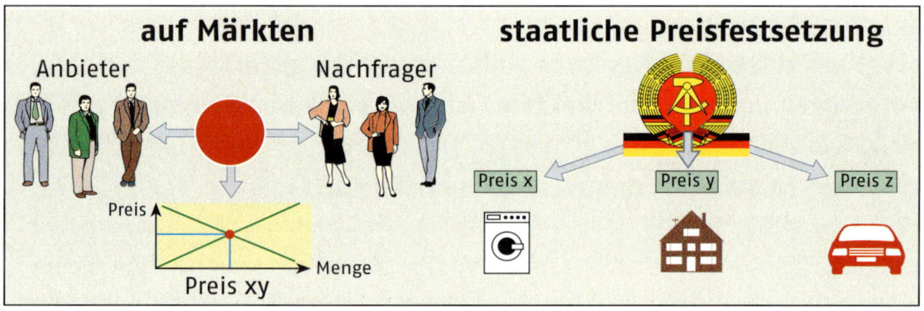

Ordnungsform „Betriebliche Ergebnisrechnung“
Wie agieren Unternehmen? Entscheiden sie selbst darüber, was angeschafft und produziert werden soll und streben sie die Erzielung von Gewinnen an? Oder handeln sie im Auftrag des Staates und erfüllen mit ihrer Arbeit festgelegte Planvorgaben?

Ordnungsformen in der Markt- bzw. Planwirtschaft

1. Stell dir einen Flohmarkt in der Schule vor. Beschreibe, wie sich normalerweise die Preise für die angebotenen Waren bilden. Angenommen, die Schulleitung würde nun Preise vorschreiben. Lege dar, wie sich das Marktgeschehen verändern würde.

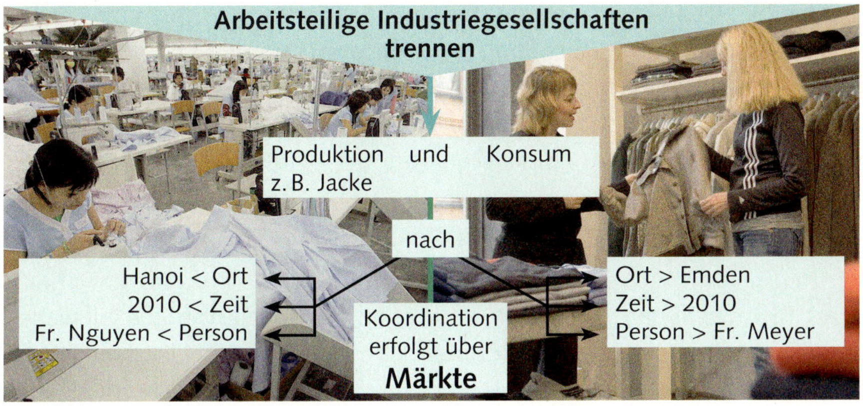

Was bedeuten diese Ordnungsformen im Einzelnen?

1. Wer plant?

In einer marktwirtschaftlichen Ordnung plant jeder Konsument grundsätzlich selbst, wie er seine Bedürfnisse befriedigen will; was er oder sie kauft oder nicht kauft. Die Produzenten müssen nun mit ihren Angeboten versuchen, die Bedürfnisse der Konsumenten zu befriedigen. Wenn ein Geschäft mangelhafte oder zu teure Güter oder Dienstleistungen anbietet, wird es auf seinen Gütern oder Dienstleistungen „sitzen bleiben", Verluste machen und als Unternehmen nicht existieren können. Will es nicht vom Markt verschwinden, muss sich jedes Unternehmen dem Wettbewerb mit anderen Unternehmen stellen und um Konsumenten kämpfen. Nicht der Staat lenkt Angebot und Nachfrage, sondern die einzelnen Konsumenten und Produzenten entscheiden weitgehend allein, was konsumiert und was produziert wird. Märkte spielen dabei eine wichtige Rolle, wie ihr bereits in Kapitel I gesehen habt.

2. Wie entstehen Preise?

In einer arbeitsteiligen Welt befriedigt der Einzelne seine Bedürfnisse nicht selbst. Märkte haben die Eigenschaft, dass sie Anbieter (Produzenten) und Nachfrager (Konsumenten) zusammenführen, um Produkte, Dienstleistungen, Rechte gegen Geld zu tauschen; Angebot und Nachfrage werden durch Märkte koordiniert. Das Zusammentreffen von Angebot und Nachfrage beeinflusst die Preise der Güter, Dienstleistungen, Rechte. Mit dem Geld, das die Konsumenten täglich auf Märkten ausgeben, steuern sie die Produktion der Unternehmen. Unternehmen wollen sich dagegen nicht vollständig der jeweiligen Nachfrage durch die Konsumenten ausliefern. Sie versuchen die Wünsche der Konsumenten schon im Voraus zu erforschen, um sie beeinflussen zu können – manchmal so, dass die Konsumenten Produkte und Dienstleistungen kaufen, die sie eigentlich gar nicht benötigen.

1. Erkläre den Unterschied zwischen zentraler und dezentraler Planung und benenne Probleme, die bei beiden Planungsarten auftreten könnten.

3. Die Funktion der Preise

Preise informieren Produzenten und Konsumenten darüber, wie begehrt Güter sind. Preise können in einer Volkswirtschaft aber auch falsche Informationen liefern. Das ist beispielsweise der Fall, wenn der Staat aus politischen Gründen in die Preisbildung eingreift. Wenn für bestimmte Produkte Subventionen gezahlt werden, dann kann dieses Produkt z. B. billiger angeboten werden.

Durch Subventionen wird der Preis verzerrt. Er spiegelt nicht die wirklichen Kosten des Produktes wider. Besonders häufig ist dies bei landwirtschaftlichen Erzeugnissen zu beobachten. Die Landwirte bauen etwas an, weil ihnen die Preise garantiert werden und nicht weil am Markt die Nachfrage vorhanden ist. Das Angebot ist höher als die Nachfrage. Die Folge sind dann unverkäufliche Kartoffeln, Tomaten, Äpfel usw.

Wenn die Bauern statt Subventionen der Erzeugerpreise direkte Finanzhilfen erhalten würden, könnten die Preise über den Tauschwert der Agrarprodukte informieren. So könnte eine Fehllenkung der Produktion vermieden werden, was allerdings bei den betroffenen Landwirten zu neuen Konflikten führen würde.

4. Wem gehört was in einer Wirtschaftsordnung?

Wir wissen: Märkte sind Orte, auf denen Angebot und Nachfrage zusammentreffen. Eine typische Situation, die täglich millionenfach in der Bundesrepublik beobachtet werden kann: Eine Pizza wird gekauft. Gegen Geld erhält der Käufer das Produkt Pizza: Produkt gegen Geld. Tatsächlich passiert aber viel mehr, denn dieser Tausch stellt gleichzeitig einen Tausch

Gebrauchen

Verändern

von Rechten dar. Die Eigentumsrechte an dem Produkt Pizza gehen vom Verkäufer auf den Käufer der Pizza über. Damit erwirbt der Käufer die Rechte, die jeder Eigentümer an seinem Eigentum hat.

Die Eigentumsrechte sind ein zentraler Bestandteil der Wirtschaftsordnung, denn wer Eigentumsrechte besitzt, kann entscheiden, wie ein knappes Gut eingesetzt werden kann.

Entscheidungs- und Nutzungsrechte
Der Käufer des Fahrrads kann damit fahren, wann er will. Er kann es in den Keller stellen und nicht benutzen. Er kann es unter Beachtung der Abfallbeseitigungsvorschriften auch wegwerfen.

Recht, ein Gut zu verändern
Er kann das Fahrrad in einer neuen Farbe streichen, oder die Lampen oder den Lenker austauschen. Die Dreigangschaltung durch eine Fünfgangschaltung ersetzen usw.

Recht, das Eigentumsrecht ganz oder zeitweise zu übertragen
Eine Schülerin A bittet eine andere B, ihr ihr Fahrrad für eine Woche zu leihen, weil ihr eigenes beschädigt ist. Die Eigentümerin B tut das und bekommt dafür 10 Euro. In den zwei Wochen verzichtet sie zwar auf ihr Fahrrad. Sie kann aber mit den 10 Euro machen, was sie möchte.
Ein anderes Beispiel, bei dem das Eigentum an einer Sache an jemand anderen übertragen wird, ist z. B. eine Erbschaft.

1. Überlege, weshalb Subventionen bei bestimmten Gütern sinnvoll sind.

Verleihen

Verkaufen

5. Wie wird der wirtschaftliche Erfolg gemessen?

Grundlegendes Ziel aller Unternehmen ist es, Gewinne zu erzielen. Um dieses Ziel zu erreichen, müssen sie ihre Dienstleistungen und Sachgüter gewinnbringend verkaufen.

Die Einnahmen, die ein Unternehmen erzielt, nennt man **Erträge**. Erträge sind aber noch nicht der **Gewinn**. Von diesen Erträgen müssen die Aufwendungen abgezogen werden, d. h. Kosten, die für Personal, Rohstoffe, Energie usw. anfallen. Das Ergebnis nennt man Rohgewinn. Von diesem sind die Steuern abzuziehen und z. B. auch der Unternehmerlohn. Dies ist ein Betrag, den ein Unternehmer erhalten würde, wenn er eine vergleichbare Tätigkeit in einem anderen Unternehmen ausüben würde.

Erträge kann ein Unternehmen auch erzielen, ohne dass Sachgüter und Dienstleistungen verkauft werden, beispielsweise durch den Verkauf eines Grundstücks oder von anderem Besitz, der Eigentum des Unternehmens ist.

Als Aufwendungen gelten auch Abschreibungen. Was versteht man darunter? Maschinen, mit denen produziert wird, nutzen sich im Laufe der Zeit ab. Sie verlieren an Wert. Hat eine Maschine beispielsweise eine Lebensdauer von fünf Jahren und kostete sie 5 000 Euro, dann könnte man sagen, dass sie jedes Jahr 1 000 Euro an Wert verliert (5 000 Euro : 5). Diese 1 000 Euro nennt man Abschreibung. D. h., wenn ein Betrieb nach fünf Jahren eine neue Maschine aufstellen will, muss er jährlich 1 000 Euro zurücklegen, um eine neue Maschine für 5 000 Euro kaufen zu können. Preissteigerungen sind allerdings nicht berücksichtigt.

Die jährlichen 1 000 Euro Abschreibung muss ein Unternehmen von seinen Erträgen abziehen, wenn es sich nicht selbst täuschen will. Die 1 000 Euro werden deshalb als Kosten mit in die Preise eingerechnet, damit das Unternehmen in fünf Jahren in der Lage ist, diese Maschine neu zu kaufen.

Aufwendungen

Alle Kosten, die in einem Betrieb anfallen, z. B. Materialkosten und Löhne, Abschreibungen

Erträge
– Aufwendungen

= Rohgewinn
– Steuern
– Unternehmerlohn

= Gewinn/Verlust

Erträge

Einnahme eines Betriebes durch Verkauf von Sachgütern und Dienstleistungen

1. Stelle die die unterschiedlichen Rechte an mehreren selbst gewählten Beispielen dar. Erkläre, wann die Ausübung der Rechte zu Problemen führen kann.

2. Entwickle ein Zahlenbeispiel für die Ermittlung des Gewinns.

Interview mit dem Unternehmer Friedrichs

Frage: Man liest immer wieder, dass das wichtigste Ziel eines Unternehmens sei es, Gewinne zu machen. Warum ist das so?

Herr Friedrichs: Ja, warum ist das so? Wir stellen Möbel her, andere produzieren Butter und Käse oder was man sich sonst noch alles so denken kann. Natürlich wollen wir damit Geld verdienen, so wie jede Arbeitnehmerin oder jeder Arbeitnehmer für ihre bzw. seine Arbeit Geld verdienen will, um sich zu kleiden, zu ernähren, eine Urlaubsreise zu machen usw. Nur wenn ein Unternehmen mehr Erträge als Aufwendungen hat, wird es auf Dauer bestehen können.

Frage: Aber was machen Sie mit dem Gewinn denn sonst noch? Sie haben ein schönes Haus, ein großes Auto und viele andere Dinge mehr.

Herr Friedrichs: Alle sehen nur mein Haus und mein Auto, aber wenige sehen, wie lange ich jeden Tag arbeiten muss, meinen Betrieb organisieren, Aufträge besorgen, damit genug Beschäftigung da ist. Wie ich vor allem dafür sorgen muss, dass unser Unternehmen seine Produkte auch verkaufen kann. Wenn kein Mensch unsere Produkte haben will, dann können wir bald den Laden schließen.

Frage: Arbeiten müssen die Beschäftigten doch auch.

Herr Friedrichs: Selbstverständlich. Und sie müssen sogar sehr gut arbeiten, wenn wir mit unseren Produkten wettbewerbsfähig bleiben wollen.
Und unser Betrieb muss immer auf dem neuesten Stand bleiben. Unsere Maschinen müssen gut sein. Wir müssen Investitionen tätigen, d. h., wir müssen nicht nur die alten Maschinen ersetzen, sondern auch neue anschaffen. Dafür brauchen wir Geld. Und nur wenn wir Gewinne machen, dann kann unser Unternehmen investieren und sich auch weiterentwickeln.
Selbstverständlich verdiene ich durchschnittlich mehr als ein normaler Beschäftigter. Allerdings ist auch mein Risiko größer. Viele Menschen wollen dieses Risiko nicht tragen, sie werden lieber Beamte.
Unternehmer sein bedeutet einerseits zwar viel Selbstständigkeit und gute Einkommensmöglichkeiten, aber man hat in der Regel auch mehr Verantwortung. Aber wie in allen Bereichen gibt's auch „Schwarze Schafe".

Herr Friedrichs, Unternehmer

1. Begründe, warum ein Betrieb Gewinne erzielen muss. ●

2. Stelle dar, auf welche Weise ein Unternehmen das Geld erwirtschaftet, das es für die Abschreibungen benötigt. ○

3. Überlege, worauf sich Herr Friedrichs mit den „Schwarzen Schafen" bezieht und erkläre, was damit gemeint ist. ○

2 Unsere Wirtschaftsordnung: die Soziale Marktwirtschaft

Lebensmittelkarte

Die Entwicklung der Sozialen Marktwirtschaft

Jede Wirtschaftsordnung hat eine besondere Geschichte. Die Marktwirtschaft ist nach dem Zweiten Weltkrieg nicht vom Himmel gefallen. Damals lag die deutsche Wirtschaft am Boden. Viele Betriebe und Verkehrswege waren zerstört, und es gab große Probleme auf dem Arbeitsmarkt. Durch den Krieg war der Anteil der berufstätigen Frauen hoch. Die aus dem Krieg und aus der Gefangenschaft zurückkehrenden Soldaten suchten Arbeit, ebenso die fast elf Millionen Flüchtlinge, die aus West- und Ostpreußen und Schlesien vertrieben wurden, und das in einer schlechten Situation für Industrie und Handwerk.

Schwarzmarkt

Die Währungsreform

Die Reichsmark war nach Kriegsende 1945 nichts mehr wert. Es war viel Geld im Umlauf, für das man nichts kaufen konnte. Es kam zu einer hohen Inflation. Die Reichsmark verlor ihre Funktion als Tauschwert. Jetzt zählten wieder Sachwerte und man tauschte wieder Ware gegen Ware. Geld wurde nur für solche Produkte verwendet, die einen sehr geringen Wert hatten, oder auf Bezugsscheine abgegeben wurden. Für alles andere gab es eine Ersatzwährung: Zigaretten und Kaffee.

Für Zigaretten bekam man fast alles. Die amerikanischen Soldaten konnten z. B. 5000 Zigaretten für 20,50 $ kaufen. Dafür konnte man auf dem Schwarzmarkt die berühmte Kleinbildkamera „Leica" erwerben. Diese war in den USA ca. 600 $ wert. Hierfür lassen sich 134000 Zigaretten kaufen und das entspricht rund 27 „Leicas".

Unter strenger Geheimhaltung war das Geld nach Deutschland transportiert worden.

Als 1948 klar war, dass die Sowjetunion als Besatzungsmacht in Ostdeutschland keine einheitliche Währung für ganz Deutschland haben wollte, bereiteten die Westalliierten (USA, England, Frankreich) eine Währungsreform heimlich vor. Aber es gab Gerüchte über eine Währungsreform: Jeder versuchte, altes Geld loszuwerden, und der Handel hortete Waren, um nach dem Tag X möglichst viel zu neuen Preisen anbieten zu können.

Am 18. Juni 1948 wurde für Sonntag, den 20. Juni, die Währungsunion in den Westzonen festgesetzt. Jeder sollte insgesamt 60 DM „Kopfgeld" bekommen (40 DM im Juni, 20 DM im August), getauscht wurde die neue Währung im Verhältnis 1 RM : 1 DM. Die Reichsmark galt ab dem 21. Juni nicht mehr als Zahlungsmittel.

Mit der Währungsreform fiel in Westdeutschland die Entscheidung für die soziale Marktwirtschaft. In der sowjetischen Besatzungszone, der späteren DDR, versuchte man, eine planwirtschaftliche Ordnung aufzubauen, was zu einer völlig anderen Entwicklung führte.

INFO

Alliierte
Verbündete

INFO

In der sowjetischen Besatzungszone fand kurz darauf ebenfalls eine Währungsreform statt. Hier konnten die Bürger 70 RM gegen 70 Mark tauschen.

Ludwig Erhard, später der erste Wirtschaftsminister der Bundesrepublik Deutschland, setzte sich 1948 mit der Idee der „sozialen Marktwirtschaft" durch: Die einzelnen Bürger, nicht staatliche Stellen, sollten planen. Angebot und Nachfrage sollte wieder über Märkte gesteuert werden und nicht über staatliche Pläne. Durch den Wettbewerb auf den Märkten sollten sich die Preise über Angebot und Nachfrage regeln.
Grundsätzlich sollen die Bürger für sich selbst sorgen. Wo sich aber soziale Nöte für den einzelnen Bürger zeigen, dort, wo sie sich nicht selbst helfen können, sollte der Staat diese abmildern.

Ludwig Erhard

Die deutsche Einheit 1989/90

Nach dem 2. Weltkrieg wurde Deutschland geteilt. Vierzig Jahre hatte die DDR neben der Bundesrepublik existiert. Im Herbst 1989 demonstrierten die DDR-Bürger für Demokratie und freie Wahlen. Die Mauer, die seit 1961 Deutschland in zwei Teile trennte, wurde am 9. November 1989 geöffnet. Am 18. März 1990 fanden die ersten freien Wahlen in der DDR statt und die neue Regierung, die Volkskammer der DDR, beschloss, die Marktwirtschaft einzuführen und die DDR mit der Bundesrepublik zu vereinen. Dazu wurde ein Staatsvertrag ausgehandelt. Dieser hatte das Ziel, in einem ersten Schritt auf dem Weg zur deutschen Einheit eine Währungs-, Wirtschafts- und Sozialunion herbeizuführen.

Montagsdemonstration in Leipzig im Herbst 1989

Auf Beschluss der Volkskammer erfolgte am 3. Oktober 1990 der Beitritt der DDR zur Bundesrepublik. Damit wurde das Grundgesetz der Bundesrepublik auch für das Gebiet der DDR gültig. Am 14. Oktober 1990 fanden in den fünf neu geschaffenen Ländern Brandenburg, Mecklenburg-Vorpommern, Sachsen, Sachsen-Anhalt und Thüringen Landtagswahlen statt. Am 2. Dezember 1990 folgten die ersten gesamtdeutschen Wahlen.

Mit der politischen Einheit begann der wirtschaftliche Umbau der planwirtschaftlichen Ordnung mit all den Problemen, die bis heute noch zu beobachten sind. Die Einführung der Währungs-, Wirtschafts- und Sozialunion führte zu dramatischen Veränderungen in allen Lebensbereichen der DDR.

Im Rahmen der Währungsunion wurde festgelegt, dass die D-Mark im gesamten Währungsgebiet vom 1. Juli 1990 an gelten sollte. Im Rahmen der Wirtschaftsunion schaffte die DDR die Rahmenbedingungen für die Entfaltung der Marktkräfte und selbstständiges wirtschaftliches Handeln.

INFO

Wesentlich für die Einführung der sozialen Marktwirtschaft als Wirtschaftsordnung gelten nach Artikel 1 des Staatsvertrages Privateigentum, Leistungswettbewerb, freie Preisbildung und volle Freizügigkeit von Arbeit, Kapital, Güter und Dienstleistungen.

1. Befragt ältere Personen nach ihren Erinnerungen an die wirtschaftliche Situation nach dem Zweiten Weltkrieg. ○

2. Untersucht mithilfe einer Internetrecherche, ob es auch heute noch Schwarzmärkte gibt und welche Güter dort gehandelt werden. ◒

Arbeitslosigkeit in der ehemaligen DDR: suchen, suchen, suchen

Schlangestehen vor einer Bank bei der Einführung der D-Mark am 1. Juli 1990

Umstellungsprobleme

INFO

Sozialunion
Die in der DDR bestehende Sozialversicherung wurde in Renten-, Kranken-, Arbeitslosen- und Unfallversicherung aufgespalten.

Der Weg zur Vereinigung der beiden Staaten und die damit verbundene Umstellung von der Zentralverwaltungswirtschaft auf die Marktwirtschaft führte zu dramatischen Veränderungen in allen Lebensbereichen der DDR.
Eine wesentliche Hürde der Anfangsjahre bestand darin, viele Aufgaben und Probleme fast gleichzeitig zu bewältigen. Die dafür erforderlichen Akteure aus Wirtschaft und Politik verfügten zumeist über wenige Erfahrungen. Sie schätzten den Zeitbedarf für Reformen falsch ein. Die Bürger erwarteten jedoch schnelle Fortschritte. Die tatsächlich katastrophale wirtschaftliche Situation der vierzig Jahre herrschenden Planwirtschaft war unbekannt oder viele Bürger wollten sie nicht wahr haben. Dadurch verschlechterte sich die psychologische Stimmung in den neuen Bundesländern. Bei vielen Menschen wurde eine große Unzufriedenheit hervorgerufen.

Ehemals begehrte Produkte sind heute nicht mehr gefragt und von den Märkten verschwunden.

Demonstration gegen Sozialabbau in Leipzig im Januar 2005

Rollenspiel: Soziale und wirtschaftliche Auswirkungen der Umgestaltung

Verschiedene Lebensläufe von Arbeitnehmern aus der ehemaligen DDR

1. Information: Lesen und Besprechen der Rollenspielkarten

Information

In diesem Rollenspiel sollt ihr euch in die Lage von vier Arbeitnehmern in der damaligen DDR versetzen.
Die ehemaligen Kollegen eines großen Chemiekombinats trafen sich zehn Jahre nach der Wiedervereinigung und tauschten Erinnerungen aus ihrer früheren Tätigkeit aus. Sie sprachen auch über die Auswirkungen, die durch die Privatisierung des Unternehmens den eigenen beruflichen Lebensweg beeinflussten.

An den Berufsbiografien zeigt sich, welche sozialen und wirtschaftlichen Folgen mit dem Umbau einer planwirtschaftlichen in eine marktwirtschaftliche Wirtschaftsordnung verbunden sein können und weshalb die betroffenen Menschen so unterschiedlich über eine neue Wirtschaftsordnung urteilen.

2. Vorbereitung: Rollenverteilung

Vorbereitung

Wie im Theater werden die Rollen verteilt. Die Rollenbeschreibung der verschiedenen Arbeitnehmer:

Rollenkarte Gerd Franz

Persönliche Daten: Damals 42 Jahre alt, hat im Chemiekombinat Chemiefacharbeiter gelernt und sich in der Betriebsakademie zum Meister qualifiziert. Er verdiente zu DDR-Zeiten weniger als die Facharbeiter in seinem Meisterbereich und war oft der Prügelknabe, wenn der Plan nicht erfüllt wurde oder wenn die Qualität nicht stimmte.

Er wurde bei der Privatisierung übernommen, hat mehrere Fortbildungskurse im Stammwerk durchlaufen. Ihm wurde die Verantwortung für eine hochmoderne Chemieanlage übertragen. Sein Einkommen ist wesentlich höher als früher und die Arbeitsbedingungen haben sich grundsätzlich geändert. In seinem Arbeitsbereich gibt es keinen Staub und keine gesundheitsschädigenden Dämpfe mehr. Er hat sich inzwischen ein Haus gebaut und ist aus der Plattenbausiedlung ausgezogen.

Rollenbeschreibung: Herr Franz ist sehr zufrieden mit der Privatisierung des Unternehmens. Er hat seine Stellung als Meister behalten. Diese Stellung wird im Privatunternehmen höher bewertetet als im VEB.
Zu dem gestiegenen Ansehen kommt noch ein wesentlich besserer Verdienst und günstige Arbeitsbedingungen. So kann er sich Dinge leisten, von denen er früher nur geträumt hat (Eigenheim, schickes Auto, Reisen in ferne Länder).

INFO

Karbid wurde früher als Brennstoff in Lampen (z. B. im Bergbau) verwendet.

Ein **Kombinat** war eine Unternehmensgruppe von sog. Volkseigenen Betrieben in der DDR.

Rollenkarte Erwin Küttner
Persönliche Daten: 48 Jahre alt, Chemiefacharbeiter. War in der Karbidproduktion tätig, bis sie geschlossen wurde. Nach seiner Entlassung erhielt er einen zeitlich befristeten Arbeitsplatz in einer Sanierungsgesellschaft.

Rollenbeschreibung: Herr Küttner hat als Facharbeiter sehr gut verdient, weil die Arbeitsbedingungen in der Karbidfabrik schlecht waren. Er hatte damit in der DDR einen guten Lebensstandard, auch der Urlaub war gesichert, da er billige Ferienplätze in den Betriebsferienheimen erhielt. Im Betrieb war er geachtet, weil er trotz der widrigen Arbeitsbedingungen seine Aufgabe zuverlässig erledigte. Nun ist er zwar froh, dass er einen – wenn auch zeitlich begrenzten – Arbeitsplatz in der Sanierungsgesellschaft hat, aber er hat Angst vor Arbeitslosigkeit. Eine Chance, einen Arbeitsplatz auf dem Arbeitsmarkt zu finden, sieht er nicht, weil Chemiefacharbeiter nicht gebraucht werden. Seine Frau war früher Verwaltungskraft im Chemiekombinat und ist bereits seit längerer Zeit arbeitslos.

So sieht er sich als Verlierer im Prozess der Umgestaltung. Er fühlt sich gesellschaftlich nicht mehr anerkannt und hat Sorge, dass er seinen bescheidenen Lebensstandard nicht mehr halten kann, wenn er arbeitslos wird. Wohin das führen kann, beobachtet er bei vielen ehemaligen Arbeitskollegen. Sie verfallen dem Alkohol, die Familie geht dadurch in die Brüche. Sie finden keinen Halt mehr.

Rollenkarte Hans Rodemann
Persönliche Daten: 52 Jahe alt, hat in der Betriebsberufsschule des Chemiekombinats die Berufsausbildung mit Abitur erfolgreich als Chemielaborant abgeschlossen. Danach studierte er an der Technischen Hochschule Chemische Verfahrenstechnik und schloss das Studium als Diplom-Ingenieur ab. Er ging wieder zurück ins Chemiekombinat und war dort in der Forschungsabteilung tätig. Sie wurde im Zug der Privatisierung aufgelöst. Seit dieser Zeit ist Herr Rodemann arbeitslos.

Rollenbeschreibung: Herr Rodemann hat eine typische Karriere für die technische Intelligenz in der DDR durchlaufen. Schule, Berufsausbildung und Studium reihten sich nahtlos aneinander, und danach war ein Arbeitsplatz entsprechend seiner Qualifikation gesichert. In der betrieblichen Tätigkeit gab es genügend Aufstiegschancen. Der Lebensweg war damit mehr oder weniger vorgezeichnet.
Mit der Privatisierung des Chemiekombinats kam es zum schmerzlichen Bruch dieses Entwicklungsweges. An die Stelle verantwortungsvoller Forschungstätigkeit trat die Suche nach Arbeit. Durch das Arbeitsamt wurde er in verschiedene Fortbildungskurse vermittelt. Aber all seine Bewerbungen auch in den alten Bundesländern waren erfolglos. Immer wieder wurde ihm angedeutet, dass er zu alt sei.

Seine Frau hatte mehr Glück. Sie ist Chemielaborantin und behielt ihren Arbeitsplatz.
Herr Rodemann ist frustriert. Früher eine geachtete Persönlichkeit mit guten Entwicklungschancen, fühlt er sich im Zuge des Umwandlungsprozesses ausgegrenzt. Er sieht keinerlei Perspektive. Es kränkt ihn, dass die Familie den bescheidenen Lebensstandard nur halten kann, weil seine Frau Arbeit hat. Er fühlt sich innerhalb der Familie zurückgesetzt.

Er kann der Entwicklung der letzten Jahre nichts Positives abgewinnen und macht die marktwirtschaftliche Ordnung für sein persönliches Schicksal verantwortlich.

Rollenkarte Iris Patschke
Persönliche Daten: Damals 32 Jahre alt, hat im Chemiekombinat die Ausbildung zur Chemielaborantin durchlaufen und war danach in der Forschungsabteilung von Herrn Rodemann tätig. Als diese Abteilung im Zuge der Privatisierung geschlossen wurde, fand sie eine neue Arbeitsstelle in einem Großunternehmen in Leverkusen.

Rollenbeschreibung: Frau Patschke ist mit ihrer Arbeit zufrieden. Da sie jedoch ihren Freundeskreis zu Hause hatte, ist sie jedes Wochenende in ihren Heimatort gefahren (etwa 1 000 km hin und zurück). Inzwischen hat sie sich eingelebt und mit ihrer Familie eine Eigentumswohnung bezogen.

Sie möchte nicht wieder zurück und versteht ihre früheren Kollegen nicht mehr, die ihrer alten Tätigkeit und der Vergangenheit nachtrauern. Sie meint, das verhindere den optimistischen Blick in die Zukunft. Außerdem habe das wenig mit der Realität der damaligen betrieblichen Tätigkeit zu tun.

3. Durchführung: Aufbau der zu spielenden Szene

4. Aufgaben für die Beobachter des Rollenspiels
Die Zuschauer sehen nicht nur zu; sie machen sich Notizen, um das Spiel beurteilen zu können.

5. Diskussion: Analyse des Spielgeschehens
Das Spielgeschehen wird besprochen, vor allem geht es um das Verhalten und die Aussagen der Spieler.

6. Verallgemeinerung: Eine andere Gruppe spielt die Diskussion

7. Auswertung
Wertet das Spiel gemeinsam aus. Überlegt, wie die Berufsbiografien der ehemaligen Kollegen weitergegangen sein könnten.
Wie sähe ihre Situation wohl heute aus?

Durchführung

Diskussion

Verallgemeinerung

Auswertung

3 Die Bundesrepublik Deutschland als demokratischer und sozialer Bundesstaat

Die soziale Frage

INFO

Weitere **Verfassungsprinzipien** sind der Föderalismus, die Demokratie, die Gewaltenteilung und die Rechtsstaatlichkeit.

Das Grundgesetz schreibt mit Artikel 20 fest, dass Deutschland ein Sozialstaat ist (Verfassungsprinzip **Sozialstaatlichkeit**). Der Staat hat die Aufgabe, für soziale Gerechtigkeit zu sorgen.

Da sich wirtschaftliche und soziale Bedingungen, wie unten beschrieben, verändern können, müssen die rechtlichen Regelungen, die für den Sozialstaat und für soziale Gerechtigkeit sorgen sollen, diesen Bedingungen angepasst werden. Das geht nicht immer ohne Probleme und Konflikte, weil die Auffassungen darüber, was soziale Gerechtigkeit ist, sich häufig sehr stark unterscheiden.

INFO

Handwerkszunft
Zusammenschluss von Handwerkern

Die Anfänge des deutschen Sozialstaats reichen in das 19. Jahrhundert zurück, als die Industrialisierung zu einem ungeheuren Anwachsen der Fabriken führte. Die auf sich allein gestellten Arbeiter in den schnell wachsenden Industriestädten wurden nicht mehr wie zuvor von der Großfamilie oder der Handwerkszunft aufgefangen, wenn sie krank, arbeitslos, invalide (arbeitsunfähig) oder alt wurden.

Als sich die Arbeiter in Gewerkschaften, Vereinen und Parteien organisierten, um sich gegen ihre Not zu wehren, entstand die „soziale Frage". Der Staat unter der Führung von Reichskanzler Otto von Bismarck reagierte mit der Einführung der gesetzlichen Kranken-, Unfall- sowie Invaliditäts- und Rentenversicherung (1883, 1884, 1889). Die Sozialgesetze überstanden alle Kriege, Inflationen und politischen Umwälzungen.

Das Netz der sozialen Sicherung ist größer und engmaschiger geworden. Es geht nicht mehr nur darum, die schlimmste Not für die Arbeiter und ihre Familien zu verhindern, sondern umfassende „soziale Gerechtigkeit und soziale Sicherung" zu verwirklichen.

Das Netz der sozialen Sicherung

Q

Es soll dazu beitragen,
ein menschenwürdiges Dasein zu sichern;
gleiche Voraussetzungen für die freie Entfaltung der Persönlichkeit, insbesondere auch für junge Menschen, zu schaffen,
die Familie zu schützen und zu fördern,
den Erwerb des Lebensunterhalts durch frei gewählte Tätigkeit zu ermöglichen und
besondere Belastungen des Lebens, auch durch Hilfe zur Selbsthilfe, abzuwenden oder auszugleichen.

Quelle: http://bundesrecht.juris.de/bundesrecht/sgb_1/gesamt.pdf

Die soziale Sicherung

Das soziale Netz setzt sich aus verschiedenen Bestandteilen zusammen: Sozialversicherung, soziale Versorgung, Sozialhilfe, aber auch die Familien-, Steuer- oder Arbeitsschutzgesetzgebung.
Die gesetzliche Sozialversicherung umfasst die Kranken-, Renten-, Unfall-, Arbeitslosen- und Pflegeversicherung.

Es handelt sich um Pflichtversicherungen, denen alle Arbeitnehmer außer den Beamten angehören. Man spricht vom **Solidarprinzip**. D. h., dass alle Bürger gemeinsam die Versicherungsleistungen finanzieren, und der oder die Einzelne dadurch im Versicherungsfall Leistungen erhält.

Die Versicherungsbeiträge richten sich nach der Höhe des Einkommens und werden bis auf die Unfallversicherung in der Regel jeweils zur Hälfte von Arbeitnehmern und Arbeitgebern aufgebracht. Der Staat schießt allerdings erhebliche Geldbeträge zu, weil die Beiträge der Versicherten nicht ausreichen, um alle Ansprüche zu decken. Medizinische Leistungen sind für alle Berechtigten gleich, bei Rente, Arbeitslosen- und Krankengeld richtet sich die Höhe nach dem zuletzt bezogenen Einkommen.
Zur sozialen Versorgung zählen auch z. B. das Kindergeld, das Elterngeld, und das Wohngeld.

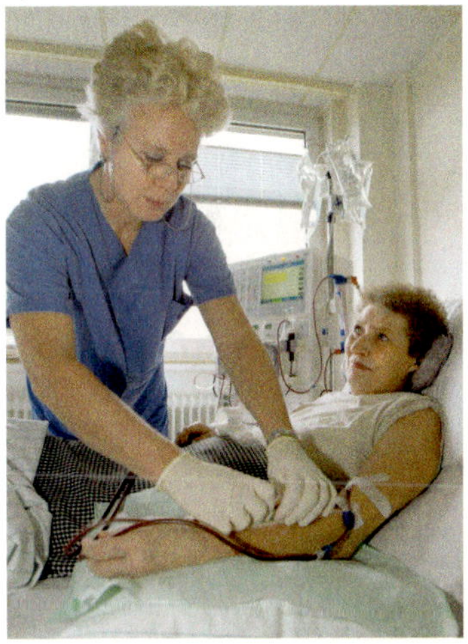
Krankenpflege im Krankenhaus

Die Selbstständigen sind nicht in die Sozialversicherung einbezogen. Sie müssen sich im Falle von Krankheit, Erwerbsunfähigkeit und Alter selbst um ihren Versicherungsschutz kümmern.

Die Sozialhilfe soll allen Hilfsbedürftigen „die Führung eines Lebens ermöglichen, das der Würde des Menschen entspricht" (Sozialgesetzbuch). Wer seinen Lebensunterhalt nicht aus Arbeitslohn, Vermögen, Unterstützung durch Angehörige oder Sozialversicherungs- und Versorgungsleistungen bestreiten kann, hat in der Bundesrepublik einen Anspruch auf soziale Fürsorge durch den Staat.

Es gibt vier Formen der sozialen Grundsicherung:
1. Sozialhilfe im engeren Sinne für nicht erwerbsfähige Hilfsbedürftige und ihre Haushalte.
2. Grundsicherung für Arbeitssuchende (Arbeitslosengeld II).
3. Grundsicherung im Alter und bei Erwerbsminderung für Menschen ab 65 Jahren oder für voll erwerbsgeminderte Personen ab 18 Jahren.
4. Existenzsicherung für Asylbewerber und geduldete Ausländer.

1. Recherchiert im Internet mit dem Suchwort „Gründungsurkunde der Sozialversicherung". Fasst die wesentlichen Aussagen, die ihr mit der Recherche ermittelt, zusammen. ○

INFO

Ihr werdet bei der Recherche möglicherweise nicht auf den Originaltext stoßen, aber auf beschreibende Internetseiten.

Krankenversicherung

Q Im Schnitt gibt jeder in Deutschland 2710 Euro pro Jahr für die Gesundheit aus. Das summiert sich auf 234 Milliarden Euro. Nach Berechnungen des Statistischen Bundesamtes [...] belaufen sich die Krankheitskosten jährlich auf 234 Milliarden Euro. Der Anteil der Gesundheitskosten am Bruttoinlandsprodukt liegt bei 11,1 Prozent. In den nächsten Jahren könnte sich das allerdings ändern: Schon heute fallen für die über 65-Jährigen, die rund 17 Prozent der Bevölkerung ausmachen, knapp 43 Prozent der Krankheitskosten an [...]. Der Anteil dieser Altersgruppe soll sich bis 2050 verdoppeln. Herz-Kreislauf-Erkrankungen sind mit 35,4 Milliarden Euro oder 15,8 Prozent der größte Faktor.

Quelle:
Helmut Achatz, „Kostenexplosion: 234 Milliarden für Gesundheit" aus Focus Online vom 07.07.2004

Versicherte
↑
Gesetzl. Krankenkassen
↑
Gesundheitsfonds
↑
Steuern,
Arbeitnehmerbeiträge,
Arbeitgeberbeiträge

Ab dem 1. Januar 2009 ist ein neues System der GKV (gesetzliche Krankenversicherung) in Kraft getreten, das die Finanzierung der Gesundheitskosten stärker über Steuern leisten will, als das früher der Fall war.

Für alle Krankenkassen in der gesetzlichen Krankenversicherung gilt ab dem 1. Januar 2009 ein einheitlicher Beitragssatz. Die Höhe des Beitragssatzes wurde vom Bundesministerium für Gesundheit (BMG) auf 15,5 % für Arbeitnehmer und Arbeitgeber festgelegt. Über den Gesundheitsfonds wird die Finanzierung der GKV geregelt. Alle Beiträge der Arbeitnehmer und der Arbeitgeber sowie der Bundeszuschuss (4 Milliarden Euro ab 2009) fließen hier zusammen. Aufgabe des Gesundheitsfonds ist die Verteilung sowie die Auszahlung der Beitrags- und Steuergelder an die Krankenkassen.

In der GKV sind nicht-berufstätige Ehegatten und die Kinder des Kassenmitglieds durch die Familienversicherung kostenfrei mitversichert.

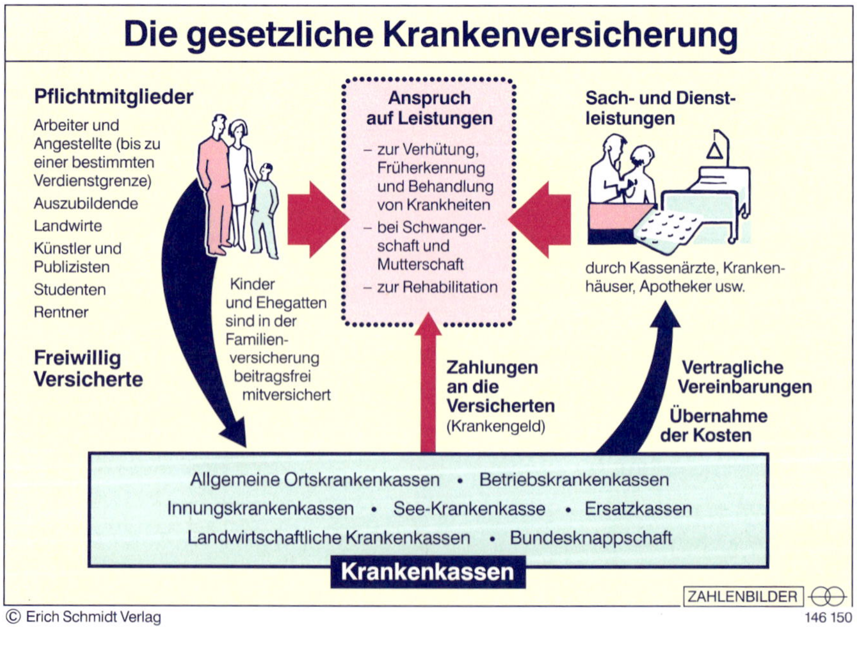

 146 150

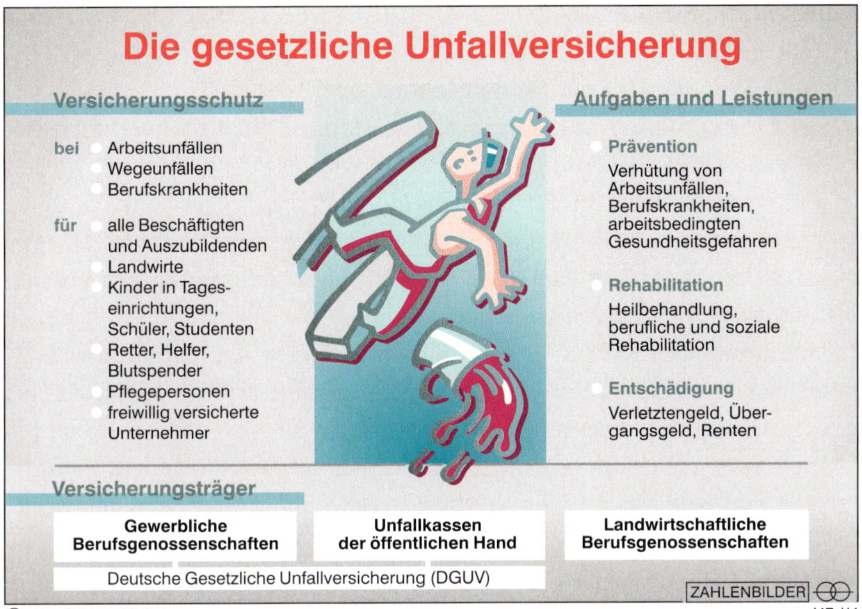

© Erich Schmidt Verlag 147 114

Unfallversicherung

Der Ursprung der Unfallversicherung geht zurück bis zum Jahre 1884. Im Gegensatz zu allen anderen Sozialversicherungen werden die Beiträge ausschließlich von den Arbeitgebern bezahlt.

Sie hat die Aufgabe, die Auswirkungen von Arbeitsunfällen, Berufskrankheiten und arbeitsbedingten Gesundheitsgefahren zu mindern. Tritt ein Versicherungsfall ein, z. B. ein Arbeitsunfall, kommt die Versicherung für die Folgen auf (z. B. Heilkosten). Auch Schülerinnen und Schüler sind vom Staat gegen Schulunfälle versichert.

1. Heute liegt die weitere Lebenserwartung eines 60-jährigen Mannes bei 19 Jahren, bei einer 60-jährigen Frau bei 23 Jahren. Im Jahr 2050 können Männer im Alter von 60 Jahren durchschnittlich noch 23,7 und Frauen 28,2 weitere Lebensjahre erwarten.
Diskutiert, welche Auswirkungen dies auf die Gesundheitskosten hat. ●

2. Auch Schülerinnen und Schüler sind vom Staat gegen Schulunfälle versichert. Informiert euch bei eurer Schulleitung, in welchen Fällen die Versicherung gilt und in welchen Fällen sie keine Leistungen gewährt, in welchen Fällen ihr also nicht versichert seid. Fasst die Ergebnisse zusammen. ○

3. Ihr seht auf dem nebenstehenden Bild einen Forstwirt bei seiner Arbeit. Er entastet mit einer Kettensäge einen gefällten Baum. Überlegt, welche Unfallrisiken mit dieser Arbeit verbunden sind. ●

4. Nennt weitere Berufe, die ein hohes Unfallrisiko haben. ○

Forstwirt

Arbeitslosengeld II (Hartz IV)

B

Wovon soll Frau Söllner leben

Frau Söllner ist alleinerziehende Mutter. Ihr Lebensgefährte hat sie verlassen und ist ohne Angabe einer Adresse verschwunden. Wegen ihrer zwei kleinen Kinder, die zwei und vier Jahre alt sind und die sie zu versorgen hat, ist Frau Söllner nur eingeschränkt erwerbstätig. Mit gelegentlicher Putzarbeit hält sie sich im Moment über Wasser. Inzwischen sind auch ihre Ersparnisse aufgebraucht.
Wie sollen ihre Kinder versorgt werden? Wie soll sie ihren Lebensunterhalt bestreiten? Die Kinder brauchen dringend neue Kleidung, aus der alten sind sie rausgewachsen.
Weil Frau Söllner mit der Miete in Verzug ist, wird ihr auch noch die Wohnung gekündigt. Einen Kredit zur Begleichung ihrer Schulden wollte ihr die Bank nicht geben, weil sie keine Sicherheiten und keine geregelte Erwerbstätigkeit nachweisen kann.
Verzweifelt wendet sich Frau Söllner an ihre Gemeinde. Dort wird ihr geraten, Arbeitslosengeld II zu beantragen.

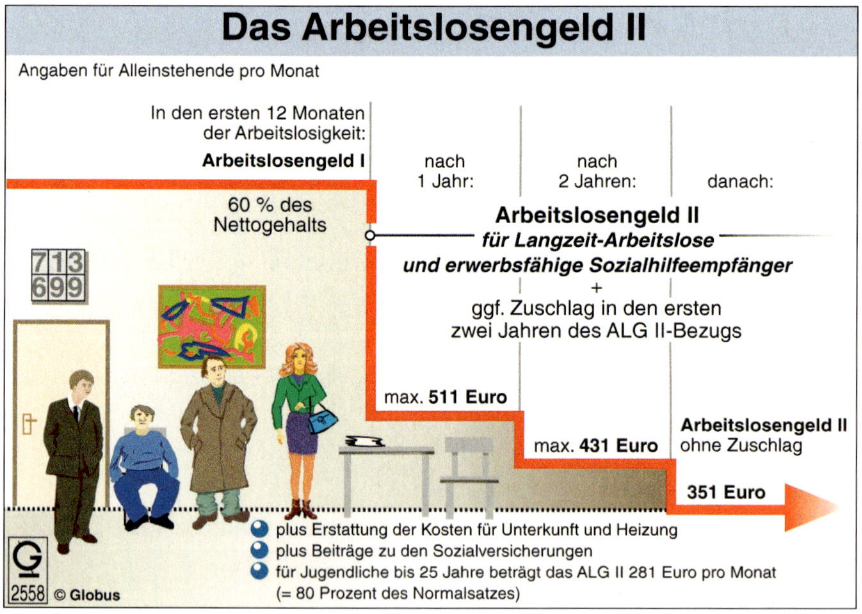

Arbeitslosengeld II ist eine Sozialleistung, d. h., sie wird durch Steuern finanziert. Arbeitslose Erwerbsfähige erhalten es nach dem Bezug von Arbeitslosengeld I oder wenn die Voraussetzungen für ALG I nicht erfüllt sind. Bisher griff hier das Recht der Sozialhilfe.

Seit Juli 2009 gibt es monatlich 359 Euro als Arbeitslosengeld II (ALG II). Zusätzlich zahlt die Bundesagentur für Arbeit oder die Arbeitsgemeinschaft aus Stadt und Arbeitsagentur die Unterkunft. Auch die Beiträge für Kranken-, Renten- und Pflegeversicherung übernimmt der Staat.

Risiken der Erwerbsfähigkeit

B

Ein langer Heilungsprozess

Es war nur ein Sturz von der dritten Leiterstufe, aber so unglücklich, dass Frau Lerche einen komplizierten Beinbruch erlitt. Ein achtwöchiger Krankenhausaufenthalt wird ihr prophezeit – und das bei zwei kleinen Kindern. Zudem ist ihr Mann an seinem Arbeitsplatz unabkömmlich.
Ein teurer Krankenhausaufenthalt, keine Betreuung für die Kinder – da spricht Herr Lerche erst einmal mit seiner Krankenkasse.

Ich kann nicht mehr

Die Arbeit im Kindergarten fällt Frau Sieghardt immer schwerer; nicht wegen ihres Alters – sie ist erst 52 – sondern wegen ihres Hörvermögens, das sich ständig verschlechtert. Sie bekommt längst nicht mehr alles mit; die Kinder müssen laut und deutlich sprechen, ihre Fragen häufig wiederholen.
„Hochgradige Hörschwäche", so bescheinigt ihr der Hals-Nasen-Ohren-Arzt. „Sie sollten einen Rentenantrag stellen", rät er ihr. „In meinem Alter?", entgegnet Frau Sieghardt verzweifelt.

Ein unglückliches Ereignis

Der Rohbau eines Einfamilienhauses soll möglichst schnell regendicht gemacht werden.
Während die Dachdecker noch die Ziegel eindecken, montiert der Installateur bereits die Fallrohre der Regenrinne. Da passiert es: Der Dachdecker kann einen Ziegel, den ihm sein Kollege zuwirft, nicht festhalten. Dieser entgleitet seinen Händen, rutscht den bereits gedeckten Dachteil hinunter und trifft den unten arbeitenden Monteur so unglücklich, dass der mit einer Schulterverletzung ins Krankenhaus eingeliefert werden muss.

Rohbau

1. Erkundet, was passiert, wenn durch die Gelder aus dem Gesundheitsfonds Überschüsse bei einer Kasse entstanden sind. (Informationen zum Gesundheitsfonds könnt ihr im Internet unter der Adresse www.bmg.bund.de erhalten.)

2. Findet heraus: Wer zahlt die Kosten bei dem Arbeitsunfall auf dem Dach?

3. Begründet: Warum ruft Herr Lerche seine Krankenkasse an? Seine Frau ist doch krank und nicht er.

4. Benennt, welche Versicherung Leistungen bei dauerhafter Erwerbsunfähigkeit und welche Versicherung Leistungen bei zeitweiliger Erwerbsunfähigkeit erbringt.

Fallanalyse

Informationsbeschaffung

Lösungsmöglichkeiten

Entscheidung

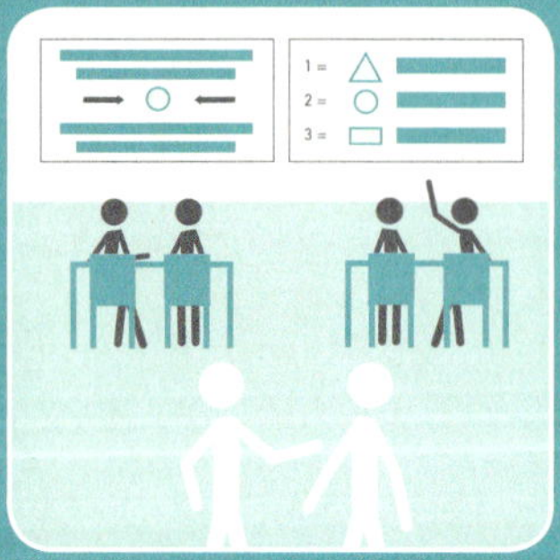

Fallstudie: Rentenversicherung

Eine wichtige Säule des Systems der sozialen Sicherung ist die Rentenversicherung. Mit dieser Versicherung wollen wir uns in einer Fallstudie beschäftigen. Der folgende Arbeitsauftrag hat in der heutigen Zeit gerade für Jugendliche eine ganz reale Bedeutung: Welche privaten Versicherungen sollten junge Berufstätige abschließen?

Die heutigen Rentner beziehen ihre Rente aus den Beiträgen, die die heutigen Arbeitnehmer und Arbeitgeber zu gleichen Anteilen in die gesetzliche Rentenversicherung einzahlen. Das System wird Umlageverfahren oder auch **Generationenvertrag** genannt (auch wenn nie ein Vertrag geschlossen wurde), weil die Jungen für die Alten aufkommen. Dieses Verfahren funktioniert dann, wenn möglichst viele Beitragszahler (Jüngere) relativ wenigen Rentnern (Älteren) gegenüberstehen. In Deutschland werden aber schon seit Jahren immer weniger Kinder geboren und zugleich werden die Menschen immer älter. Das hat zur Folge, dass den Rentenkassen Geld fehlt.

Die Bundesregierung hat sich entschieden, den Rentenbeitrag für Arbeitgeber stabil zu halten. Um aber die Auszahlung der Renten zu sichern, muss an anderer Stelle gespart werden. Zum Beispiel durch Nullrunden für die Renten. D. h. beispielsweise, dass es pro Jahr keine Anpassung der Renten an die Einkommensentwicklung gibt.

Nachdrücklich wird der jungen Generation geraten, neben der gesetzlichen Rentenversicherung auch eine **private Vorsorge** zu treffen.

Im Kapitel II ist die Fallstudie als Methode schon eingeführt worden. In der Fallstudie Rentenversicherung geht ihr mit den gleichen Schritten vor wie dort schon beschrieben.

Besonders wichtig in dieser Fallstudie ist die Informationsbeschaffung. Die **Informationsbeschaffung** kann beispielsweise durch eine Fachfrau oder einen Fachmann von einer Krankenkasse, Berufsgenossenschaft oder einer privaten Versicherung geschehen, unterstützt durch Informationsmaterial der Versicherungen.

Eure gefundene Lösung kann nicht mit eurer tatsächlichen Entscheidung verglichen werden. Hier könnte der Versicherungsexperte helfen. Er oder sie beurteilt die gefundenen Lösungen. Da das natürlich Zeit kostet und deshalb solch eine Möglichkeit nicht zustande kommen kann, bietet sich als Alternative dazu an, junge Berufstätige einzuladen und diese über ihre privaten Versicherungen berichten zu lassen und dies mit euren Lösungen zu vergleichen.

Arbeitsauftrag: Was wäre die richtige oder sinnvolle private Vorsorge für euch, wenn ihr heute berufstätig wärt mit einem Bruttogehalt von 2 100 Euro und einem Nettogehalt von ca. 1 300 Euro?
Es gibt unterschiedliche Möglichkeiten für eine private Vorsorge. Euch werden einige dieser Möglichkeiten genannt und ihr müsst euch darüber informieren, Vor- und Nachteile abwägen und euch für eine oder mehrere Möglichkeiten entscheiden. Wie sorgt ihr vor?

1. **Riester-Rente:** Der Staat fördert Geldanlagen, die dauerhaft Vermögen aufbauen. Die BaFin kontrolliert die Angebote. Diese Art der Vorsorge richtet sich nur an Arbeitnehmer, nicht an Selbstständige, die nicht rentenversicherungspflichtig sind.

2. **Rürup-Rente:** Der Staat begünstigt die Geldanleger durch Steuervorteile. Dies eignet sich besonders für Selbstständige, die hohe Steuern zahlen müssen.

3. **Aktienanlage:** z. B. breit gestreute langfristige Investition in Aktien.

4. **AS (Altersvorsorge Sondervermögen) – Fonds:** Aktien und festverzinsliche Wertpapiere sowie Anteile von Immobilienfonds.

5. **Lebensversicherung:** Mischform zwischen Sparplan und Absicherung im Todesfall.

6. **Betriebliche Altersvorsorge:** freiwillige Leistungen des Arbeitgebers zur Altersvorsorge.

Diskussion

INFO

BaFin
Bundesanstalt für Finanzdienstleistungen

Vergleich

Was ist eine Versorgungslücke?

Beispiel: 40-jähriger Mann, unverheiratet, 46 Versicherungsjahre in gesetzlicher Rentenversicherung, Rentenbeginn mit 67

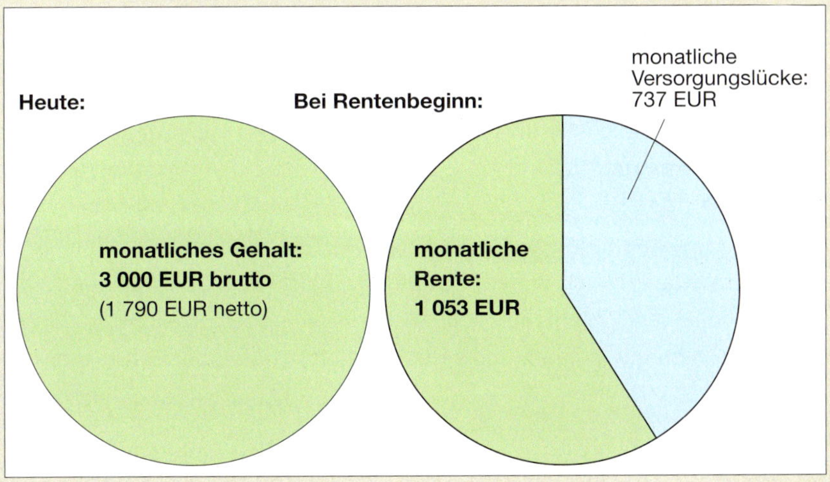

Wertangaben-Quelle: Schallöhr-Verlag. Rentenanzeiger 2007 422W

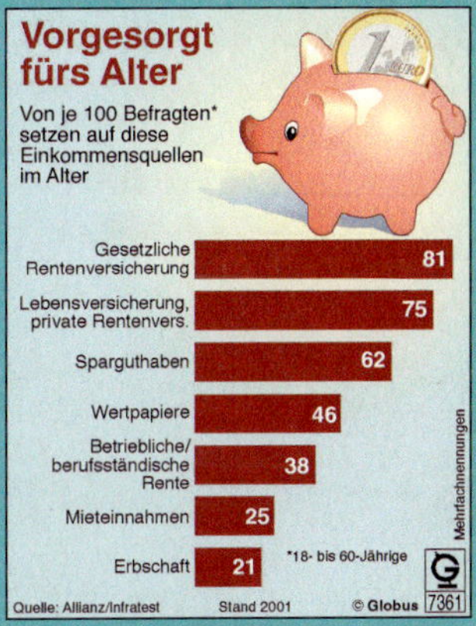

Am Ende dieses Kapitels sollst du beschreiben können, was eine Wirtschaftsordnung ist, welche Ordnungsformen und Ordnungselemente sie haben kann und was damit geregelt wird.
Die soziale Marktwirtschaft als eine konkrete Form einer Wirtschaftsordnung sollst du kennen und auch einige Problemfelder der sozialen Marktwirtschaft benennen können.
Du sollst die Bedeutung der sozialen Sicherung und auch deren Problematik begründen können.

1. Erstellt eine Tabelle zum Vergleich der Merkmale von sozialer Marktwirtschaft und Zentralverwaltungswirtschaft. ◒

2. Nennt Beispiele für Ordnungen und Regeln in eurem Umfeld und in anderen gesellschaftlichen Bereichen. ○

3. Beschreibt andere Kombinationen von Ordnungsformen und -elementen, die in der alltäglichen Umsetzung Schwierigkeiten bereiten könnten. ○

4. Erläutert in eigenen Worten, warum Privateigentum und Planerfüllung kaum zu kombinieren sind. ◒

5. Sammelt und analysiert Informationen zum Thema Subventionen in Form von Befürwortung und Ablehnung von Subventionen und bezieht selbst Stellung. ●

6. Lest noch einmal das Schwarzmarktbeispiel auf Seite 66. Erklärt und begründet:
Was ist die Folge solch einer Situation? Wer ist Gewinner, wer Verlierer in dieser Situation? ●

7. Untersucht, warum die Läden direkt vor der Währungsreform leer, danach aber voll waren. ◒

8. Stellt eine möglichst umfassende Liste von Privatversicherungen und deren Leistungen zusammen. ○

9. Die gesetzliche Krankenversicherung (GKV) ist mit dem Gesundheitsfonds neu geordnet worden. Überlegt Möglichkeiten, diese Veränderungen anderen Menschen vorzustellen, z. B. eine Ausstellung zur GKV, damit Mitschüler/-innen und Lehrer/-innen sich darüber informieren können. ●

10. Diskutiert Argumente für oder gegen die Notwendigkeit der Sozialversicherung. ●

11. Versucht bei eurer Stadt- oder Kreisverwaltung Antworten auf folgende Fragen zum Arbeitslosengeld II zu bekommen:

- Wann hat jemand Anspruch?
- Wer bezahlt und wie hoch ist es?
- Kann ein Antrag auch abgelehnt werden?
- Muss es zurückgezahlt werden?
- Des Weiteren findet heraus, wer Sozialhilfe im engeren Sinn beziehen kann.

12. Ab dem 1.1.2007 bekommen Eltern das Elterngeld zusätzlich zum Kindergeld. Es beläuft sich auf 67 % des Nettogehaltes des Elternteils, der nach der Geburt des Kindes zu Hause bleibt, für max. 14 Monate. Das Elterngeld beträgt mindestens 300 Euro/Monat, maximal 1 800 Euro/Monat. Während der Elterngeldzeit ist Teilzeitbeschäftigung unter 30 Stunden wöchentlich möglich. Diskutiert und entscheidet: Ist man durch das Elterngeld eher bereit, mehr Kinder zu bekommen?

13. Überlegt, warum die Geburtenrate in Deutschland niedrig ist. Hat dies finanzielle Gründe? Oder hat es etwas mit mangelnder Kinderfreundlichkeit zu tun? Nehmt dazu Stellung.

14. Die Karikatur beschäftigt sich mit einem Sachverhalt, den ihr unter dem Begriff „Generationenvertrag" auf S. 78 kennengelernt habt. Interpretiert die Karikatur. Ihr müsst die Karikatur zunächst anhand folgender Fragen beschreiben:

- Was stellt sie dar? Was sieht man?

Dann wird die Karikatur gedeutet, d. h.:

- Wofür steht sie? Was will der Zeichner sagen?

Ordnet zum Schluss ein und bewertet den Sachverhalt, der in der Karikatur dargestellt wird. Beurteilt und bewertet beispielsweise, ob es für die junge oder die ältere oder für beide Generationen problematisch werden kann.

IV Die Region und die Welt verändern sich

Ihr wisst bereits, dass eure Region, so wie alle anderen Regionen in Deutschland auch, mit der weltweiten Wirtschaft verflochten ist. In diesem Kapitel lernt ihr, warum sich die Wirtschaft „vor der Haustür" und auch in der ganzen Welt im Laufe der Zeit verändert. Außerdem erfahrt ihr, warum Unternehmen weltweiten Handel treiben und welche Vorteile dies auch für uns als Verbraucher hat.

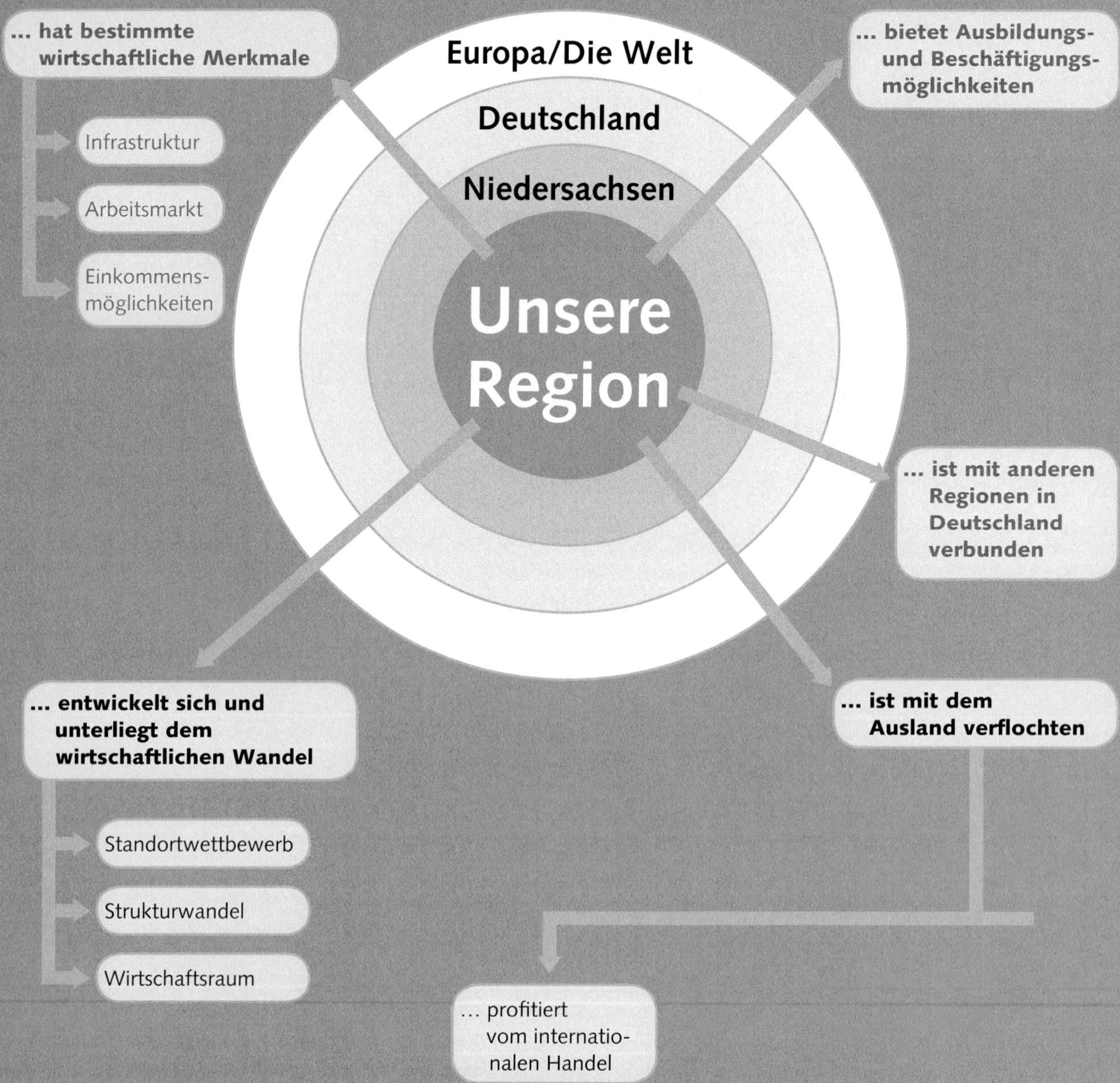

Grönland
(mit Dänemark assoziiert)
Jan Mayen
(Norw.)
Schleswig-Holstein
Mecklenburg-Vorpommern
Hamburg
Bremen
Nieder-
lande
Hannover
Nordrhein-Westfalen
Sachsen-Anhalt
Thüringen
Hessen
Staatsgrenze
Ländergrenze
Kreisgrenze
Landeshauptstadt
kreisfreie Stadt
Kreisstadt
Harburg Name eines Kreises, der nicht mit dem Namen der Kreisstadt übereinstimmt
Die Farbgruppen richten sich nach den ehemaligen Regierungsbezirken
Shetland-Inseln
(Brit.)
Orkney-Inseln
(Brit.)
Norwegen
Oslo
Atlantischer Ozean
Europäisches Nordmeer
Groß-
britannien
Irland
Dublin
London
Dänemark
Kopenhagen
Nordsee
Amsterdam
Niederlande
Berlin
Deutschland
Kanal-Inseln
(Brit.)
Brüssel
Belgien
Lux.
Luxemburg
Paris
Tschech. Rep.
Prag
Slowakei
Preßburg
Wien
Frankreich
Bern
Schweiz
L.
Österreich
Budapest
Ungarn
Slowenien
Laibach
Zagreb
Kroatien
Rumänien
Bukarest
Bosnien und Herzegowina
Sarajevo
Belgrad
San Marino
Monaco
Jugo-
slawien
Bulgarien
Sofia
Portugal
Lissabon
Andorra
Madrid
Spanien
Korsika
Italien
Rom
Skopje
Makedonien
Tirana
Albanien
Sardinien
Balearen
Griechenland
Athen
Mittelmeer
Sizilien
Valetta
Malta
Kreta
Marokko
Algerien
Tunesien

AIRBUS A380
A380

1 Der Wettbewerb der Standorte

Wenn sich ein neues Unternehmen in einer Region ansiedelt, werden Arbeitsplätze geschaffen und die Gemeinde erhält Steuereinnahmen. Die privaten Haushalte erhalten also Einkommen. Dies können sie konsumieren oder sparen. Der Staat (die Gemeinde) kann die Einnahmen zum Beispiel für eine bessere Infrastruktur ausgeben. Wenn ein Standort gut ist, siedeln sich Unternehmen eher an. Alle Regionen und Gemeinden stehen deshalb in einem Wettbewerb.

Doch was ist ein „guter Standort" für Unternehmen? Die folgende Grafik zeigt, welche Fragen es aus der Sicht eines Unternehmens gibt:

Standortfaktoren

Was beeinflusst die Entscheidung eines Unternehmens?

Wer ein Unternehmen dazu bringen will, sich in einer bestimmten Region anzusiedeln, muss gute Argumente haben und sie überzeugend darstellen können. Eine Stadt muss für sich Marketing, also Werbung betreiben. Man nennt das Standortmarketing.
Schauen wir uns ein Beispiel an.

Oldenburg

Standortmarketing in Oldenburg

Q

Wohlfühlstadt – Wachstumsstadt – Übermorgenstadt

Wir fördern innovative Unternehmen aller Branchen und setzen hier insbesondere auf technologieorientierte Betriebe und auf die Kooperation zwischen Wirtschaft und Wissenschaft. Als Stadt der Wissenschaft 2009 […] können wir viel für diese Bereiche tun.
Wir sind die Übermorgenstadt! Wir bieten Gewerbeflächen, Fördermittel, ein wirtschaftsfreundliches Klima, Netzwerke und internationale Kontakte. Damit schaffen wir optimale Rahmenbedingungen auch für Ihr Unternehmen. Wir sind eine Wachstumsstadt! Wir sorgen dafür, dass die Menschen in unserer Stadt optimale Lebensbedingungen vorfinden: gute Wohnungen und Häuser, viel Grün, eine gesunde Umwelt, umfassende Bildungsmöglichkeiten, vielseitiges Freizeitangebot, spannende Kultur und jede Menge Sport. Wir sind eine weltoffene, tolerante Wohlfühlstadt! […]

1. Mit dem Thema „Infrastruktur" kennt ihr euch schon aus. Nennt die Bereiche einer Infrastruktur, die in der Grafik links enthalten sind.

2. Beschreibt die Werbestrategie der Stadt Oldenburg für ihren Standort in eigenen Worten.

3. Welche Gründe sprechen für Unternehmen, sich in eurer Stadt/Gemeinde anzusiedeln? Wie macht eure Stadt/Gemeinde auf die Vorteile des Standortes aufmerksam?
Recherchiert im Internet oder fragt bei der Wirtschaftsförderung vor Ort nach.

INFO

Die Stadt Oldenburg in der Statistik:
Kreisfreie Stadt
Einwohner (2008): 159 676
Größe/Fläche: 102,95 km²
Einwohnerdichte: 1551 Einwohner/km²
Anteil der unter 45-Jährigen: 56,2 % (2008)

Besonderheiten und Vorteile
Bedeutender Standort u. a. der Nahrungsmittel- und Autozuliefererindustrie sowie des Druckereigewerbes und der Mikroelektronik

Gewerbeflächenangebot: ca. 80 ha

INFO

innovativ
erneuernd, auf Erneuerungen setzend

Quelle:
Prof. Dr. Gerd Schwandner, Oberbürgermeister, www.oldenburg.de

Oberbürgermeister Schwandner

2 Die Wirtschaft verändert sich

„Früher, als *wir* jung waren, da haben wir…“ Kennt ihr diesen Satzanfang von euren Eltern oder Großeltern? Die Wirtschaft und das gesellschaftliche Leben verändern sich ständig. Das hat Folgen für die Verbraucher, für Unternehmer, Arbeitnehmer und den Staat.

Beispiel für Wandlung: das Telefon

Beispiel für Wandlung: das Auto

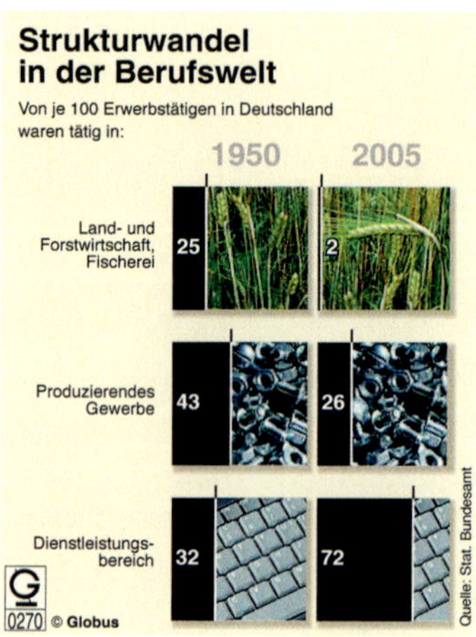

Ihr kennt bereits die drei Wirtschaftsbereiche. Unterschieden werden die Landwirtschaft, die Industrie (Produktion) und der Dienstleistungsbereich. Diese Bereiche bilden die Struktur unserer Wirtschaft. Wenn sich die Strukturen im Laufe der Zeit verändern, spricht man von Strukturwandel. So können z. B. in der Landwirtschaft immer weniger Menschen beschäftigt werden. Dafür entstehen aber im Dienstleistungsbereich neue Arbeitsplätze.

Die nebenstehende Grafik zeigt, was sich in Deutschland von 1950 bis 2005 grundsätzlich verändert hat.

Wie kommt es zu Strukturwandel?

Es waren immer große Entdeckungen und Erfindungen, die das gesamte Leben der Menschen völlig verändert haben. Man spricht auch von wichtigen Innovationen. In der folgenden Grafik könnt ihr erkennen, welche großen Neuerungen zu den starken Veränderungen geführt haben.

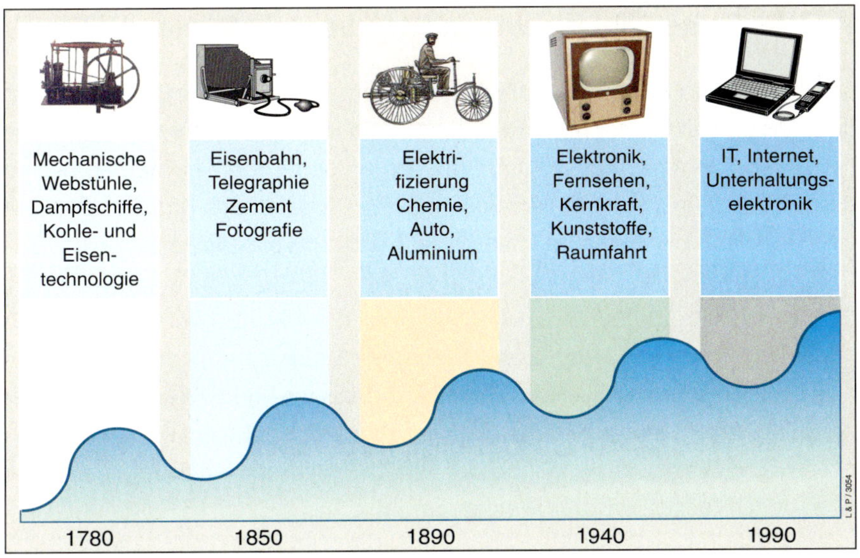

Bahnbrechende Neuerungen der letzten Jahrhunderte

INFO

Innovation bedeutet Erneuerung. Es werden entweder neue Produkte geschaffen oder bestehende Produkte werden verbessert. Es können aber auch neue Herstellungsverfahren entwickelt werden.

Aber nicht nur technische Erfindungen verändern das wirtschaftliche und gesellschaftliche Leben. Es gibt noch andere Gründe, die Strukturwandel auslösen:
Was beeinflusst wirtschaftlichen Strukturwandel?

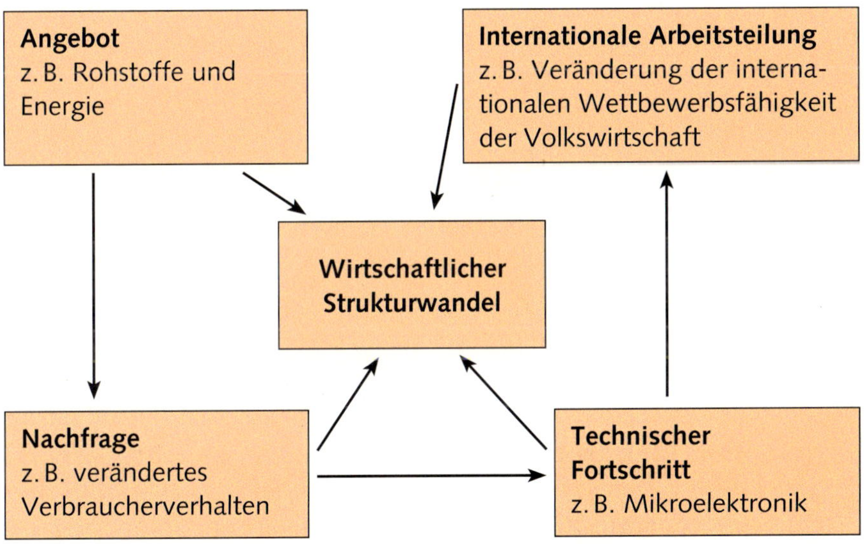

Einflussfaktoren auf den wirtschaftlichen Strukturwandel

1. Bittet ältere Verwandte darum, euch aus dem (wirtschaftlichen) Leben in ihrer Zeit zu erzählen. Zählt Unterschiede auf. ○

2. Wenn Verbraucher ihr Verhalten ändern, kann dies den allgemeinen Strukturwandel beeinflussen. Nennt Beispiele. ○

3. Untersucht die Grafik „Strukturwandel in der Berufswelt". ◒

Welche Folgen hat der wirtschaftliche Strukturwandel?

Der technische Fortschritt führt dazu, dass Unternehmen ihre Produkte durch den Einsatz von immer mehr Maschinen und immer weniger Arbeitskräften herstellen können. Und die Menschen in den Unternehmen müssen sich an die sich ständig ändernde Technik anpassen. Schaut euch dazu an, wie sich ein vergleichbarer Beruf im Laufe von 50 Jahren verändert hat.

Stenokontoristin 1959 am Arbeitsplatz (Schreibmaschine)

B 1959: „Zu meinen Aufgaben gehört die Abschrift von in Kurzschrift (Steno) verfassten Protokollen oder Briefen auf meiner nagelneuen Kugelkopfschreibmaschine. Außerdem muss ich viel telefonieren. Da wir zuhause kein Telefon haben, fällt mir das noch schwer …
Ich arbeite an sechs Tagen in der Woche insgesamt 46 Stunden. Urlaub habe ich insgesamt drei Wochen im Jahr."

Kauffrau für Bürokommunikation 2010 am Arbeitsplatz (PC)

B 2010: „Die Aufgaben im Büro sind heute sehr vielseitig und stellen viele Anforderungen. Man muss vor allem fit sein im IT-Bereich. Ich arbeite fast nur am PC, mache den Terminkalender, recherchiere im Internet und nutze Datenbanken. Richtige Briefe versenden wir immer seltener, wozu gibt es heute E-Mail? Dann bediene ich noch unsere Telefonzentrale. Da wir viele internationale Kontakte, brauche ich meine Sprachenkenntnisse häufig.
Ich habe eine 5-Tage-Woche und arbeite insgesamt 38,5 Wochenstunden. Urlaub habe ich sechs Wochen im Jahr."

Strukturwandel bedeutet für Unternehmen, dass sie sich ständig weiterentwickeln und verändern müssen, wollen sie auf Dauer erfolgreich sein. Sie wollen die Verbraucher mit neuen Produkten und Dienstleistungen überzeugen und auf deren Bedürfnisse bestmöglich reagieren.
Auch in der Gesellschaft gibt es viele Folgen von Strukturwandel. Wie Menschen ihre Freizeit gestalten, hängt von den Möglichkeiten ab. Es gab z. B. eine Zeit, zu der man nur in der Kneipe oder im Schaufenster eines TV-Geschäftes fernsehen konnte. Fernsehen war noch so neu (und teuer), dass die meisten sich das nicht leisten konnten.

Menschen schauen im Schaufenster Fernsehen (1950er-Jahre)

Strukturwandel in der Landwirtschaft

Die Landwirtschaft ist in Niedersachsen sehr wichtig. Insbesondere Landkreise wie Vechta und Cloppenburg mit ihrer landwirtschaftlichen Industrie sind strukturstark.

Hier gibt es bezogen auf ganz Deutschland
- die größte Dichte an Geflügel- und Schweinezuchtbetrieben,
- die niedrigste Arbeitslosenquote,
- die höchste Geburtenrate und die jüngste Bevölkerung.

Der große Erfolg geht zurück auf neue Anbau- und Züchtungsmethoden, moderne Landmaschinen sowie Spezialisierung und Arbeitsteilung. Die Produktivität konnte durch den technischen Fortschritt sehr gesteigert werden:

Erntearbeit früher

	1950	2004
1 Landwirt produziert Nahrung für …	10 Personen	143 Personen
Auf 1 ha können geerntet werden:	27,3 dz Weizen	73,9 dz Weizen
1 Kuh gibt im Jahr an Milch:	2 480 kg	6 760 kg

Produktivitätssteigerungen in der Landwirtschaft

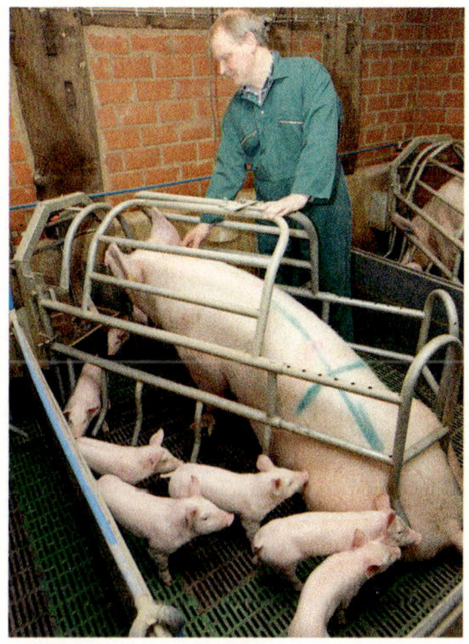

Schweinezucht im Landkreis Vechta

Das große Angebot und die höhere Produktivität haben aber auch Schattenseiten. Durch die gesunkenen Preise ist die Zahl der Unternehmen und Beschäftigten in der Landwirtschaft in den letzten Jahrzehnten ständig gesunken. Gerade die Bauernhöfe in Familienhand haben es wegen des Strukturwandels schwer, mit ihren Produkten gegen die Wettbewerber aus der Industrie zu bestehen.

Die Folgen der industriellen Landwirtschaft für die Umwelt dürfen auch nicht übersehen werden. Große Güllemengen belasten z. B. Grund- und Oberflächengewässer, auch die Art der Tierhaltung bringt Probleme mit sich.

Ihr seht, technischer Fortschritt bringt nicht automatisch und für alle nur Vorteile mit sich. Man muss sich immer ein genaues Bild verschaffen, wenn es darum geht, welche Einflüsse welche Folgen für wen haben.

INFO

Produktivität ist eine Kennzahl für die Leistungsfähigkeit einer ganzen Wirtschaft oder eines einzelnen Betriebes. Sie bezeichnet das Verhältnis zwischen produzierten Gütern (z. B. kg Milch) und den dafür benötigten Produktionsfaktoren (z. B. Anzahl der Kühe).

1. Beschreibt die Veränderungen der Anforderungen am Arbeitsplatz im Beispiel auf S. 88 in eigenen Worten. ○

2. Erklärt die Aussage „Technischer Fortschritt bringt nicht automatisch und für alle nur Vorteile mit sich“ an einem selbst gewählten Beispiel. ◒

Erkundung

Wir erkunden den Strukturwandel in der Landwirtschaft

Um etwas über wirtschaftliche Fragen zu lernen, bietet sich die Erkundung von Unternehmen an.

Hier findet ihr einen Vorschlag, wie ihr eine Erkundung eines landwirtschaftlichen Betriebs zum Thema „wirtschaftlicher Strukturwandel" vorbereiten, durchführen und nachbereiten könnt. Doch nicht nur Betriebe in der Landwirtschaft kommen dafür infrage; ihr könnt diesen Vorschlag für andere Branchen oder interessante Unternehmen in eurer Region anpassen.

Es gibt zwei Möglichkeiten: Entweder wählt ihr einen allgemeinen Schwerpunkt für eure Erkundung, wie z. B. „Welche Folgen hat der Strukturwandel für den Betrieb?" oder ihr bereitet Arbeitsplatzerkundungen vor.

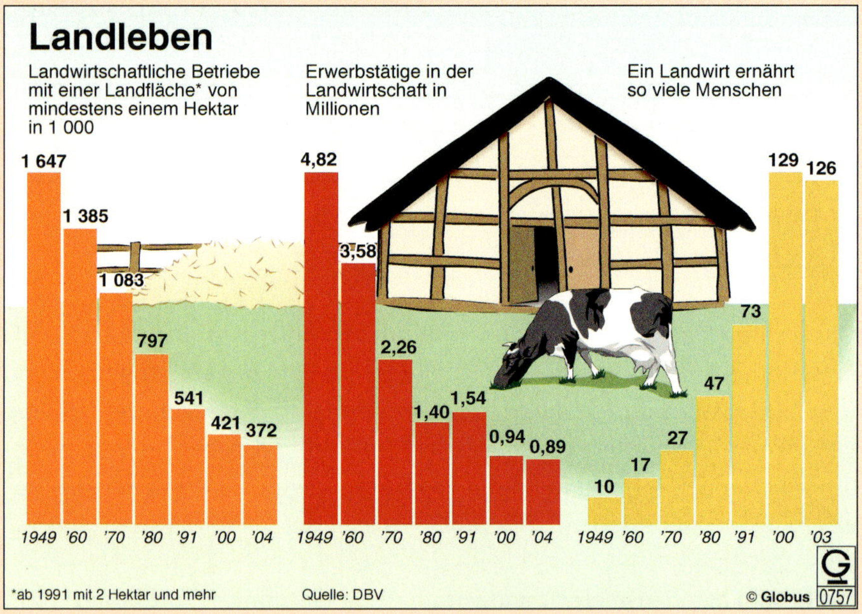

Arbeit in der Landwirtschaft früher und heute

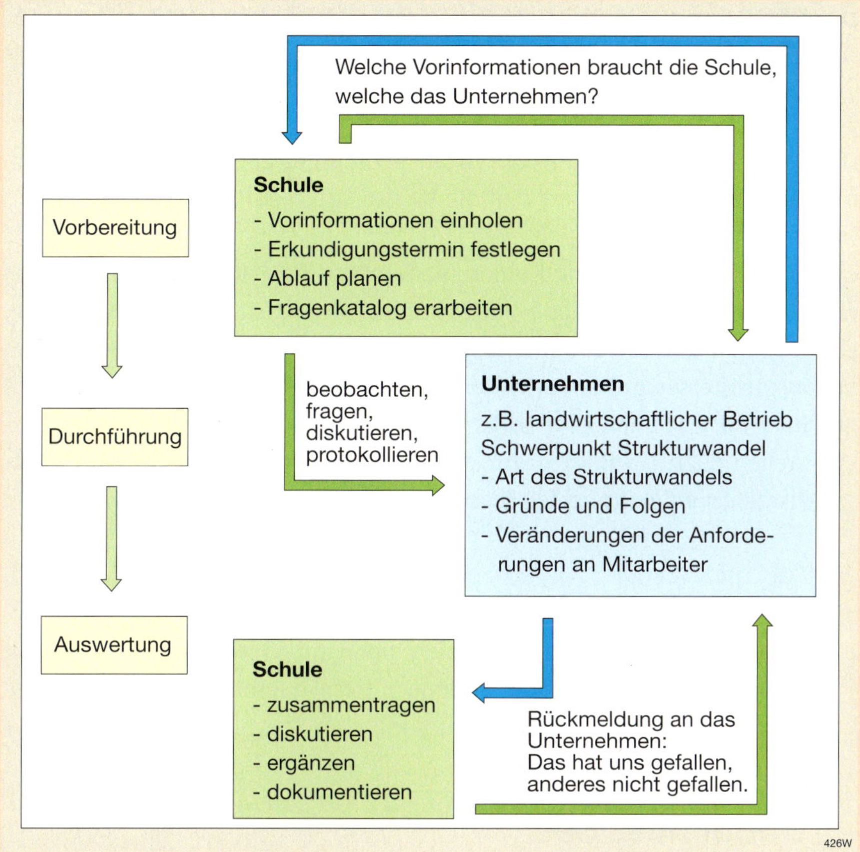

Wir planen eine Erkundung.

1. Vorbereitung

In beiden Fällen müsst ihr euch gut vorbereiten. Mit eurer Lehrkraft zusammen wählt ihr ein Unternehmen aus, das für eine Erkundung infrage kommt. Dann muss beim Unternehmen angefragt werden, ob ihr in einem bestimmten Zeitraum einen Besuch machen könnt.
Wichtig ist es dann, im Unterricht die Erkundungsschwerpunkte zu diskutieren, festzulegen und Fragen zu entwickeln. Diese solltet ihr aufschreiben und dem Ansprechpartner im Unternehmen rechtzeitig zukommen lassen, damit man sich dort gut vorbereiten kann.

2. Durchführung

Vor der Durchführung müsst ihr klären, wer welche Aufgaben übernimmt. Während der Durchführung solltet ihr euch in Gruppen aufteilen und die Erkundungsaufgaben ausführen. Die Ergebnisse haltet ihr schriftlich fest für die anschließende Auswertung im Unterricht.

3. Auswertung

Nach der Erkundung folgt die Auswertung der Ergebnisse. Dies könnt ihr z. B. mit Plakaten oder einer Wandzeitung machen. Die Präsentation der Ergebnisse sollte die wichtigsten Antworten auf eure Fragen enthalten.

Vorbereitung

Durchführung

Auswertung

3 Entwicklungsmöglichkeiten eines regionalen Wirtschaftsraumes

Der Strukturwandel sorgt dafür, dass sich Branchen und Unternehmen ständig weiterentwickeln und sich an veränderte Bedingungen anpassen müssen. Dadurch verändert sich die Wirtschaft in eurer Region insgesamt. In der Region passt man sich einerseits den Entwicklungen an. Andererseits wird geprüft, wie sich eine Region weiterentwickeln kann. Über die Frage, was für eine Region gut oder nicht gut ist, ist man sich nicht immer einig. Denn es gibt immer viele unterschiedliche Meinungen und Interessen. So finden es die einen großartig, wenn z. B. ein neues Parkhaus in der Innenstadt gebaut wird. Die anderen sind ganz klar dagegen.
Wir stellen euch ein Beispiel für die Entwicklungsmöglichkeiten der Wirtschaftsregion im Nordwesten Deutschlands vor.

INFO

Seegüter
sind Güter, die sich aufgrund ihrer Größe oder ihres Gewichts am besten auf dem Seeweg befördern lassen.

B Als wichtige Handelsnation brauchen wir starke Seehäfen. Wilhelmshaven ist Niedersachsens größter und Deutschlands drittgrößter Seehafen. Jedes Jahr werden hier rund 45 Mio. Tonnen Seegüter umgeschlagen. Jetzt entsteht ein neuer Tiefwasserhafen für Großcontainerschiffe: der JadeWeserPort.

Der Bau des JadeWeserPorts: ein Jahrhundertprojekt in der Deutschen Bucht

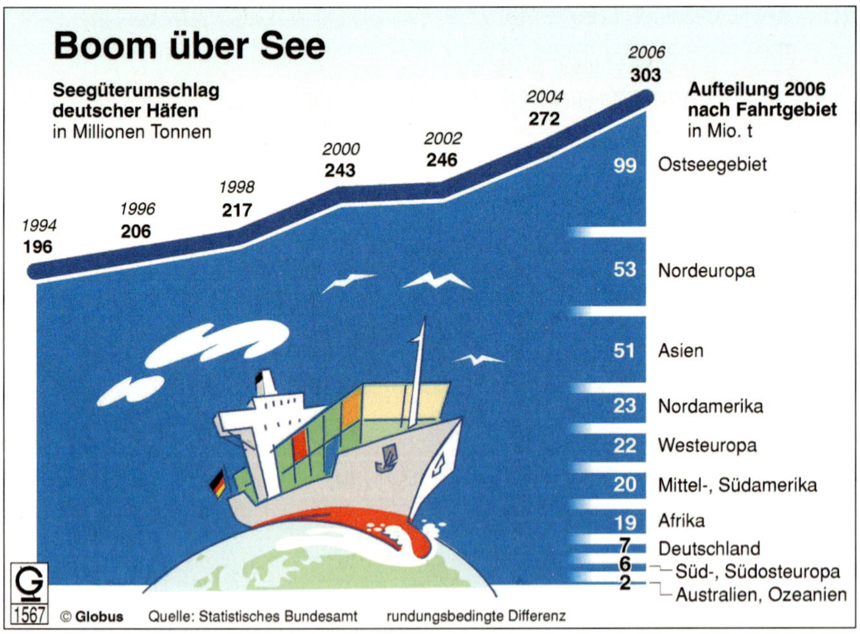

1. Auch in eurer Region wird darüber diskutiert (und gestritten), wie sich der Lebens- und Wirtschaftsraum weiterentwickeln soll. Recherchiert und erläutert aktuelle Beispiele dafür.

2. Nenne Gründe, die z. B. für oder gegen ein neues Parkhaus im Zentrum einer Stadt sprechen.

Interview mit Herrn Janßen von der Wirtschaftsförderung Wilhelmshaven

Frage: Welche Bedeutung hat der „JadeWeserPort" (JWP) für Deutschland?
Antwort: Der globale Warenhandel wächst sehr stark. Deswegen werden immer größere Containerschiffe benötigt. Der JWP wird der einzige Tiefsee-Container-Hafen Deutschlands werden und damit auch für die größten Containerschiffe aus aller Welt erreichbar sein.

Frage: Wie kann der JWP die wirtschaftliche Entwicklung in der Region fördern?
Antwort: Man schätzt, dass 1 000 neue Arbeitsplätze direkt beim Containerumschlag und über 1 000 weitere Arbeitsplätze im Umfeld entstehen. Das sind z. B. Tätigkeiten wie Zwischenlagerung, Verpackung der Waren oder Dienstleistungen wie das Bügeln von Hemden aus Fernost.

Frage: Welche Rolle haben Sie als Wirtschaftsförderer im Projekt?
Antwort: Die Stadt Wilhelmshaven schafft Möglichkeiten zur Bebauung der neuen Hafenflächen. Wir wollen, dass die Unternehmen, die schon hier sind, gut unterstützt werden. Außerdem sollen sich neue Unternehmen ansiedeln. Dafür müssen wir Werbung machen!

Frage: Welche Infrastruktur wird rund um den neuen Hafen benötigt?
Antwort: Der JWP ist wie das Zentrum eines Spinnennetzes und bekommt eine Knotenfunktion für Schiff, Lkw und Zug. Waren kommen aus Übersee und werden nach Übersee verteilt – über Wasserwege, Straßen und die Schiene. Wichtig sind also gut ausgebaute Straßen und Schienenverbindungen in das sogenannte Hinterland.

Frage: Welche Schwierigkeiten gab es bei der Planung des Projektes?
Antwort: Bis ein so großes Projekt genehmigt wird, dauert es sehr lange. Alle Folgen für die Menschen, die Umwelt, die Tiere und ihre Lebensräume müssen untersucht werden. Es gab Gruppen, die gegen das Projekt waren. Am Ende konnten aber alle überzeugt werden.

Hinterland des JWP

Herr Janßen

INFO

Ein **„Planfeststellungsverfahren"** ist ein besonderes Verwaltungsverfahren, welches für besondere, große Vorhaben, wie z. B. den Bau von Autobahnen, gesetzlich vorgeschrieben ist.

Das Interview führte Katrin Eggert.

1. Lest das Interview mit Herrn Janßen aufmerksam durch und beschreibt in eigenen Worten, welche wirtschaftliche Entwicklung der JadeWeserPort auslösen kann. ○

2. Wie findet ihr den Bau des JWP? Begründet. ●

INFO

„Was die Weltwirtschaft angeht, so ist sie verflochten!"
(Kurt Tucholsky, deutscher Schriftsteller, 1890–1935)

4 Internationaler Handel

Warum gibt es internationalen Handel?

Der weltweite Austausch von Sachgütern und Dienstleistungen ist keine Erfindung unserer Zeit. Internationalen Handel hat es schon immer gegeben. Auf der „Großen Seidenstraße" z. B. wurden vor rund 2000 Jahren Seide, Tee, Gewürze, Edelmetalle, u. a. Waren von China nach Europa gebracht und verkauft. Damals war der Transport der Waren allerdings sehr beschwerlich und mit großen Gefahren verbunden, weil z. B. Räuber am Handelsweg lauerten. Aber der Handel hat sich trotz der Strapazen einer langen Reise gelohnt.

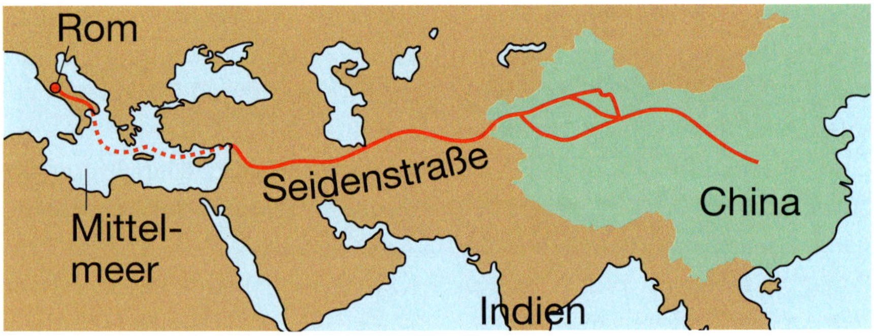

Heutzutage werden Waren in Containern transportiert und in der ganzen Welt verteilt. Über 400 Millionen Container werden weltweit pro Jahr in den Häfen verladen. Die Grafik zeigt die wichtigsten Handelsrouten der Seeschifffahrt und die Entwicklung der Containermengen in der letzten Zeit.

INFO

Über 90 % aller Waren werden weltweit in Containern transportiert. In einen Standardcontainer passen ca. 50 verpackte Waschmaschinen. Ein voll beladenes Containerschiff wiegt soviel wie ca. 5000 voll beladene Lkws.

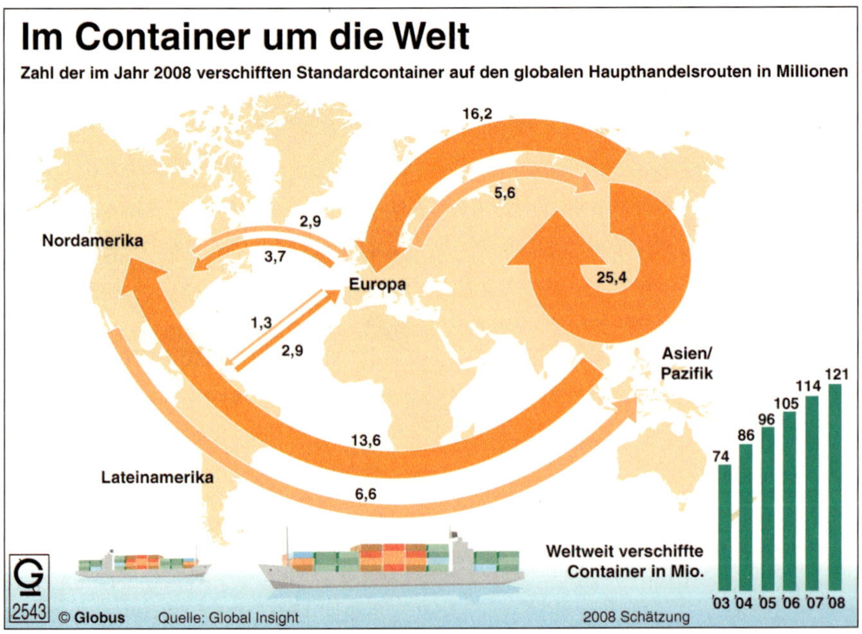

Jeder macht das, was er am besten kann

Keiner stellt alles selbst her, was er braucht, sondern wir alle nutzen die Vorteile der Arbeitsteilung. Arbeitsteilung und Spezialisierung gibt es nicht nur in eurer Region, sondern weltweit – mit Vorteilen für alle. Weltweit produzieren alle das, was sie gut und billig herstellen können. Die Produkte werden dann gegen die Produkte der anderen getauscht. Man spricht vom internationalen Handel.

Gründe für internationalen Handel

Rohstoffe gibt es nicht überall (Verfügbarkeit)

Die Rohstoffe auf der Welt sind ungleich verteilt. So gibt es Länder oder Regionen mit großen Bodenschätzen, die in aller Welt begehrt sind, weil sie z. B. für die Herstellung von Produkten gebraucht werden. In Deutschland gibt es kaum Rohstoffe, und es ist zu kalt für den Anbau bestimmter Produkte.
Wir benötigen diese Rohstoffe und Produkte aber für unseren Alltag (z. B. Erdöl) oder wollen sie gerne haben (z. B. Ananas oder Kokosnuss). Güter, die wir konsumieren wollen, aber nicht selbst gewinnen oder herstellen können, kann man im Ausland kaufen.

Argentinien: billiger Boden

Kostenunterschiede

Viele Güter (z. B. eine Jeans), die wir täglich nutzen, sind so günstig, weil Unternehmen dort produzieren, wo es am günstigsten ist (vgl. „Der Weg einer Jeans", S. 157 f.). Was bedeutet das? Es ist wichtig, wie ein Land mit den Produktionsfaktoren Arbeit, Boden und Kapital ausgestattet ist.

China: viele Arbeitskräfte

Ein Land wie z. B. Argentinien, das über viel und damit billigen Boden verfügt, kann relativ günstig solche Produkte erstellen, die in der Produktion viel Boden verbrauchen, also etwa Rindfleisch, Getreide oder Holz.
Ein Land wie z. B. China, das über viel und damit billige Arbeitskräfte verfügt, kann relativ günstig Produkte erstellen, die in der Produktion viel Arbeit verbrauchen, wie etwa Textilien oder Möbel.
Ein Land wie z. B. Deutschland, das über viele und hochentwickelte Maschinen verfügt, kann relativ günstig solche Produkte erstellen, die maschinenintensiv produziert werden, wie beispielsweise Autos oder Werkzeugmaschinen.

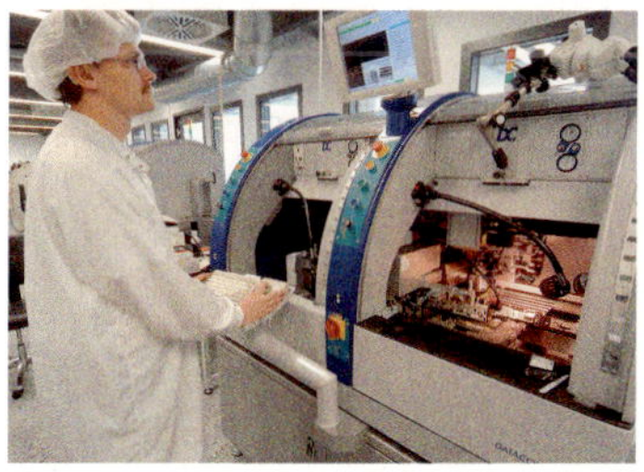

Deutschland: viel Know-how

1. Untersucht die Grafik auf S. 94 unten. Welche Aussagen kann man ihr entnehmen?

2. Deutschland hat praktisch keine Rohstoffe. Der wichtigste „Rohstoff" sind die Köpfe der Menschen in Deutschland, hört man häufig. Erkläre.

Für die kleinen und großen Unternehmen in einem Land gibt es also grob gesagt zwei wichtige Gründe, Waren in der Welt einzukaufen bzw. Waren weltweit zu verkaufen:

Gründe für internationalen Handel

↓ Verfügbarkeit

↓ Kostenunterschiede

In einem Praxis Wirtschaft 7/8 habt ihr untersucht, aus welchen Teilen der Erde Waren stammen, die ihr täglich nutzt. Ganz so einfach ist die Sache jedoch nicht. Wenn „Made in Japan" auf einem Etikett steht, kann das auch bedeuten, dass nur wenige Schritte der Produktion in Japan erfolgt sind. Dies soll am Beispiel eines mp3-Players deutlich werden:

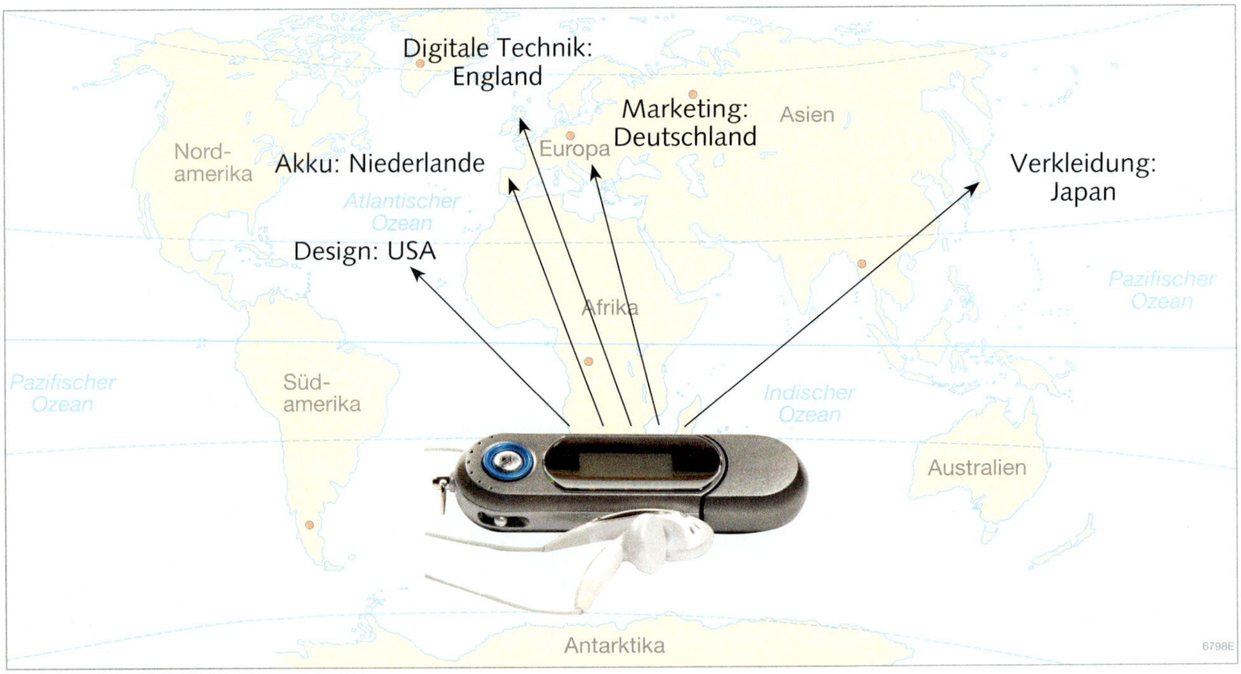

Der mp3-Player ist natürlich nur *ein* Beispiel. Die meisten technischen Produkte sind heutzutage aus Teilen zusammengesetzt, die in verschiedenen Ländern der Welt hergestellt wurden. Dort, wo es am günstigsten ist.
Der globale Wettbewerb und die weltweite Arbeitsteilung haben Folgen für die Preise der Güter. Wenn man z. B. ein Auto ausschließlich in Deutschland produzieren würde, wäre es um etwa ¼ teurer. In Deutschland sind die Arbeitskosten um ca. das Sechsfache höher als in osteuropäischen Staaten, sodass vor allem unsere Autoindustrie auf Zulieferer aus Osteuropa angewiesen ist, um im Wettbewerb mithalten zu können.

Wie kann man internationalen Handel messen?

Wirtschaft findet über Ländergrenzen hinweg statt. Wenn man den weltweiten Handel messen will, braucht man daher auch das „Ausland" im Wirtschaftskreislauf. Damit sind alle Anbieter und Nachfrager im Ausland gemeint, die mit Deutschland in Beziehung treten. Import und Export werden im Kreislauf zwischen den Sektoren „Unternehmen" und „Ausland" erfasst. Die Unternehmen importieren und exportieren natürlich reale Güter (z. B. einen Container mit Jeans). Die Pfeile im Kreislauf stellen jedoch nur die Geldströme (die Summe Geld für einen Container mit Jeans) dar.

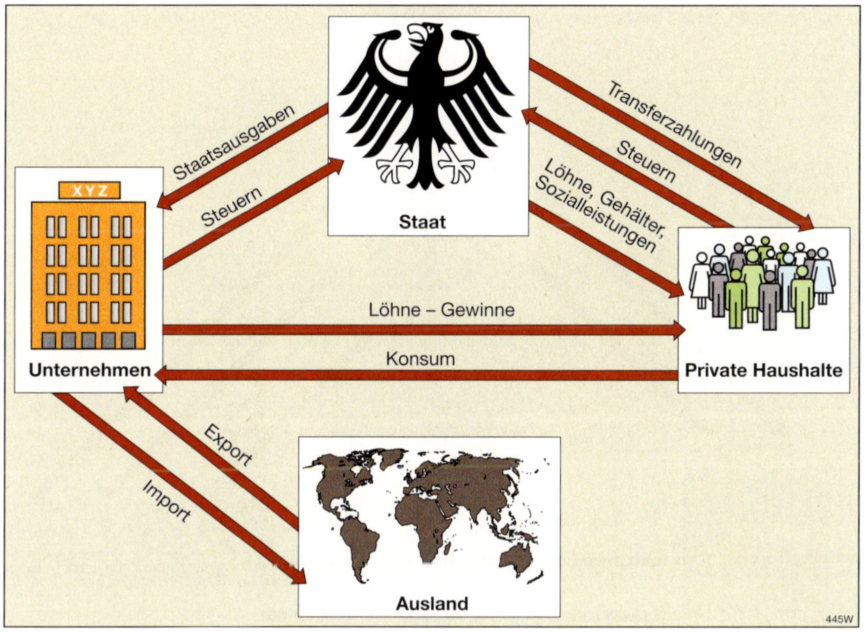

Erweiterter Wirtschaftskreislauf mit Sektor „Ausland"

1. Nenne mögliche Gründe für ein deutsches Unternehmen, Produkte im Ausland herzustellen. ○

2. Ein Etikett wie z. B. „Made in Germany" oder „Made in Taiwan" kann irreführend sein. Erkläre. ◒

3. Beschreibe die verschiedenen Beziehungen zwischen den Sektoren im Wirtschaftskreislauf (siehe Abbildung) in eigenen Worten. ○

4. Erkläre, warum der Pfeil „Import" ins Ausland zeigt und der Pfeil „Export" ins Inland. ◒

5. Wenn die Unternehmen in Deutschland insgesamt viel mehr exportieren als importieren, hat dies Folgen für den Wirtschaftskreislauf. Erläutere mögliche Folgen anhand der Abbildung. ◒

Am Ende dieses Kapitels sollt ihr wissen, dass und wie eure Region mit der weltweiten Wirtschaft verflochten ist. Ihr habt gelernt, warum sich die Wirtschaft ständig verändert, und Folgen des Strukturwandels kennengelernt. Außerdem kennt ihr Gründe für internationalen Handel.

Überprüft euer Wissen anhand der folgenden Fragen.

1. „Wenn sich ein Unternehmen in einer Region ansiedelt…". So beginnt ein Text in diesem Kapitel. Analysiere die möglichen Folgen einer Unternehmensansiedlung für private Haushalte, die Unternehmen und die Gemeinde (Staat). Beschreibe die Folgen mithilfe des Wirtschaftskreislaufes.

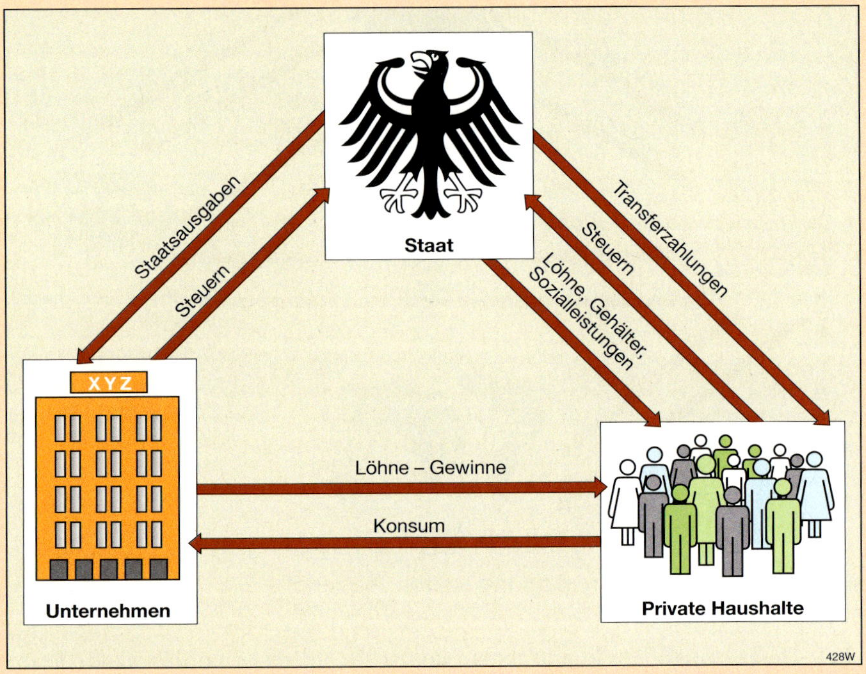

Einfacher Wirtschaftskreislauf

2. Versetze dich in die Rolle des Bürgermeisters deiner Stadt und überzeuge einen Unternehmer (deinen Klassenkameraden) davon, sich in der Stadt anzusiedeln.

3. Nenne Gründe für und Folgen von wirtschaftlichem Strukturwandel.

4. Beschreibe den Wandel selbst gewählter Produkte (so wie beim Telefon und Auto auf Seite 86).

5. Ermittle die richtigen Aussagen und begründe.
a) Im Dienstleistungsbereich nimmt die Zahl der Erwerbstätigen ständig ab.
b) Der wirtschaftliche Strukturwandel erfasst alle in der Gesellschaft.

c) Neue Gewohnheiten von Menschen können den Strukturwandel beeinflussen.
d) Strukturwandel hat immer positive und negative Folgen.
e) Ein Landwirt ernährt heute genauso viele Menschen wie vor 50 Jahren.
f) Technische Neuerungen spielen für den Strukturwandel keine Rolle.

5. Wie sich eine Region am besten weiterentwickeln sollte, wird ganz unterschiedlich bewertet. Erkläre und nenne ein Beispiel (aus dem Buch oder aus deiner Stadt). ○

6. Buchstabensalat ○
Die Begriffe sind durcheinandergeraten. Schreibe die korrekten Begriffe in dein Heft: Turfrastrukin, Portex, Wanstrukdeltur, Förschaftsderung-wirt.

7. Zähle wichtige Gründe dafür auf, warum Unternehmen internationalen Handel treiben. ○

8. Nenne Vorteile des internationalen Handels für die Verbraucherinnen und Verbraucher. ○

9. Beschreibe mithilfe des erweiterten Wirtschaftskreislaufes, welche Wirkungen es hat, wenn die Exporte ◒
a) zurückgehen oder
b) ansteigen.

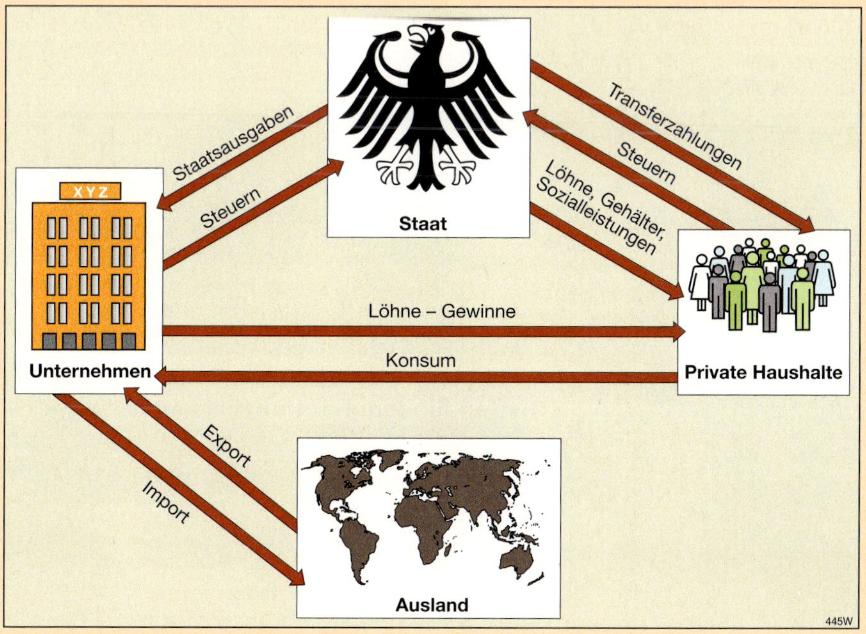

Erweiterter Wirtschaftskreislauf

V Lohn und Tarif

Ihr habt bereits gesehen, dass in Unternehmen Regeln aufgestellt werden und etwas organisiert werden muss, damit Abläufe reibungslos funktionieren.
Dazu gehört auch die Frage, wie Mitarbeiter entlohnt werden und wie hoch ihr Lohn für die geleistete Arbeit ist. Um dies festzulegen, werden zwischen den Arbeitgebern und den Arbeitnehmern Verhandlungen geführt, um die sogenannten Tarifverträge abzuschließen. In ihnen werden die Regeln zur Entlohnung festgelegt, an die sich dann alle halten müssen.

Unternehmen

...haben unterschiedliche Zielsetzungen

- **wirtschaftliche**
  - Einkommen
  - Gewinne
  - Unternehmenswachstum
- **ökologische, wie z. B.**
  - Schutz der Umwelt
- **soziale**
  - sicherer Arbeitsplatz
  - Ansehen

Es gibt unterschiedliche Interessen, z. B.
Eigentümer, Erwerbstätige, Kommunen, Manager, Konsumenten

...produzieren Sachgüter und stellen Dienstleistungen bereit

- **beschaffen**
  - Maschinen
  - Gebäude
  - Werkzeuge
  - Arbeitskräfte
- **produzieren**
  - Planung der Produktion
- **setzen ab**
  - Wie ist der Markt?
  - Welche Ziele?
  - Welche Mittel?

Alle Tätigkeiten sind zu organisieren
- **formal**
  regelt den betrieblichen Ablauf und Aufbau (wie, wann, wer, wo?)
- **informal**
  Beziehungen der Menschen in einem Unternehmen untereinander und deren Auswirkungen

...bieten Arbeitsplätze an und schaffen Einkommensmöglichkeiten

- **Entlohnung**
  - verschiedene Lohnformen
- **schaffen Arbeitsbeziehungen**
  - Mitbestimmung
  - Informationsfluss

6,5%

Klassentreffen

Wer bekommt wie viel?

© DIE ZEIT 30.03.2006 Nr. 14

Vom Rennfahrer bis zum Straßenfeger: Brutto-Monatsgehälter in Deutschland (in Euro)

Michael Schumacher, Formel-1-Rennfahrer: 4.800.000
Josef Ackermann, Deutsche Bank: 990.000
Michael Ballack, FC Bayern München: 665.000
Heidi Klum, Model: 620.000
Wulf Bernotat, E.on: 480.000
Herbert Hainer, adidas: 345.000
Harald Schmidt, Entertainer: 320.000
Harry Roels, RWE: 31.000
Michael Frenzel, TUI: 290.000
Angela Merkel, Bundeskanzlerin: 20.380*
Horst Köhler, Bundespräsident: 17.750*
Hans-Jürgen Papier, Präsident des Bundesverfassungsgerichts: 17.500*
Norbert Lammert, Bundestagspräsident: 14.800*
Marietta Slomka, Moderatorin: 10.000
Kersten Borchers, Assistenzarzt: 3.400
Deutscher Durchschnittsverdiener: 2.400
Volker Bromme, Straßenfeger: 1.600

Quellen: Geschäftsberichte, eigene Recherchen, Zahlen gerundet, zum Teil geschätzt, Jahreseinkommen durch 12 geteilt
** ohne Aufwandsentschädigung*

1 Wer bekommt wie viel Lohn und warum?

B Beim ersten Klassentreffen nach zehn Jahren sehen sich David und Robert nach langer Zeit wieder. Beide hatten gemeinsam den Hauptschulabschluss gemacht und die 2-jährige Berufsfachschule besucht. Nachdem sie dort ihren Realschulabschluss erworben hatten, haben sie gemeinsam eine Ausbildung zum Metallbauer in der Maschinenfabrik vor Ort gemacht und die Gesellenprüfung mit gutem Erfolg bestanden. Auch die Meisterprüfung haben sie zusammen abgelegt. Danach arbeiteten sie zwar schon in verschiedenen Unternehmen, besuchten aber gemeinsam noch einige Fortbildungen. David arbeitet heute immer noch bei seiner Ausbildungsfirma und ist zum Abteilungsleiter der Kfz-Reparaturwerkstätte aufgestiegen. Robert war nach einiger Zeit nach Hannover gezogen, wo er einen gut bezahlten Job bekommen hat. In seiner neuen Firma leitet auch er die Kfz-Reparaturwerkstätte.

Als die beiden sich über ihren Lohn unterhalten, stellen sie fest, dass sie ganz unterschiedlich verdienen, obwohl sie beide das Gleiche machen. Sodass David feststellt: „Im Grunde machst du ja nichts anderes als ich auch, nur dass du monatlich satte 500 Euro mehr hast. Eigentlich ist das nicht gerecht …"

Die Geschichte zeigt, wie unterschiedlich Arbeit oftmals entlohnt wird, und dass häufig die Frage auftaucht, welcher Lohn denn nun „gerecht" ist. Eigentlich müssten David und Robert gleich viel verdienen, sie haben die gleiche Qualifikation und betreuen beide den gleichen Aufgabenbereich.

Die Frage, ob Robert nun zu viel oder David zu wenig verdient, was also „gerechter" Lohn ist, lässt sich nicht einfach beantworten.

Die Lohnhöhe hängt von verschiedenen Dingen ab, wie z. B.
- dem Berufsabschluss,
- der beruflichen Erfahrung,
- der Länge der Betriebszugehörigkeit,
- der Verantwortung, die man übernimmt,
- der Größe der Firma, in der man arbeitet,
- der Branche, in der man tätig ist (hier sind die Automobil- und Chemiebranche Spitzenreiter bei der Höhe des Einkommens).

1. Benenne Gründe, warum das Einkommen von Robert höher ist als das seines Schulfreundes David. ○

2. Vergleiche die unterschiedlichen Einkommenshöhen im nebenstehenden Artikel und nenne Gründe, warum die Gehälter so unterschiedlich sind. ◒

B Ein neuer Abteilungsleiter ist in Davids Unternehmen für den Entwicklungsbereich eingestellt worden. Wer neu in eine Firma kommt und gleich als Abteilungsleiter eingestellt wird, muss schon etwas „auf dem Kasten“ haben. Und so wird Davids neuer Kollege F. Kuhn genauso hoch entlohnt wie David, obwohl er noch nicht so lange in dem Unternehmen arbeitet. Seine Leistung und die hohe Verantwortung werden gut bezahlt **(Leistungsprinzip)**.

Aber darf Leistung der einzige Bewertungsmaßstab für Einkommen sein? Falls ja, was geschähe mit solchen Menschen, die nicht am Erwerbsleben teilnehmen können, weil sie z. B. krank oder unfreiwillig arbeitslos sind? Sie blieben ohne Einkommen, müssten vielleicht auf ihre Ersparnisse zurückgreifen oder schlimmstenfalls sogar betteln gehen.

Herr Arndt

Aber auch Menschen, die arbeiten, können häufig größere finanzielle Belastungen haben als andere. Georg K. z. B., ein allein verdienender Familienvater, muss für fünf Personen sorgen. Hier entlastet der Staat Herrn K., indem er weniger Steuern zahlen muss als ein Junggeselle und er Kindergeld bekommt, somit also mehr Lohn als ein Junggeselle erhält **(Sozialprinzip)**.

Herr Droste

B Herr Arndt arbeitet als ungelernter Arbeiter in einer Raffinerie. Er sorgt als Verlader dafür, dass die Tanklastzüge ordnungsgemäß abgefertigt werden. Er hat darauf zu achten, welche Firmen bedient werden, damit später bei den Rechnungen kein Irrtum auftritt.

Herr Droste ist Elektroschweißer. Sein Team muss die notwendigen Reparaturen sofort ausführen. Da die Anlage rund um die Uhr läuft, muss er im Schichtdienst, d. h. auch nachts arbeiten.

Herr Nolte arbeitet in der Telefonzentrale der Raffinerie. Er vermittelt die ein- und ausgehenden Telefongespräche, meldet Besucher weiter und ist für die Frankierung der Post zuständig.

Herr Nolte

1. Nach dem Leistungsprinzip soll die Höhe des Einkommens der Leistung des Arbeitnehmers entsprechen. Lässt sich das Leistungsprinzip auch auf die Tätigkeiten von Herrn Arndt, Herrn Droste und Herrn Nolte anwenden? Begründe deine Meinung.

2. Warum müssen Familien mit Kindern weniger Steuern zahlen? Begründe.

3. Erläutere, inwieweit die Qualität der Ausbildung, die Arbeitsbedingungen, die Situation auf dem Arbeitsmarkt Einfluss auf die Lohnhöhe haben.

2 Wie werden Arbeitnehmer entlohnt?

INFO

Beispiel für die Berechnung des Akkordlohnes: Schafft Herr Lummer 160 m² am Tag so erhält er 160 m² x 3 Min/m² = 480 Min x 18 Ct. = 86,40 €

Arbeitseinkommen werden je nach Berufen unterschiedlich bezeichnet (siehe Tabelle oben). Bei der Entlohnung von Arbeitern werden im Wesentlichen die Lohnformen Zeit-, Leistungs- und Prämienlohn unterschieden.

Arbeitseinkommen

Bezeichnung	Empfänger
Lohn	Arbeiter
Gehalt	Angestellte und Beamte
Honorar	Ärzte, Rechtsanwälte, Architekten ...
Provision	Versicherungsvertreter
Sold	Soldaten
Ausbildungsvergütung	Auszubildende

Quelle: www.werner-blattner.de/downloads/Wirtschaft/einkommensarten.html

Büroarbeit

Der Zeitlohn

Frau Malek ist Bürokauffrau in einer Speditionsfirma. Sie erhält ein Monatsgehalt von 2100 Euro brutto. Herr Kemper ist als Lagerarbeiter bei der Spedition angestellt. Er erhält einen Stundenlohn von 12 Euro. Beide erhalten Zeitlohn.

Zeitlöhne beziehen sich auf die Anwesenheit am Arbeitsplatz und werden gezahlt, wenn

- der Arbeitnehmer das Arbeitstempo nicht bestimmen kann. So weiß z. B. Frau Malek nicht sicher, wie viele Lkws sie an einem Tag abzufertigen hat.
- es bei der Arbeit auf Qualität, Sorgfalt, Genauigkeit ankommt.
- die geleistete Arbeit nur schwer oder gar nicht messbar ist.

Leistungslohn (Akkord- und Prämienlohn)

Der Akkordlohn

Frau Böttner ist Fliesenlegerin. Pro Quadratmeter verlegter Fliesen erhält sie 15 Euro. Herr Lummer ist Maler. Für den Außenanstrich eines Hauses wird ihm eine Zeit von drei Minuten pro Quadratmeter vorgegeben, d. h. in der Zeit sollte er den Quadratmeter schaffen (Vorgabezeit). Pro Minute erhält er 18 Cent Lohn. Beide erhalten Akkordlohn.

Frau Böttner erhält *Stückgeldakkord*. Die Höhe ihres Lohnes ist nur abhängig von der messbar erbrachten Arbeitsleistung. Je mehr Quadratmeter sie an einem Tag fliest, desto mehr verdient sie.

Herr Lummer erhält *Stückzeitakkord*. Abgerechnet wird ebenfalls die messbare Arbeitsleistung. Unterschreitet er die Vorgabezeit (Arbeitszeit bei normaler Leistung), schafft er eine größere Quadratmeterfläche und erhält auch mehr Lohn. Kann er allerdings den Quadratmeter nicht in den 3 Minuten schaffen, so erhält er einen Grundlohn. Akkordlöhne werden auch an Arbeitsteams gezahlt (Gruppenakkord).

Pflasterarbeiten

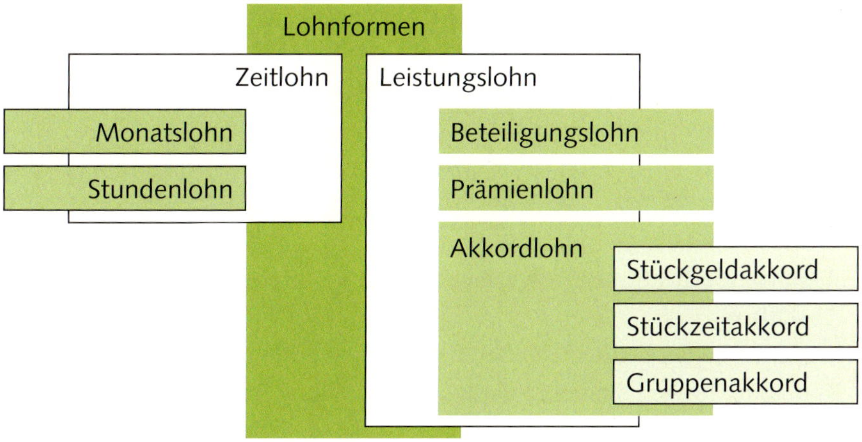

Der Prämienlohn

Herr Pahl ist Autoverkäufer für Neuwagen beim Autohaus Thiel. Er erhält einen monatlichen Grundlohn und für jedes verkaufte Auto zusätzlich eine Prämie. Sein Verdienst kann von Monat zu Monat unterschiedlich sein: Je mehr Autos er absetzt, desto höher ist sein Verdienst.

- Auch in Produktionsbetrieben kann eine zusätzliche Entlohnung durch Zahlung einer Prämie zwischen Betrieb und Mitarbeitern vereinbart werden.

INFO

Als **Prämie** bezeichnet man eine als Auszeichnung oder Anerkennung gewährte Leistung.

Beratung für eine Versicherung

Der Beteiligungslohn

Herr S. Berg arbeitet als Schichtführer in einem Industrieunternehmen. Das Unternehmen beteiligt seine Mitarbeiter am Unternehmensgewinn. Herr Berg erhält Beteiligungslohn. Der Beteiligungslohn wird zusätzlich zum Lohn und Gehalt gezahlt und hängt vom Erfolg des Unternehmens ab. Die Arbeitnehmer fühlen sich „ihrem" Unternehmen stärker verbunden und sie sind eher bereit, hohe Leistungen zu erbringen.

Die gebräuchlichsten Beteiligungsmodelle sind:

1. die *reine Gewinnbeteiligung:* Der Gewinnanteil wird ausgezahlt und steht zur freien Verfügung.
2. die *Kapitalbeteiligung:* Der Arbeitnehmer bekommt das Geld nicht bar ausgezahlt, sondern er wird am Kapital des Unternehmens beteiligt, z. B. durch Personalaktien oder er erwirbt Ansprüche an einer Betriebsrente.

1. Ordne die Lohnformen den Fotos auf S. 104/105 zu.

2. Legt eine Tabelle an und ermittelt die Vor- und Nachteile der Lohnformen einmal aus Sicht der Arbeitnehmer und einmal aus Sicht Arbeitgeber.

3. Begründe, warum einer Erzieherin kein Akkordlohn gezahlt werden kann.

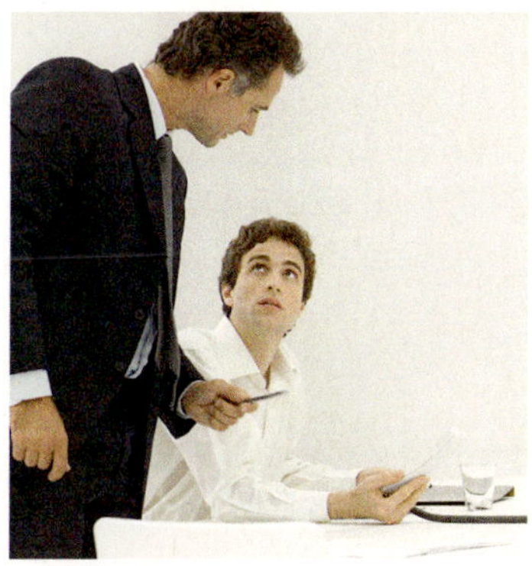
Abteilungsleiter Personalwesen

3 Gleicher Lohn für gleiche Arbeit?

Die schulische Ausbildung schafft bei jungen Menschen die Startvoraussetzungen für das spätere Berufsleben.

Bildung

Anhaltende Bildungserfolge der Mädchen – mehr Jungen ohne Abschluss

Mädchen haben heute in der Schulausbildung größere Erfolge als Jungen. Kehrseite: Jungen sind bei Schulabgängern ohne Abschluss inzwischen deutlich in der Mehrzahl. Im Osten ist dieser Unterschied besonders auffällig.

Absolventen/AbgängerInnen nach Abschlussarten West- und Ostdeutschland 2006 Anteile in Prozent an allen Frauen/Männern

	Frauen West	Männer West	Frauen Ost	Männer Ost
mit allgemeiner Hochschulreife	27,3	20,9	34,6	24,4
mit Fachhochschulreife	1,9	1,6	0,7	0,5
mit Realschulabschluss	42,0	38,7	44,3	43,6
mit Hauptschulabschluss	23,1	29,8	13,6	19,3
ohne Hauptschulabschluss	5,7	9,0	6,8	12,2

Quelle: Statistisches Bundesamt

Quelle: nach: www.boeckler-boxen.de/2179.htm

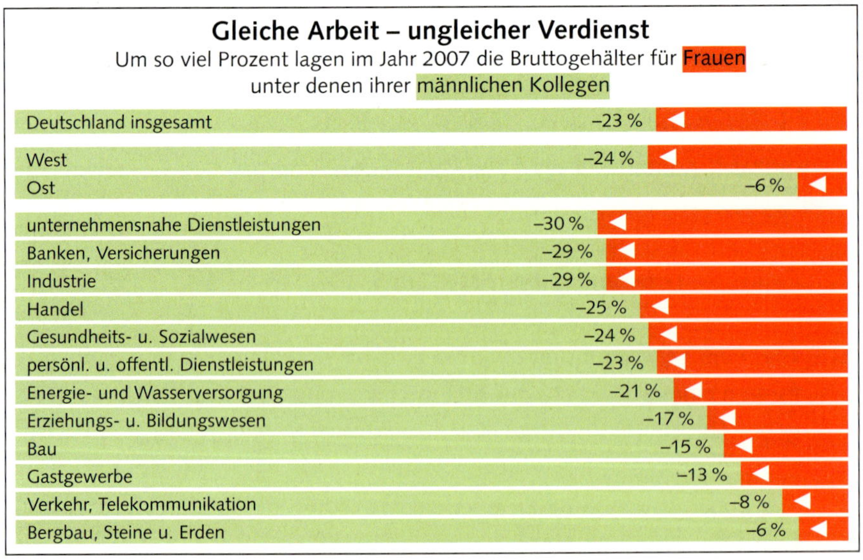

Quelle: Statistisches Bundesamt

Trotz einer guten Ausbildung verläuft das Berufsleben für viele Frauen anders als für Männer. Die Entscheidung für einen typischen Frauenberuf, aber auch die Art und Weise, wie Frauen ihr Berufsleben gestalten (müssen), haben Auswirkungen auf das Einkommen. Insgesamt gesehen verdienen Frauen erheblich weniger als Männer.
Frauen werden in Deutschland schlechter bezahlt als Männer. Dabei liegt der durchschnittliche Stundenlohn von Frauen um rund 22 Prozent unter dem der Männer. Zwar verdienen Frauen in Deutschland im Vergleich mit anderen Ländern viel, jedoch gehört Deutschland zu den Staaten mit der größten Ungleichheit bei der Bezahlung von Männern und Frauen. Dafür gibt es verschiedene Gründe, wie z. B.:
- Frauen arbeiten häufig in Teilzeit, da sie der Doppelbelastung Beruf und Familie ausgesetzt sind.
- Teilzeitarbeit wird schlechter bezahlt und hat weniger Aufstiegschancen.
- Frauen arbeiten in schlechter bezahlten Branchen.
- Frauen bekommen Kinder und scheiden dann öfter und länger aus als Väter; das entwertet die Berufserfahrung.
- Frauen arbeiten häufiger als Männer in Leichtlohngruppen, die schlechter bezahlt werden.

Sicher gibt es kein „gerechtes Entgelt", aber es ist ungerecht, wenn Frauen bei gleicher Arbeit benachteiligt werden.

1. Fasse die Informationen der beiden Statistiken auf S. 106 zusammen und stelle die Aussagen mit eigenen Worten dar. ○

2. Erkläre, warum Frauen, obwohl sie in der gleichen Branche tätig sind, weniger verdienen als Männer in der gleichen Stellung. ◒

3. Zwischen den beiden Statistiken auf S. 106 scheint ein Widerspruch zu bestehen. Begründe, warum es die Gleichung „Gleiche oder bessere Schulausbildung = gleicher oder besserer Verdienst" nicht gibt. ●

4. Beschreibe die Karikatur und nimm Stellung zum dargestellten Problem. ●

INFO

Ein **Kompromiss** ist die Lösung eines Streites durch Verzicht beider Seiten auf einige der gestellten Forderungen.

„Bringen Sie mir keinen Unfrieden in den Betrieb."

INFO

Grundgesetz Artikel 9
(1) Alle Deutschen haben das Recht, Vereine und Gesellschaften zu bilden.
[...]
(3) das Recht, zur Wahrung und Förderung der Arbeits- und Wirtschaftsbedingungen Vereinigungen zu bilden, ist für jedermann und alle Berufe gewährleistet. [...]

INFO

Weitere Gewerkschaften, die nicht zum DGB gehören: dbb – Beamtenbund und Tarifunion im Bereich des öffentlichen Dienstes; Christlicher Gewerkschaftsbund (CGB) sowie kleinere Gewerkschaften vornehmlich in den Bereichen Gesundheit und Pflege, im öffentlichen Dienst, bei Fluglinien und Flughäfen.

4 Tarifverträge und Tarifautonomie

Die Tarifvertragsparteien und die Rolle des Staates

Ob einer zuviel oder der andere zu wenig verdient, lässt sich kaum sachgemäß beantworten. Für Unternehmen besteht jedoch die Notwendigkeit, Lohnhöhen festzusetzen. Dazu wird zwischen Arbeitgebern und Arbeitnehmern ein Kompromiss über die Lohnhöhe durch Verhandlungen herbeigeführt. Für den überwiegenden Teil der Arbeitnehmer geschieht dies in Tarifverhandlungen, bei denen die Tarifvertragsparteien (Arbeitgeberverbände und Gewerkschaften) in regelmäßigen Abständen aufs Neue über Lohnhöhen verhandeln.

Die beiden Parteien verhandeln nach den „Spielregeln" des Tarifvertragsgesetzes (TVG) über Arbeitsbedingungen, insbesondere aber über Löhne und Gehälter. Das Ergebnis der Verhandlungen wird dann in einem Tarifvertrag festgelegt, an den sich beide Verhandlungsparteien halten müssen. Er gilt dann für einen bestimmten Zeitraum.

Die Gewerkschaften
Die Gewerkschaften sind Zusammenschlüsse von Arbeitnehmern zur Vertretung ihrer Interessen gegenüber Arbeitgebern und Staat. Das Recht, solche Interessenverbände zu schaffen, ist im Grundgesetz Artikel 9 verankert. In der Bundesrepublik Deutschland haben sich Einzelgewerkschaften in einem Dachverband, dem Deutschen Gewerkschaftsbund (DGB), organisiert. Ihm gehören acht Mitgliedsgewerkschaften an: IG Metall,Vereinte Dienstleistungsgewerkschaft (ver.di), IG Bergbau, Chemie, Energie (IGBCE), IG Bauen-Agrar-Umwelt (IG BAU), Gewerkschaft Nahrung-Genuss-Gaststätten (NGG), Transnet – Gewerkschaft der Eisenbahner Deutschlands (Transnet), Gewerkschaft Erziehung und Wissenschaft (GEW) und die Gewerkschaft der Polizei (GdP).

Gewerkschaftlich organisiert sind in Deutschland rund 40 % der Arbeitnehmer. Gewerkschaften finanzieren sich durch Mitgliedsbeiträge (durchschnittlich 1 % des Bruttolohns). Im Falle von Streiks zahlen sie an ihre Mitglieder Streikgeld als Ausgleich für den Verdienstausfall.

1. Nehmt Stellung zur Karikatur oben links. ●
2. Erkläre, warum die Mitgliedsbeiträge für Gewerkschaften ca. 1 % vom Bruttolohn und nicht vom Nettolohn betragen. ◒
3. Finde mithilfe des Internets heraus, welche Berufe von den Gewerkschaften ver.di und der Gewerkschaft Erziehung und Wissenschaft (GEW) vertreten werden. ○

Arbeitgeberverbände

Auch die Arbeitgeber haben sich zur Wahrung ihrer Interessen zusammengeschlossen, in sog. Arbeitgeberverbänden. Mehrere regionale Verbände sind häufig zu einem Dachverband zusammengeschlossen. Bundesweiter und branchenübergreifender Dachverband der Arbeitgeber ist die Bundesvereinigung der Deutschen Arbeitgeberverbände (BDA).
Selbstverständlich kann ein einzelner Arbeitnehmer mit einem Arbeitgeber seinen Arbeitsvertrag abschließen, dann aber handelt es sich um einen Einzelvertrag und nicht um einen Tarifvertrag, der immer für eine Gruppe gilt.
Tarifverträge regeln die Höhe der Löhne, Gehälter und Ausbildungsvergütungen, die Arbeits- und Pausenzeit und den Urlaub.

Welche Rolle spielt nun der Staat selbst bei Tarifauseinandersetzungen? Zum einen tritt der Staat auch als Arbeitgeber im öffentlichen Dienst auf und ist dann auch eine Tarifpartei. Um diese Rolle geht es hier aber nicht, sondern es geht darum, wie der Staat im Allgemeinen Einfluss nehmen kann.
Die sog. „Tarifautonomie" ist in Artikel 9, Absatz 3 des Grundgesetzes festgeschrieben. Das heißt, Gewerkschaften und Arbeitgeber sind für den Abschluss von Tarifverträgen allein verantwortlich, jeder staatliche Eingriff ist unzulässig. Ausgeschlossen ist deshalb eine direkte Beeinflussung der Verhandlungen durch den Staat durch Gebote oder Verbote. Die Bundesregierung veröffentlicht „Orientierungsdaten". Sie enthalten Empfehlungen für die Tarifverhandlungen, die nicht überschritten werden sollten.

INFO

Gewerkschaften
Die rechtlichen Grundlagen
- für das Bilden von Gewerkschaften und Arbeitgeberverbänden,
- für das Führen von Tarifverhandlungen und
- für die Sicherung der Tarifautonomie der Tarifparteien ergeben sich aus Artikel 9 des Grundgesetzes.

Arbeitgeber- und Arbeitnehmervertreter bei Tarifverhandlungen

INFO

Das Tarifvertragsgesetz vom 25.08.1969

§1 Inhalt und Form des Tarifvertrages.
(1) Der Tarifvertrag regelt die Rechte und Pflichten der Tarifvertragsparteien und enthält Rechtsnormen, die den Inhalt, den Abschluss und die Beendigung von Arbeitsverhältnissen sowie betriebliche und betriebsverfassungsrechtliche Fragen ordnen können. [...]

§2 Tarifvertragsparteien.
(1) Tarifvertragsparteien sind Gewerkschaften, einzelne Arbeitgeber sowie Vereinigungen von Arbeitgebern.

1. Erläutere mithilfe des Auszugs aus dem Tarifvertragsgesetz, für wen und wie lange die ausgehandelten Tarifverträge gelten.

So entsteht ein Tarifvertrag

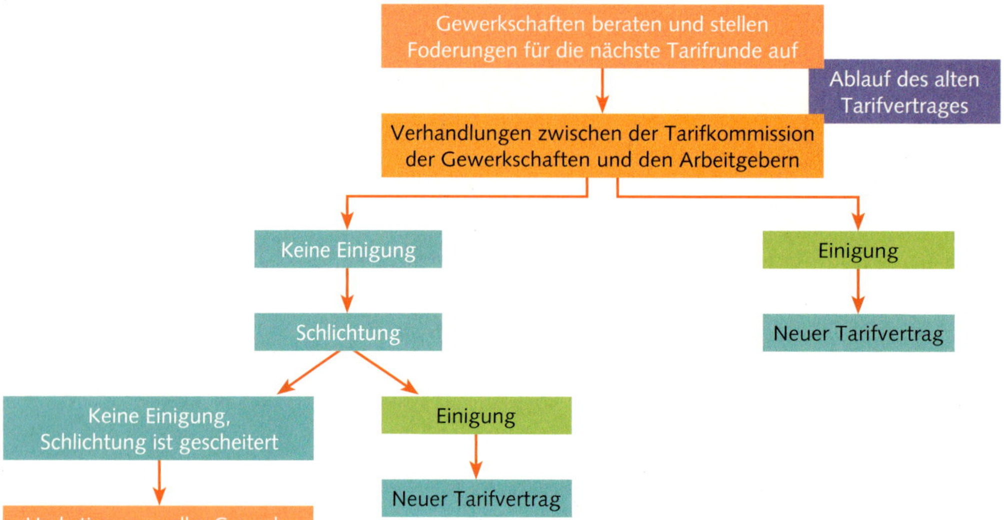

Quelle: http://jugend.verdi.de/community/service/ver.di_school/unterrichtsthemen/ue_2_6/data/UE_2_6_folien.pdf

Der Ablauf der Tarifverhandlungen

Die Interessen sind klar: Für den **Arbeitnehmer** ist Lohn Einkommen, das seine Existenz sichert und das er gern erhöhen möchte. Für den Arbeitgeber sind Löhne Kosten, die er möglichst niedrig halten möchte.

Bevor sich die beiden Tarifparteien zur ersten Verhandlungsrunde treffen, werden sie die Begründungen für ihre Forderungen gut überlegen. Dabei werden beide die Orientierungsdaten der Bundesregierung und die wirtschaftliche Lage berücksichtigen. Jeder wird sich aber aus den vorliegenden Daten das heraussuchen, was seine Position stärkt.

Dabei verfolgen die Gewerkschaften hauptsächlich drei Ziele:

1. Die Arbeitnehmer müssen am wirtschaftlichen Fortschritt von Unternehmen teilhaben, denn ihnen steht ein Teil dessen zu, was durch Kapital **und** Arbeit erwirtschaftet wurde.
2. Lohnsteigerungen sollten stärker steigen als die Preise. 2,5 % Lohnerhöhung bringen nämlich nichts, wenn das Preisniveau um 5 % steigen würde.
3. Auch schwächer Verdienende dürfen nicht benachteiligt werden. Für sie werden oft sog. **Sockelbeträge** (Grundbeträge) ausgehandelt.

Die Arbeitgeber argumentieren meist so: Lohnnebenkosten (Arbeitgeberbeiträge zur gesetzlichen Sozialversicherung) verteuern die Produkte derart, dass sie national und international nicht mehr wettbewerbsfähig sind. In Deutschland kann dann weniger produziert werden, Arbeitsplätze sind bedroht, sie werden in Länder mit geringeren Lohnkosten verlagert.

Wie Tarifverhandlungen ablaufen, zeigt das Schaubild auf Seite 110. Dazu noch einige zusätzliche Anmerkungen.

1. Ausgangspunkt ist in der Regel ein bestehender Tarifvertrag, der von der zuständigen Gewerkschaft fristgerecht gekündigt wird. Ziel ist es dann, höhere Löhne oder bessere Arbeitsbedingungen zu erreichen. Die Verhandlungen werden von den Tarifkommissionen beider Seiten geführt. Sie laufen meist über mehrere Runden.
2. Wenn sich in diesen Tarifrunden keine Einigung erzielen lässt, bleibt als letzte Möglichkeit vor einem Arbeitskampf die Schlichtung durch einen neutralen Vermittler. Sie ist nicht zwingend im Tarifgesetz vorgeschrieben, sondern den Verhandlungsparteien freigestellt.
3. Gelingt es dem Schlichter nicht, die Tarifparteien durch einen Kompromiss zu einer Einigung zu bewegen, werden die Verhandlungen für gescheitert erklärt. Die sog. Friedenspflicht endet damit. Die Gewerkschaften stimmen nun darüber ab, ob gestreikt werden soll oder nicht. Stimmen 75 % der gewerkschaftlich organisierten Arbeitnehmer für einen Streik, dann wird gestreikt.
4. Mittel des Arbeitskampfes ist aufseiten der Arbeitgeber dagegen die Aussperrung der Streikenden und teilweise auch nichtstreikenden Arbeitnehmern. Streik und Aussperrung haben Auswirkungen auf die wirtschaftliche Situation des anderen; die Arbeitnehmer bekommen keine Löhne bzw. keine Gehälter, bei den Unternehmen entstehen Ausfälle in der Produktion.

Durch diese Kampfmaßnahmen soll die Kompromissbereitschaft der jeweils anderen Partei erzwungen werden.

Warnstreik der Gewerkschaft ver.di

1. Untersuche mithilfe des Internets den Ablauf eines Tarifkonfliktes, der erst kürzlich beendet worden ist. Berichte in der Klasse über den Ablauf und diskutiere das Ergebnis.

2. Erläutere, welche Auswirkungen durch Streik verursachte Produktionsausfälle haben können.

INFO

Schlichtung
Ein neutraler Vermittler, der hinzugezogen wird, wenn sich Arbeitgeber und Gewerkschaften in Verhandlungen nicht einigen können.

Tarifverträge gab's nicht schon immer

1848	Erster Tarifvertrag in Deutschland (für Buchdrucker)
1869	Erstmals gibt es – eingeschränkte – Koalitionsfreiheit
1918	Nach der Novemberrevolution werden Tarifverträge Standard
1933–1945	Bei den Nazis bestimmt der Betriebsführer die Löhne
ab 1949	gibt es in Westdeutschland in Grundzügen das noch heute gültige Tarifvertragsrecht

Quelle: http://jugend.verdi.de/community/service/ver.di_school/unterrichtsthemen/ue_2_6/data/UE_2_6_folien.pdf

Am Ende dieses Kapitels solltest du darstellen können, warum sich Lohnhöhen unterscheiden, dass Arbeitseinkommen verschiedene Bezeichnungen haben und es unterschiedliche Lohnformen gibt. Weiterhin solltest du erklären können, was Tarifverträge sind und wie und von wem sie ausgehandelt werden. Die folgenden Aufgaben sollen dich bei der Überprüfung deines Wissens unterstützen.

Das Arbeiterdenkmal im Wandel der Zeit.

1. Monika und Annette haben nach der Schule beide Zahntechnikerin gelernt. Benenne Gründe, warum ihr Gehalt nach zehn Jahren Berufstätigkeit unterschiedlich sein könnte.

2. Zähle auf, welche Formen des Prämienlohnes es gibt.

3. Vor- und Nachteile von Lohnformen

a) Ordne die unten stehenden Vor- und Nachteile der Lohnformen in eine Tabelle (siehe Muster) ein.

	Vorteile	**Nachteile**
Zeitlohn		
Akkordlohn		

- fester Stundenverdienst / festes Gehalt
- geringer Anreiz, mehr zu leisten
- Lohnkosten sind leicht zu ermitteln
- Überbelastung hat Erkrankungen zur Folge
- Arbeitgeber muss die Leistung überwachen
- schonender Umgang mit Maschinen, Werkzeugen
- geringere Belastung
- weniger Erkrankungen
- seltener Arbeitsunfälle
- hastiges und unvorsichtiges Arbeiten
- mehr Arbeitsunfälle – weniger sorgfältige Arbeit
- größerer Leistungsanreiz: hoher Stundenverdienst bei mehr Leistung
- größere Produktionsmenge und niedrige Kosten
- genauere Arbeit
- Qualität der Produkte kann abnehmen
- Kranke und Ältere sind leistungsschwach und erhalten nur den Mindestlohn

b) Ordne zu. Wie würdest du folgende Arbeitnehmer entlohnen? Es stehen
1. Zeitlohn und
2. Leistungslohn: Stück-/Zeitakkord, Prämienlohn
zur Auswahl: Büroangestellter, Versicherungsvertreter, Autoverkäufer, Erntehelfer für Weintrauben, Bankbeamter, Fliesenleger, Uhrmacher.

4. Erläutere, welche Aufgabe ein Schlichter bei Tarifverhandlungen hat. ◒

5. Prüfe, welche Aussage richtig ist. Tarifverträge regeln:
a) die Pausenzeiten,
b) Entlohnung,
c) Betriebsausflüge,
d) Kündigungsfristen,
e) Arbeitszeiten,
f) Urlaubsgeld,
g) Gestaltung der Aufenthaltsräume.

6. Beschreibe die Karikatur auf S. 112 und erkläre ihre Bedeutung. Beachte dabei auch die Bildunterschrift. ◒

7. Erörtere, was die Karikatur rechts über Tarifverhandlungen aussagt. ◒

8. Erläutere, welche Rolle der Staat beim Abschluss von Tarifverträgen spielt. ◒

9. Nenne zwei Ziele, die die Gewerkschaften mit Tarifverhandlungen verfolgen. ○

10. Erläutere, warum Arbeitgeber nicht ohne Weiteres die Löhne der Arbeitnehmer erhöhen. ◒

11. Übertrage die Grafik in dein Heft. Ergänze die fehlenden Begriffe. ○

Taschengeld

VI Lebenslanges Lernen

Ihr habt bis hierher schon vieles über die Beziehungen in Unternehmen und der Arbeitswelt gelernt. Wenn ihr als Berufstätige künftig in Unternehmen tätig seid, werdet ihr feststellen, dass ihr unterschiedliche Anforderungen zu bewältigen habt. Diese Anforderungen werden aber nicht immer gleich bleiben, sondern sich immer weiter verändern. In diesem Kapitel werdet ihr sehen, dass die Bereitschaft, euer Leben lang Neues dazuzulernen, wichtig ist, um den Herausforderungen der Arbeits- und Wirtschaftswelt begegnen zu können.

Unternehmen

...haben unterschiedliche Zielsetzungen

- **wirtschaftliche**
  - Einkommen
  - Gewinne
  - Unternehmenswachstum
- **ökologische, wie z. B.**
  - Schutz der Umwelt
- **soziale**
  - sicherer Arbeitsplatz
  - Ansehen

Es gibt unterschiedliche Interessen, z. B.
Eigentümer, Erwerbstätige, Kommunen, Manager, Konsumenten

...produzieren Sachgüter und stellen Dienstleistungen bereit

- **beschaffen**
  - Maschinen
  - Gebäude
  - Werkzeuge
  - Arbeitskräfte
- **produzieren**
  - Planung der Produktion
- **setzen ab**
  - Wie ist der Markt?
  - Welche Ziele?
  - Welche Mittel?

Alle Tätigkeiten sind zu organisieren

- **formal**
  regelt den betrieblichen Ablauf und Aufbau (wie, wann, wer, wo?)
- **informal**
  Beziehungen der Menschen in einem Unternehmen untereinander und deren Auswirkungen

...bieten Arbeitsplätze an und schaffen Einkommensmöglichkeiten

- **erfordern unterschiedliche Qualifikationen**
  - Umgang mit Neuen Technologien
  - lebenslanges Lernen
  - Fremdsprachen
- **Entlohnung**
  - verschiedene Lohnformen
- **schaffen Arbeitsbeziehungen**
  - Mitbestimmung
  - Informationsfluss

TE28F800
B3T120
5033009BA
©1997

„Moderne Zeiten"

1 Der Einfluss von Neuen Technologien

INFO

Informations- und Kommunikationstechnologien
- verbessern den Informationsfluss zwischen den Mitarbeitern,
- verbessern Arbeitsabläufe,
- verbessern die Produkte,
- erfordern ständige Weiterbildung (lebenslanges Lernen).

In Zusammenhang mit der Veränderung der Arbeitswelt hört man immer wieder den Begriff „Neue Technologien". Aber was bedeutet eigentlich der Begriff „Neue Technologien"? Das Wort Technologie wird heute vielfach anstelle des Wortes Technik benutzt und „neue" Technologien, sind z. B. das Internet, neue Computersysteme usw. Und was ist das Neue, das soviel Einfluss hat auf die Unternehmen und damit auch die Arbeitswelt?

Vor allem zwei Dinge sind hierbei von Bedeutung:

1. Mithilfe der Neuen Technologien lassen sich alle Abläufe im Unternehmen besser und schneller regeln. Die drei Grundaufgaben **Beschaffung, Produktion, Absatz** lassen sich besser miteinander verbinden, indem z. B. die Informationen zwischen den Bereichen mithilfe von Computersystemen schneller fließen können.

2. Durch den Einsatz der Neuen Technologien kann sich ein Unternehmen schneller auf neue Situationen einstellen, da wichtige Informationen schneller ankommen oder weitergegeben werden. Es ist z. B. möglich, Kundenaufträge, die per E-Mail eintreffen, sofort zu erledigen. Man braucht keine großen Lagerbestände anzulegen. Dies spart Kosten. Das Unternehmen kann aber auch nach den Wünschen des Kunden ein Produkt schnell abändern, da durch die Neuen Technologien die Fertigungsanlagen schneller umgebaut werden können.

1. Moderne Technik hat häufig nicht nur Vorteile. Betrachtet dazu die Karikatur und nehmt Stellung.

2. Zwei Aussagen: „Die ‚Neuen Technologien' sind dafür verantwortlich, dass unser Betrieb die Belegschaft um 300 Personen verringert hat." „Der Einsatz der ‚Neuen Technologien' hat uns gerade noch davor retten können, dass wir nicht pleitegegangen sind." Nehmt dazu Stellung und diskutiert die Ergebnisse in der Klasse.

2 Neue Technologien verlangen Weiterbildung

Der Einsatz von Neuen Technologien hat auch Auswirkungen auf die Arbeitnehmer. Der technische Wandel schafft zwar in Unternehmen auch neue Arbeitsfelder, er macht aber auch Arbeitsplätze überflüssig. Viele Aufgaben, die bisher durch Mitarbeiter erledigt wurden, werden von Computern übernommen. Manchmal verändern sich Berufsbilder auch so sehr, dass sie ganz verschwinden. Die Arbeitnehmer müssen sich dann völlig umstellen oder sie werden arbeitslos.
Ein bisher sicherer Arbeitsplatz kann durch den Einsatz von Neuen Technologien plötzlich wegfallen. Man muss sich daher von der Vorstellung trennen, dass ein einmal erlernter Beruf oder eine ausgeübte Tätigkeit für das gesamte Berufsleben den Arbeitsplatz sichert. Es wird immer wieder notwendig sein, sich beruflich neu zu orientieren, weil die technische Entwicklung den bisherigen Arbeitsplatz verändert oder überflüssig gemacht hat.

Darüber hinaus verändern sich im ausgeübten Beruf die erforderlichen Fähigkeiten ständig. So muss heute z. B. ein Zerspanungsmechaniker nicht nur die Werkzeugmaschinen bedienen können, sondern auch in der Lage sein, die Maschinen zu programmieren und zu kontrollieren.
Daher ist die wichtigste Voraussetzung für einen sicheren Arbeitsplatz, der auch für die Zukunft Sicherheit bietet, die ständige Fortbildung. Sie sollte berufsübergreifend sein, damit auch ein Wechsel zu anderen Arbeitsgebieten möglich ist.

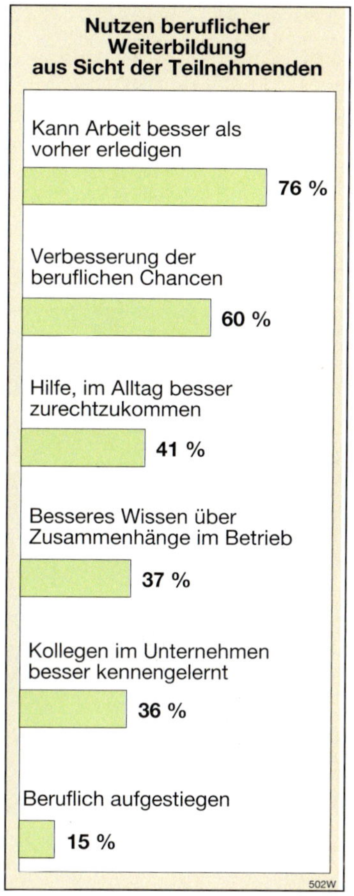

Für unseren Standort in Bremerhaven suchen wir
eine/n Zerspanungsmechaniker/in

Ihre Aufgaben:
- Einrichten und Einstellen von Bohrwerken, Fräsmaschinen, Werkzeugen und Vorrichtungen
- Zuführen des Werkstückes mittels Hebewerkzeugen
- Einrichten des Werkstückes (Ausrichten und Spannen) auf der Maschine
- Werkstücke durch Plan-, Rund-, Profilfräsen, direktes und indirektes Teilen, Bohren und Senken nach Arbeitsplan herstellen bzw. bearbeiten
- Erstellen von CNC-Bearbeitungsprogrammen nach Zeichnungsvorgabe
- Prüfen der Werkstücke und Sichern der Qualität durch Sichtkontrollen und systematische Überprüfung der Maßgenauigkeit
- Freigabe der Werkstücke zur Endabnahme
- Verbringen des fertigen Werkstückes zum Versand

Ihr Profil:
Ausbildung zum Zerspanungsmechaniker, Fachrichtung Frästechnik
- Berufserfahrung von mind. 3 Jahren von Vorteil
- Erfahrung in der Einzelfertigung
- CNC-Kenntnisse
- Kenntnisse in der Heidenhein-Steuerung erforderlich

Bei Interesse und Eignung bewerben Sie sich bitte persönlich, telefonisch oder schriftlich per E-Mail an personal@infostahl.de.
Wir freuen uns auf Ihre Bewerbung!

1. Untersucht die Stellenanzeige und ermittelt, welche Kenntnisse über Neue Technologien verlangt werden.

2. Stellt aus der Wochenendausgabe eurer regionalen Zeitung die Stellenangebote zusammen und untersucht, welche Qualifikationsanforderungen Computerkenntnisse verlangen.

3 Berufe verändern sich

Arbeitsteilung ist ein Grund für die Entstehung, Entwicklung und Veränderung von Berufen. Ein weiterer Grund ist der technische Fortschritt und der damit verbundene Strukturwandel (siehe Kapitel IV) in der Wirtschaft und Gesellschaft. Arbeitsteilung, technischer Fortschritt und Strukturwandel beeinflussen sich auch gegenseitig.

Motorüberprüfung früher

Verfolgen wir einmal wie sich die Berufe im Kfz-Handwerk in den letzten Jahrzehnten verändert haben:

Nach dem ersten Weltkrieg stieg der Bestand an Autos rasch an, und die Autotechnik schritt immer weiter fort. So entstanden im Laufe der Zeit die Berufe „Kfz-Mechaniker" und „Kfz-Elektriker". Diese Berufe entwickelten sich aus dem Schmiedehandwerk, weil viele Ersatzteile erst einmal selbst hergestellt werden mussten. Das hat sich dann aber grundlegend geändert. Die Fehlersuche und der Austausch von Ersatzteilen bei Autos wurden immer wichtiger und komplizierter, sodass 1973 eine Ausbildung für die Berufe „Kfz-Mechaniker/-in" und „Kfz-Elektriker/-in" entstand. Die technische Entwicklung ging immer weiter, und es setzten sich mehr und mehr elektronische Bauteile durch. Sogenannte „mechatronische Systeme" sind mittlerweile Standard: Es gibt kaum einen Pkw, der nicht mit ABS, Katalysator, Airbag, Zentralverriegelung oder Pneumatik ausgerüstet ist.

Motorüberprüfung heute

Aus diesem Grund wurden im Jahr 2003 die Ausbildungsberufe „Kfz-Mechaniker/-in" und „Kfz-Elekriker/-in" und „Automobilmechaniker/-in" zum neu geschaffenen Beruf „Kfz-Mechatroniker/-in" zusammengeschlossen. Die klassischen Reparaturarbeiten gibt es zwar immer noch, z. B. Bremsen, Kupplungen, Auspufftöpfe erneuern. Jedoch ist der Mechatroniker zunehmend in der Wartung, Prüfung und Aus- und Umrüstung von Autos tätig. Der Beruf ist interessanter, aber auch anspruchsvoller geworden. Es gilt z. B., mithilfe von automatischen Mess- und Prüfgeräten selbstständig Fehler zu finden und nach Lösungen für ihre Beseitigung zu suchen. Auch auf eine gute Kundenbetreuung wird immer mehr Wert gelegt.

INFO

Pneumatik
(gr. Pneuma = Wind, Atem) bezeichnet den Einsatz von Druckluft in der Technik.

1. Nennt weitere Berufe, die sich durch die Entwicklung der Autoindustrie entwickelt haben. ○

2. Beschreibe mithilfe von „Beruf aktuell" oder „BerufeNet" die Tätigkeiten, die ein Kfz-Mechatroniker heute ausübt und welche Interessen und Fähigkeiten man dafür mitbringen sollte. ◒

3. Erschließt mithilfe einer Recherche weitere Bereiche aus dem Handwerk, in denen sich Berufe aufgrund des technischen Fortschritts verändert haben. ◒

4 Einfluss der Informationstechnik auf Berufe

Besonders in den letzten Jahren hat der Computer in vielen Bereichen die Arbeitswelt erobert. An immer mehr Arbeitsplätzen stehen Bildschirme und Tastaturen, an denen Daten eingegeben und verarbeitet werden. In den meisten Fällen sind die Arbeitnehmer keine Personen, die eine spezielle Ausbildung für die Arbeit am Computer hatten. Sie arbeiten nach einer kurzen Einführung am Computer mit speziellen Programmen, die installiert sind. Daraus ergibt sich, dass heute in fast allen Berufen grundlegende Kenntnisse im Umgang mit Computern verlangt werden. D. h., dass sich auch die Anforderungen in vielen Berufen stark erhöht haben.

Q

Neue Ausbildungsberufe mit Zukunft

Im Bereich der Informations- und Kommunikationstechnik sind in den letzten Jahren eine Reihe neuer Ausbildungsberufe entstanden. Ein Merkmal der neuen Jobs ist, dass sie unterschiedliche Fähigkeiten erfordern, denn in der Berufswelt von morgen sind Allround-Talente gefragt. Hier seht ihr einige der neuen Berufsbilder.

Fotomedienfachmann/-frau

Foto- und Bildmedienprodukte unterliegen einem schnellen Wandel. Immer mehr Menschen benutzen digitale Fotokameras. Die Neuen Technologien bieten dafür neue Möglichkeiten der Bildausgabe und Bildübertragung. Das Personal im Fotofachhandel muss die schnellen Veränderungen von Bildmedienprodukten und -technologien so mitverfolgen, dass es Kunden gut beraten kann. Auch das Beherrschen von Bildaufnahme- und -verarbeitungstechniken sind dafür erforderlich.

IT-Systemelektroniker/in

Als Profis sind sie immer auf dem Laufenden über die neuesten Entwicklungen im IT-Bereich. Informations- und Telekommunikationssysteme zu planen, zu installieren und zu warten, ist Aufgabe der IT-Systemelektroniker. Sie installieren die Stromversorgung und die Software und nehmen die Systeme in Betrieb.

Fotomedienfachfrau beim Einstellen der Kamera

IT-Systemelektronikerin

Quelle:
Informationszentrum der deutschen Versicherer, Zukunft klipp + klar

1. Beschreibe mithilfe des Internets, was Informations- und Telekommunikationstechniken sind. ○

2. Erstelle eine Kurzbeschreibung (Aufgaben und Tätigkeiten, Ausbildung im Überblick, Zugangsvoraussetzungen) der beiden Berufe. Hilfe findest du unter www.planet-beruf.de/Berufe-von-A-bis-Z.39.0.html oder im „Beruf aktuell“. ○

3. Beschreibe, welche Bereitschaft Arbeitnehmer von heute mitbringen müssen. ○

Bauarbeiter in einer Weiterbildungmaßnahme

Weiterbildungsmaßnahme für Lehrerinnen

5 Weiterbildung – Lernen ein Leben lang

Wenn man sich heute für einen Beruf entscheidet, muss man sich auf die Veränderungen in der Arbeitswelt einstellen. Gerade jüngere Arbeitnehmer müssen sich mit unterschiedlichen Anforderungen auseinandersetzen. Häufig müssen sie sich nicht nur an die Neuen Technologien, sondern auch an die Veränderungen des Arbeitsmarktes anpassen. Das heißt z. B., dass sie teilweise nur Teilzeitbeschäftigungen ausüben können, befristete Arbeitsverträge haben oder Zeitarbeit ausüben. Auch Selbstständigkeit wird den zukünftigen Arbeitnehmern immer mehr abverlangt.

Um mit diesen Anforderungen zurechtzukommen, müsst ihr euch darauf einstellen, in eurer beruflichen Laufbahn beweglich zu sein. Ihr solltet nicht darauf hoffen, den einmal gelernten Beruf ohne Veränderungen bis zur Rente ausüben zu können. Was kann euch dabei helfen?

Zunächst stehen bei der Wahl eures Erstberufes sicherlich eure Interessen und Fähigkeiten im Vordergrund. Ihr solltet euch aber auch fragen, welche Chancen euch der Beruf für eine sichere berufliche Zukunft bietet. Denn inzwischen wissen wir: Den Beruf fürs Leben gibt es nicht. Manche Berufe verändern sich oder sterben sogar aus.
Auch in eurem Ausbildungsberuf müsst ihr damit rechnen. Daher ist es ratsam, sich bereits frühzeitig über Möglichkeiten der Weiterbildung zu informieren. Vielfältige Angebote bieten dazu auch die beruflichen Schulen. Aber auch in anderen Einrichtungen und Institutionen gibt es in fast allen Berufsrichtungen Aufstiegsfortbildungen in Form von Kursen, die mit einer staatlich anerkannten Prüfung abschließen.

Träger beruflicher Weiterbildung sind zum Beispiel:
Abendschulen
Akademien
Anbieter für E-Learning
Anbieter für Fernunterricht
(Berufs-)Kollegs
Berufsverbände
Bildungswerke
Bildungszentren der Kammern
(Industrie- und Handelskammer,
Handwerkskammer)
Fachhochschulen
Fachoberschulen
Fachschulen
Gewerkschaftliche Einrichtungen
Hochschulen
Kirchliche Einrichtungen
Private Bildungseinrichtungen
Unabhängige, nichtkommerzielle

Quelle: http://infobub.arbeitsagentur.de/bbz/hefte/BBZ_01_Weiterbildung.pdf

1. Nenne die Herausforderungen, vor denen Arbeitnehmer heute im Arbeitsleben stehen. ○

2. Erläutere die Bedeutung der Weiterbildung in Berufslaufbahnen. Nimm die statistischen Angaben im Infokasten zu Hilfe. ◒

6 Umsetzung der Weiterbildung

Welche Möglichkeiten aber habt ihr, lebenslanges Lernen in die Tat umzusetzen, und wie findet ihr eine geeignete Weiterbildung?
Um bei den vielen Angeboten zur Weiterbildung nicht den Überblick zu verlieren, solltet ihr eure Schritte genau planen.
Zunächst solltet ihr euch Folgendes fragen:

1. In welcher Situation befinde ich mich? (Hier helfen z. B. Selbsttests, den Weiterbildungsbedarf festzustellen.)
2. Welches Ziel möchte ich erreichen? (Berufliche Verbesserung, Mithalten mit neuen Anforderungen, berufliche Umorientierung.)
3. Welche Möglichkeiten gibt es, dorthin zu kommen? (Welche Weiterbildungsangebote gibt es? Wo gibt es sie? Wer kann mich beraten?)

Ihr habt ganz unterschiedliche Möglichkeiten, euch weiterzubilden. Es gibt berufliche Fortbildungen, um z. B. eine zusätzliche Qualifikation zu erwerben, um seinen Beruf weiter ausüben zu können oder auch um beruflich aufzusteigen. Und dann kann es auch sein, dass man seinen gelernten Beruf nicht mehr ausüben kann und eine Umschulung für einen anderen Beruf notwendig wird.
Daneben gibt es auch noch betriebliche Weiterbildungen. Die Unternehmen haben Interesse, dass sich die Arbeitnehmer weiterbilden, damit diese immer auf dem neuesten Stand sind. Diese Weiterbildungen finden dann in den Unternehmen selbst statt.
Und dann kann es sein, dass man für sein berufliches Fortkommen einen höheren Schulabschluss braucht. In diesem Fall besteht die Möglichkeit, noch einmal die Schulbank zu drücken, um den fehlenden Schulabschluss nachzuholen (s. Grafik).

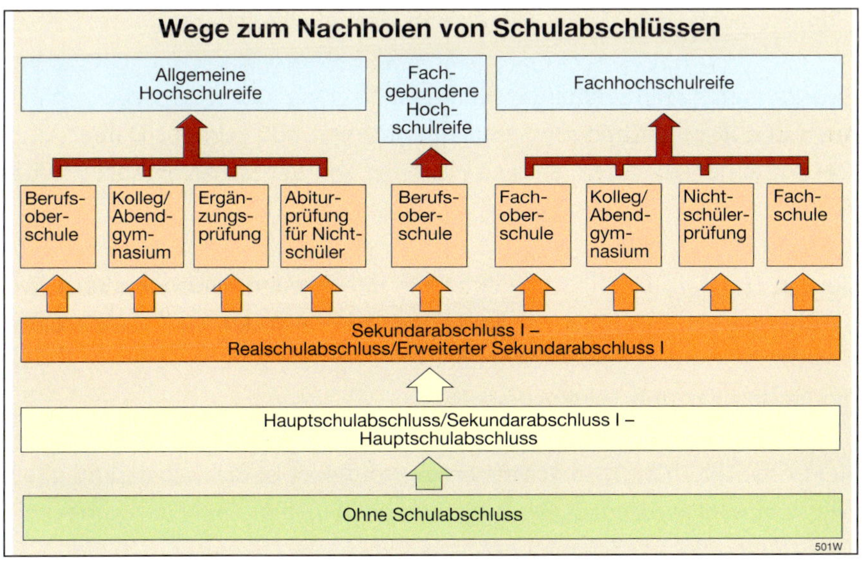

Weiterbildung, was ist das eigentlich?
Im Sinne des Berufsbildungsgesetzes (BBiG) wird die **berufliche Weiterbildung** auch als **Fortbildung** bezeichnet und ist eine Form der Erwachsenenbildung, die dazu dient, berufliche Fähigkeiten von Arbeitnehmern, aber auch Arbeitslosen zu erhalten und zu erweitern.

Quelle: http://infobub.arbeitsagentur.de/bbz/hefte/BBZ_01_Weiterbildung.pdf

7 Beschäftigungsverhältnisse – so unterschiedliche Formen

Aber nicht nur die Neuen Technologien stellen die Arbeitnehmer von heute vor veränderte Situationen und Herausforderungen. Auch die Art der Beschäftigungsverhältnisse hat sich geändert.

Es lassen sich folgende Beschäftigungsverhältnisse unterscheiden:

Das sogenannte **Normalarbeitsverhältnis** ist eine Vollzeitbeschäftigung, die nicht zeitlich befristet ist. Davon zu unterscheiden ist die **Berufsausbildung**. Sie ist zunächst befristet. Durch die Übernahme nach der Ausbildung kann daraus aber ein Normalarbeitsverhältnis werden.

Schild einer Zeitarbeitsfirma

Als **befristet beschäftigt** gilt, wenn jemand nur für einen bestimmten Zeitraum arbeitet.

Weiterhin gibt es die **Teilzeitbeschäftigung**. Teilzeitbeschäftigte sind Arbeitnehmer, deren regelmäßige Wochenarbeitszeit kürzer ist als die von vergleichbaren vollzeitbeschäftigten Arbeitnehmern. Sie verdienen dann auch nicht den vollen Lohn.

Bei der **Zeitarbeit** können z. B. Arbeitnehmer von sogenannten Zeitarbeitsunternehmen an andere Unternehmen für eine befristete Zeit ausgeliehen werden.

Telearbeitsplatz

Als **Leiharbeit** wird bezeichnet, wenn ein Arbeitgeber den bei ihm beschäftigten Arbeitnehmer einem anderen Arbeitgeber überlässt. Echte Leiharbeit liegt vor, wenn ein Arbeitnehmer zeitweise in einen anderen Betrieb abgeordnet wird. In diesem Fall ändert sich an den Arbeitsbedingungen im Übrigen nichts, d. h., Lohn, Urlaub etc. bleiben wie gehabt.

Eine **geringfügig entlohnte Beschäftigung** liegt vor, wenn das Arbeitsentgelt aus dieser Beschäftigung regelmäßig im Monat 400 Euro nicht übersteigt. Der Arbeitnehmer ist bis zu dieser Grenze von der Sozialversicherung befreit.

Bei der **Heimarbeit** findet die Arbeit in der eigenen Wohnung statt. Die **Teleheimarbeit** erfolgt meist im Tätigkeitsbereich der EDV. Die Arbeitsergebnisse werden dem Arbeitgeber über digitale Kanäle übermittelt, wie Computer, Fax und Telefon.

Kein Arbeitsverhältnis, aber eine Erwerbstätigkeit ist die **Selbstständigkeit**. Selbstständige werden als Personen beschrieben, die allein oder gemeinsam Eigentümer eines Unternehmens sind.

Selbstständigkeit

Selbstständig zu arbeiten ist für viele Arbeitnehmer eine Alternative zur Arbeitslosigkeit oder die beste Möglichkeit, eigene Ideen zu verwirklichen. Sich selbstständig zu machen, bedeutet dabei auch immer eine Herausforderung, die Mut und Engagement erfordert.
Eine Existenzgründung hat aber nicht nur für den Existenzgründer Vorteile, sondern für die gesamte Volkswirtschaft. Deshalb werden Personen, die sich in Deutschland selbstständig machen wollen, auch besonders vom Staat gefördert.

Q

Gründe für Gründungsförderung

1. Durch Existenzgründungen erscheinen neue Anbieter auf den Märkten. Sie sind für den Wettbewerb wichtig. Dieser wiederum ist das zentrale Element unserer Wirtschaftsordnung.
2. Existenzgründer verwirklichen fortschrittliche Ideen. Sie sind für Wachstum und Wettbewerbsfähigkeit entscheidend. Ohne Existenzgründungen erstarrt unsere Wirtschaftsstruktur.
3. Existenzgründungen schaffen in vielen Fällen nicht nur für die Gründer, sondern auch für Mitarbeiter neue Arbeitsplätze.
4. Je mehr gesunde selbstständige Existenzen eine Volkswirtschaft aufweist, umso stabiler ist das Gemeinwesen.
5. Existenzgründungen sind so etwas wie die „Frischzellenkur" für den Mittelstand. Durch sie wachsen neue Unternehmen nach und bestehende bleiben erhalten.

Quelle:
nach: www.existenzgruender.de/imperia/md/content/pdf/publikationen/gruenderzeiten/gz_01.pdf

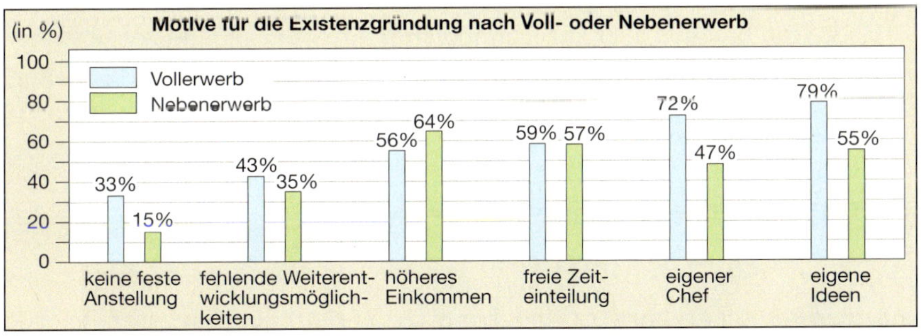

1. Veranschauliche mithilfe von Beispielen Situationen, aus denen heraus sich Menschen selbstständig gemacht haben.

2. Ermittle mithilfe des Quellentextes die Gründe, warum Existenzgründungen in Deutschland gefördert werden.

3. Benenne Nachteile, die ein Existenzgründer auf sich nehmen muss.

4. Überlege und begründe, was für dich für eine Existenzgründung sprechen würde.

Ihr habt in diesem Kapitel gelernt, dass es in eurem gesamten beruflichen Leben immer wieder erforderlich sein wird, die eigenen beruflichen Fähigkeiten anzupassen. Häufig sind es die Neuen Technologien, die dies erforderlich machen. D. h., es geht um lebenslanges Lernen, weil sich die Arbeitswelt und damit auch die Anforderungen an alle Beschäftigten ständig verändern.

1. Die Neuen Technologien bedeuten für die Arbeitnehmer, dass sie sich ständig den neuen Situationen in den Unternehmen anpassen müssen. Beurteile in diesem Zusammenhang folgende Aussage: „Ich haben meinen Beruf gelernt, mir kann nichts passieren!"

2. Begründe mit folgendem Text und den Karikaturen, warum sich Berufe ständig verändern.

INFO

Ein **Quacksalber** ist jemand, der keine ausreichende medizinische Ausbildung besitzt, aber ohne amtliche Zulassung Kranke behandelt.

Ein **Scharlatan** ist jemand, der vorgibt, ein bestimmtes Wissen oder Fähigkeiten zu besitzen, ohne dies belegen oder beweisen zu können.

Q

Vorsicht Quacksalber

Die Zahnheilkunde erstrahlte dank der Methoden der umherziehenden Zahnbrecher nicht im allerbesten Licht. Zu Recht, denn ihre Qualifikation war oft fragwürdig. Sie mussten weder Prüfungen ablegen, noch Diplome vorzeigen. Zähne wurden auf alle möglichen Arten gezogen: mit bloßen Händen, Zangen, Pelikanen oder Schlüsseln. Betäubung: Fehlanzeige. Die Wahrscheinlichkeit, dass man bei den umherziehenden Behandlern an einen schlecht ausgebildeten Quacksalber oder Scharlatan geriet, war groß. Lief die Behandlung schief, konnte man den Schuldigen nicht einmal zur Verantwortung ziehen. Denn wenn der Jahrmarkt zu Ende war, brachen auch die Zahnbrecher ihre Zelte ab und zogen weiter. Die negativen Karikaturen lassen auf den Ärger derjenigen schließen, die schlecht behandelt zurückblieben.

Quelle: www.kzvb.de/index.php?id=72&no_cache=1&sword_list[0]=quacksalber

3. Im Folgenden siehst du zwei Lebensläufe.

a) Beschreibe, wie sich sowohl Franz Brink als auch Melahat Akcay in ihrer beruflichen Laufbahn verändert haben. ○

b) Erläutere, wodurch sich die beruflichen Laufbahnen von Franz Brink und Melahat Akcay grundsätzlich unterscheiden: ◒

B Franz Brink, 55 Jahre, hat vier Berufe in der Druckereibranche ausgeübt:

- Schriftsetzer, Arbeit mit dem Setzkasten (s. S. 115, Bild unten rechts)
- Maschinensetzer, Arbeit mit der Linotype-Maschine (Setzmaschine für Texte, s. nebenstehendes Foto)
- Arbeit an der Fotosetzmaschine, Schwerpunkt Textgestaltung
- Arbeit am Computer mit Layout-Programmen

Die Firma hat Herr Brink bisher nicht gewechselt.

Melahat Akcay, 32 Jahre, hat bisher drei Berufe ausgeübt:

- Apothekenhelferin (pharmazeutisch-kaufmännische Angestellte), aufgrund einer Allergie musste sie den Beruf aufgeben.
- Vertreterin für Kosmetika, besuchte in ihrem Reisegebiet Apotheken und Drogerien. Ihr wurde gekündigt, weil der Betrieb sich verkleinern musste.
- Werbevorlagenherstellerin, Umschulung auf einen völlig neuen Beruf.

Ein Maschinensetzer

Eine Apothekenhelferin bei der Arbeit

4. Setzt euch mit dem Für und Wider der folgenden Aussagen auseinander:

a) „Wenn die Schule vorbei ist, dann habe ich erst einmal die Nase voll und dann kommen die Bücher auf den Dachboden."

b) „Ich bleibe sowieso hier in meinem Dorf. Unsere Familie, meine Freunde leben hier. Ich gehe nicht weg, und wenn ich meinen Arbeitsplatz verliere, dann werde ich schon einen neuen finden."

c) „Was soll ich mich wieder hetzen lassen. Das Leben kann man sich auch gemütlicher gestalten, wenn man nicht immer dem Geld hinterherjagt. Es kommt doch auf die Freunde, nicht auf den Betrieb an." ●

5. Erkläre, warum das Sprichwort „Was Hänschen nicht lernt, lernt Hans nimmermehr" gerade für den Bereich der Weiterbildung nicht zutrifft. ◒

6. Untersuche, welche Aussagen zutreffen: ◒

a) Bei einer Berufsausbildung ist das Arbeitsverhältnis unbefristet.

b) Als befristete Beschäftigung gilt, wenn jemand nur für einen bestimmten Zeitraum arbeitet.

c) Bei einer geringfügig entlohnten Beschäftigung muss man keine Sozialversicherungen zahlen.

d) Heimarbeit findet immer außerhalb der eigenen vier Wände statt.

VII Soziale Marktwirtschaft – Herausforderungen

Jede Wirtschaftsordnung hat mit aktuellen Problemen und Herausforderungen zu kämpfen, auf die der Staat und/oder die Bürgerinnen und Bürger reagieren müssen. Die Anpassung der Wirtschaftsordnung an veränderte Verhältnisse und Bedingungen ist eine immerwährende Aufgabe. Mit der Weiterentwicklung der Wirtschaftsordnung sollen die gesellschaftlichen Probleme gelöst oder gemildert werden.

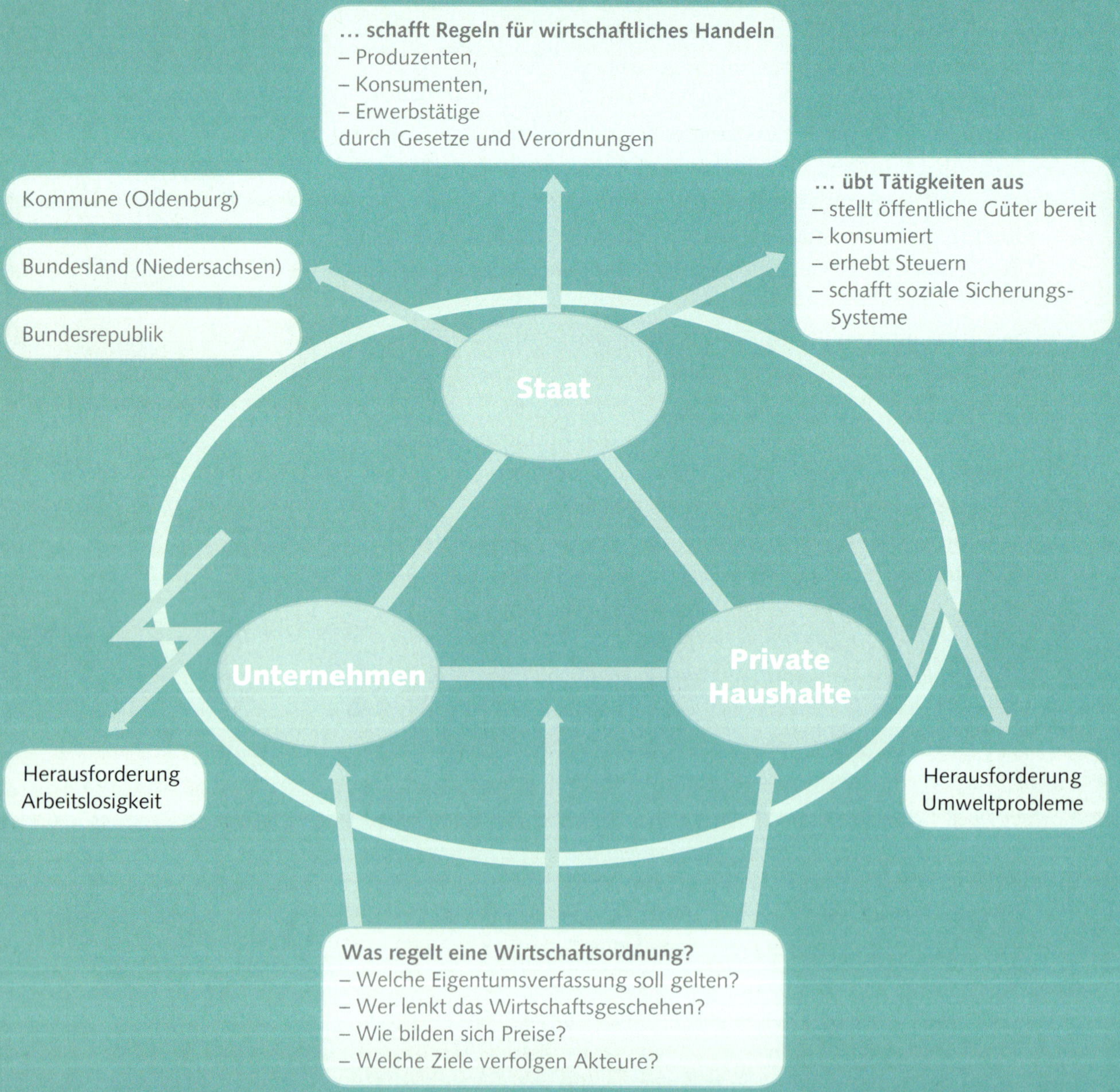

ARBEITSLOSIGKE

1 Probleme der Sozialen Marktwirtschaft

Besondere Herausforderungen für die Soziale Marktwirtschaft sind folgende:
- die ungleiche Verteilung von Einkommen und Vermögen,
- die Frage, wie die soziale Sicherheit finanziert werden kann,
- wie der Staat auf eine schwankende wirtschaftliche Entwicklung, z. B. eine nachlassende Nachfrage nach Gütern und Dienstleistungen, reagieren soll und
- wie die Entwicklung von Marktmacht durch Unternehmenskonzentration bekämpft werden soll.

In der Arbeitsagentur

In diesem Kapitel wollen wir uns mit zwei besonderen Herausforderungen näher auseinandersetzen. Einmal geht es um die Beschäftigung mit den Ursachen und Folgen der **Arbeitslosigkeit**. Gerade die Arbeitslosigkeit kann auch für junge Menschen ein großes Problem werden, und der Staat muss in einer solchen Situation Hilfen für die junge Generation entwickeln.

Das zweite Problemfeld ist das **Umweltproblem** und hier insbesondere die Klimaproblematik. Die Ursachen und Folgen des Treibhauseffekts, der zu dramatischen Veränderungen des Klimas führen kann, verlangen ebenfalls nach staatlichem Handeln. D. h., der Staat muss prüfen, welche Möglichkeiten er hat, um den Klimaveränderungen entgegenzuwirken.

2 Herausforderung Arbeitslosigkeit

Formen der Arbeitslosigkeit

Es gibt unterschiedliche Gründe für Arbeitslosigkeit und damit verbunden verschiedene Formen der Arbeitslosigkeit.
Wir wollen uns zunächst einige Fälle/Beispiele von Arbeitslosigkeit anschauen und dann die unterschiedlichen Formen benennen:

Q

Fall 1:
Beate H. hat eine abgeschlossene Ausbildung als Schneiderin. Bis vor einem Jahr war sie bei einem Mindener Textilunternehmen beschäftigt. Weil die Produktionskosten in Asien deutlich niedriger sind als hier, wurde die gesamte Produktion dorthin verlagert. Jetzt hat sie keine Arbeit und muss sehen, wo sie bleibt, denn in Deutschland gibt es nicht mehr so viele Textilunternehmen. Sie sagt: „Man liest ja überall, dass die Arbeitslosigkeit wieder zunimmt, nachdem sie ja eine ganze Zeit zurückgegangen ist.“

Quelle: nach: http://material.lo-net2.de/europa/.ws_gen/?21

Bei Beate H. handelt es sich um strukturelle Arbeitslosigkeit. Sie ist langfristig und hat verschiedene Ursachen:

Strukturveränderungen der Wirtschaft/
Strukturmerkmale der Wirtschaft

Technologische Änderungen:
Wenn z. B. die menschliche Arbeitskraft durch moderne Technologien ersetzt wird. Das wird Rationalisierung genannt.

Veränderungen des Wirtschaftsraums:
Z. B. in wirtschaftlich schwächer entwickelten Gebieten, wie etwa in den neuen Bundesländern oder im Bayerischen Wald.

Fehlende Qualifikation der Arbeitskräfte:
Wenn Arbeitsplätze vorhanden sind, die Arbeitssuchenden aber nicht entsprechend qualifiziert sind, d. h., wenn die Qualifikationen von Arbeitskräften und die Anforderungen der offenen Stellen nicht übereinstimmen.

Veränderungen durch Kosteneinsparungen:
Veränderungen durch Kosteneinsparungen: Wenn z. B. die Textilproduktion oder die Automobilproduktion aus Kostengründen an andere Standorte, z. B. ins Ausland, verlagert wird. Aus Kostengründen wird auch rationalisiert.

Q **Fall 2:**
Martin K. ist Maurer. Auf dem Bau läuft aber in den Wintermonaten nicht viel. Deshalb hat er seit November keinen Job mehr. Er sagt: „Man kann echt froh sein, wenn man Arbeit hat. Ich hoffe, dass ich im Frühjahr wieder eine Stelle auf dem Bau finde."

Vielleicht finde ich in den Wintermonaten einen anderen Job.

Martin K. auf dem Bau

Quelle:
nach: http://material.lo-net2.de/europa/.ws_gen/?21

Bei Martin K. liegt saisonale Arbeitslosigkeit vor. Die **saisonale Arbeitslosigkeit** hat ihre Ursache z. B. in jahreszeitlich bedingten Witterungsänderungen oder in der saisonal bedingten Nachfrage. Sie ist kurzfristiger Natur. Diese Form der Arbeitslosigkeit ergibt sich vor allem in Branchen, deren Tätigkeiten stark von jahreszeitlichen Schwankungen abhängen, wie z. B. in der Landwirtschaft, dem Gaststättengewerbe, der Touristikindustrie oder dem Baugewerbe.

Die Beschäftigung im Baugewerbe hängt stark von der Jahreszeit ab.

Quelle für Fall 3 und 4: nach: http://material.lo-net2.de/europa/.ws_gen/?21

Sara L.

Fall 3:
Sara L. war in einem Chemiekonzern in Leverkusen als Chemikantin beschäftigt. Da sie geheiratet hat und ihr Mann in Hannover arbeitet, hat sie ihr Arbeitsverhältnis in Leverkusen zum 31.12.2008 gekündigt. Am 1. Februar 2009 wird bei einem Chemieunternehmen in Hannover eine Stelle in der Produktion von Lösungsmitteln frei, die sie antreten wird. Frau K. hat sich von ihrem Sachbearbeiter im Job-Center verabschiedet.

Sara L. ist von sogenannter **friktioneller Arbeitslosigkeit** betroffen. Von friktioneller Arbeitslosigkeit spricht man, wenn bei einem Arbeitsplatzwechsel zwischen dem bisherigen und dem neuen Arbeitsplatz nur ein kurzfristiger Zeitraum liegt.

Mehmet B.

Fall 4:
Mehmet B. hat bis Juli letzten Jahres in einem Betrieb, der Möbel herstellt, gearbeitet. Aufgrund der schlechten wirtschaftlichen Lage in Deutschland wurden immer weniger Möbel nachgefragt. Die Produktion wurde daraufhin reduziert und einem Teil der Belegschaft, so auch Herrn B., gekündigt. Er hofft nun, dass sich die Situation in Deutschland mittelfristig wieder verbessert und verstärkt Möbel nachgefragt werden. Dann sieht er für sich auch wieder Chancen für eine Anstellung.

Bei Mehmet B. liegt konjunkturelle Arbeitslosigkeit vor. Die **konjunkturelle Arbeitslosigkeit** hat ihre Ursache in der allgemeinen Abschwächung der wirtschaftlichen Tätigkeit. Die Nachfrage in einem Land nach Produkten und Dienstleistungen geht zurück. Dies führt dazu, dass auch die Produktion verringert wird und Arbeitskräfte entlassen werden müssen. Die konjunkturelle Arbeitslosigkeit ist in der Regel von mittlerer Dauer.

INFO

Die **Arbeitslosenquote** ist der Anteil der Arbeitslosen an der Gesamtzahl der Erwerbspersonen. Sie zeigt an, wie die Situation auf dem Arbeitsmarkt ist.

1. Stellt fest, wie hoch die Arbeitslosenquote derzeit in Niedersachsen ist. Sucht bei http://statistik.arbeitsagentur.de/statistik/index.php.
2. Ermittelt unter der in Aufgabe 1 angegebenen Adresse, wie sich die Arbeitslosigkeit in den letzten Jahren in der Bundesrepublik entwickelt hat.
3. Arbeitet die Formen der Arbeitslosigkeit mithilfe der Beispiele durch und nennt weitere Beispiele, die ihr kennt oder die ihr euch vorstellen könnt.
4. Helft Mehmet B.: Wie war das noch mit Arbeitslosengeld I und II?
5. Zähle auf, wodurch sich die konjunkturelle von der strukturellen Arbeitslosigkeit unterscheidet.

Die bisher beschriebenen Formen nennt man offene Arbeitslosigkeit. Eine **verdeckte Arbeitslosigkeit** liegt vor, wenn die Arbeitslosigkeit nicht gemeldet wird oder sich die Arbeitslosen in einer Maßnahme der Bundesagentur für Arbeit befinden.

B Sven hatte in der 8. Klasse völlig den Anschluss verpasst. Die Scheidung seiner Eltern bereitete ihm große Probleme und er versuchte sich mit allem möglichem abzulenken. Nur spielten die Schule und ein erfolgreicher Abschluss keine Rolle mehr bei ihm. Er brach am Ende der 9. die Hauptschule ohne Abschluss ab. Nun stand er ohne Abschluss da. Er hatte seine Schulpflicht aber auch noch nicht erfüllt, sodass er zunächst in eine Fördermaßnahme der Arbeitsagentur kam und danach in das Berufsvorbereitungsjahr.

Da er im Anschluss daran keinen Ausbildungsplatz bekam und auch eigentlich gar keinen wollte, machte er wieder einen Förderlehrgang und kam, da er auch jetzt keinen Ausbildungsplatz im dualen System fand, in eine außerbetriebliche Ausbildung. Diese Ausbildung schloss er ab, bekam allerdings danach keinen Arbeitsplatz und war längere Zeit arbeitslos.

INFO

Außerbetrieblich sind die Ausbildungsverhältnisse, die mit öffentlichen Mitteln, z. B. der Bundesagentur für Arbeit, finanziert werden. Als **betrieblich** gelten die Ausbildungsverhältnisse, bei denen die Finanzierung (des betrieblichen Teils der dualen Ausbildung) durch die Ausbildungsbetriebe erfolgt.

Ursachen der Arbeitslosigkeit

- z. B. Arbeitsplatzwechsel
- z. B. zurückgehende Nachfrage
- z. B. jahreszeitliche Schwankungen des Arbeitsangebots
- z. B. Strukturveränderungen
- z. B. Teilnahme an einer Maßnahme der Bundesagentur für Arbeit (verdeckte Arbeitslosigkeit)

1. Stelle dar, welche Formen der Arbeitslosigkeit eher Ursachen haben, die in der Person liegen, und welche eher wirtschaftliche Ursachen haben, die nicht in der einzelnen Person liegen. ○

2. a) Bei http://statistik.arbeitsagentur.de/statistik/index.php kannst du die Arbeitslosenquote in den Bundesländern ermitteln. Erstelle eine Tabelle mit den Bundesländern und den Arbeitslosenzahlen oder -quoten und vergleiche. ◒
b) Schreibe auf, wie sich die Arbeitslosigkeit in den verschiedenen Bundesländern darstellt. ◒

3. Erkläre, wann man von verdeckter Arbeitslosigkeit spricht. Beachte das oben stehende Beispiel. ◒

Folgen der Arbeitslosigkeit

Arbeitslosigkeit kann für die Betroffenen zum Teil erhebliche Folgen haben: Da ist zunächst der Verdienstausfall, der zu Einschränkungen beim Konsum (Kleidung, Ernährung), bei der Mobilität (wenn man sich z. B. kein Auto mehr leisten kann), sowie zu hohen Schulden führen kann.

Aber genauso wichtig sind auch die psychischen, die sozialen Faktoren, die mit dem Verlust der Arbeit verbunden sind. Keine Beschäftigung heißt, seine Fähigkeiten nicht anzuwenden zu können, keine neuen Fertigkeiten zu lernen, keine sozialen Kontakte mit den Arbeitskollegen zu haben. Manches davon kann ersetzt werden, etwa durch ehrenamtliche Tätigkeiten, mehr Kontakte im Privatbereich oder die ausgedehnte Pflege von Hobbys. Doch in unserer Gesellschaft hat die Erwerbsarbeit eine sehr hohe Bedeutung. Sie kann Selbstbewusstsein, Zufriedenheit geben, die Selbstachtung fördern.

Die finanziellen und die sozialen und psychologischen Probleme sind bei den sogenannten Langzeitarbeitslosen – das heißt, Personen, die schon länger als ein Jahr nach einer neuen Beschäftigung suchen – noch stärker ausgeprägt als bei den kurzfristig Arbeitslosen. Je älter die Langzeitarbeitslosen sind, desto ausgeprägter können die Begleitprobleme werden.

Ein weiteres Problem ist die Gesundheit. Hier ist der durchschnittliche Gesundheitszustand von Langzeitarbeitslosen nach Untersuchungen nicht nur schlecht, sondern er verschlechtert sich häufig im Verlauf der Arbeitslosigkeit.

Folgen der Arbeitslosigkeit

finanzielle Folgen: weniger oder eingeschränktes Einkommen

soziale Folgen: eingeschränkte Aktivitäten und Kontakte mit Freunden, Bekannten

psychologische Folgen: Gefühl, nicht mehr gebraucht zu werden, schlechtere Gesundheit

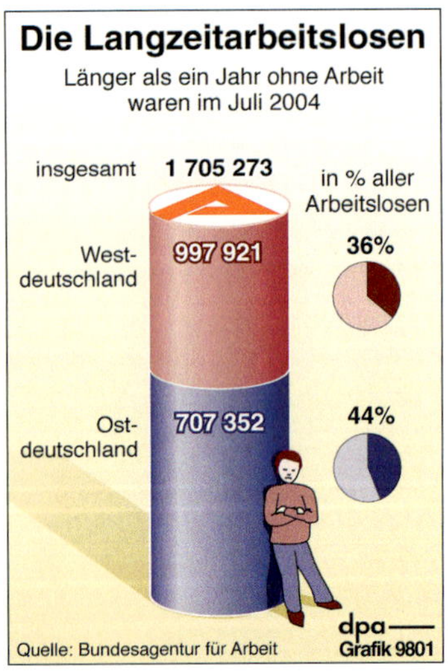

1. Arbeitslose können in zwei Gruppen eingeteilt werden: Jene, die nach dem Jobverlust rasch wieder eine neue Stelle finden, und jene, die lange keinen neuen Arbeitsplatz mehr finden. Das sind die Langzeitarbeitslosen.
Begründe: Aus welcher Form der Arbeitslosigkeit entsteht am ehesten Langzeitarbeitslosigkeit? Beachtet den Fall 1 auf den Seiten 128 und 129.

Was macht der Staat, um Jugendliche vor Arbeitslosigkeit zu schützen?

Jugendliche können arbeitslos werden, weil
- sie nach der Schule keinen Ausbildungsplatz finden,
- keine schulische Berufsausbildung beginnen,
- ihre Ausbildung abbrechen,
- keinen neuen Ausbildungsplatz finden oder suchen,
- sie nach der Ausbildung keinen Arbeitsplatz bekommen.

Aber viele Unternehmen haben auch Probleme ihre Ausbildungsplätze mit den „richtigen" Personen zu besetzen. Sie berichten aus Einstellverfahren, dass viele Schulabgänger nicht über die grundlegenden Qualifikationen verfügen, die für einen Übergang in Ausbildung und Beschäftigung unerlässlich sind. Es wird festgestellt, dass Jugendliche zu wenig von der Arbeits- und Berufswelt kennen und deshalb nicht wissen, welche Anforderungen sie dort erwarten und sie erfüllen müssen.
Deshalb können beispielsweise trotz Ausbildungsplatzmangel manche Plätze unbesetzt bleiben.

Wie sich die zukünftige Entwicklung ergeben wird, kann heute mit Gewissheit niemand sagen. Da eine gute Ausbildung aber immer noch der beste Schutz vor Arbeitslosigkeit ist, wird der Staat zusammen mit Unternehmen immer versuchen müssen, dafür Sorge zu tragen, wie Jugendlichen ein Ausbildungsplatz gesichert werden kann.

Welche Bedeutung Ausbildung hat, beschreibt der Zentralverband des deutschen Handwerks:

Q Die Ausbildung muss als Investition in die Zukunft des Betriebes verstanden werden. Ausbildung ist wichtig, um die Wettbewerbsfähigkeit des Betriebes zu sichern. Gerade in Krisenzeiten ist verstärkte Ausbildung der richtige Weg, die qualifizierten Mitarbeiter von morgen schon heute bei geringen Kosten an das Unternehmen zu binden. Ausbildung hilft auch zu vermeiden, dass mögliche Aufträge und Geschäftschancen nicht realisiert werden können, weil dafür die richtigen Fachkräfte fehlen.

Quelle:
ZDH: Infoflyer „Wir denken voraus ... Wir bilden aus.", Berlin, August 2004

Der Staat unterstützt aber natürlich nicht nur Jugendliche sondern alle Arbeitslosen, wie ihr auch im Kapitel III Soziale Marktwirtschaft sehen konntet. Auf den beiden nächsten Seiten soll es aber um Maßnahmen gehen, die sich an Jugendliche richten.

1. Stellt die Aussagen des Zentralverbandes des deutschen Handwerks in eigenen Worten dar. ○

Eine PowerPoint-Präsentation: Wie versucht der Staat die Jugendarbeitslosigkeit zu bekämpfen?

In Deutschland wird die Bevölkerung regelmäßig befragt, was den Menschen die größte Sorge bereitet. Unabhängig davon, wie die aktuellen Entwicklungen auf dem Arbeitsmarkt sind, ist seit vielen Jahren die Arbeitslosigkeit die größte Sorge der Deutschen.

Für den Staat muss es immer das Ziel sein, einen hohen Beschäftigungsstand zu fördern, damit auch die Jugendarbeitslosigkeit gering gehalten werden kann.

Eure Aufgabe ist es, eine PowerPoint-Präsentation zu gestalten, mit der erklärt wird, mit welchen Maßnahmen der Staat das zu erreichen versucht. Die Zielgruppe für die Präsentation sollen eure Mitschüler und eure Lehrkraft sein.

Infos sammeln

1. Informationen sammeln

Informationen zu den Bildungsgängen, mit denen der Staat Jugendlichen zu einer Ausbildung verhelfen will, findet ihr bei folgenden Einrichtungen:

- bei der Bundesagentur für Arbeit (BA),
- beim Berufsinformationszentrum (BIZ),
- im Internet, z. B. auf der Seite der BA, des Bundesinstituts für Berufsbildung (BIBB).
- Und auch bei Bundesministerien, wie dem Bundesministerium für Bildung und Forschung (BMBF) oder dem Bundesministerium für Wirtschaft und Technologie (BMWi) lassen sich viele Informationen finden.

Diese Maßnahmen vermitteln eine berufliche Grundbildung, aber keine vollwertige Berufsausbildung. Die Bedeutung dieser Angebote hat in den letzten Jahren stark zugenommen. Sie werden auch als **teilqualifizierende Bildungsgänge** bezeichnet. Dazu gehören:

Berufsvorbereitende Bildungsmaßnahmen der BA (BvB)

Beim Bundesministerium für Bildung und Forschung findet man z. B. den folgenden Hinweis und weitere Informationen zu den unten genannten Maßnahmen: „Wenn du nach der Schule noch nicht hundertprozentig fit bist in Fächern, die für bestimmte Berufsausbildungen wichtig sind, kannst du das mit berufsvorbereitenden Bildungsmaßnahmen ausgleichen. Das Gleiche gilt für diejenigen, die die Schule ohne Abschluss verlassen haben, was oft zu Schwierigkeiten führt, einen passenden Ausbildungsberuf zu finden."

Sucht im Internet nach den folgenden Bildungsmaßnahmen:

- Schulisches Berufsvorbereitungsjahr (BVJ)
- Berufsgrundbildungsjahr (BGJ)
- Teilqualifizierende Berufsfachschule (BFS)
- Einstiegsqualifizierung Jugendlicher (EQ)

INFO

Informationsadressen sind z. B.
- www.bmbf.de/de/4969.php
- www.kursnet.arbeitsagentur.de
- www.arbeitsagentur.de

Stichworte: Berufliche Grundbildung – Berufsvorbereitung – Berufliche Grundqualifikation

2. Informationen auswerten

Wenn ihr die Informationen zu den Maßnahmen auswertet, könnt ihr euch an folgenden Fragen orientieren:

- Wer ist der Träger der Maßnahme, wer führt sie durch?
- An wen richtet sich die Maßnahme, wer kann teilnehmen?
- Welches Ziel wird mit der Maßnahme verfolgt (z. B. berufliche Teil- oder Grundqualifikationen erwerben)?
- Welche Voraussetzungen müssen erfüllt sein (z. B. schlechter oder auch kein Schulabschluss)?
- Wie lange dauert die Maßnahme? Wo und wie wird sie durchgeführt (z. B. als Praktikum von 6–12 Monaten)?
- Gibt es eine finanzielle Unterstützung (für die Jugendlichen, für das Unternehmen)?

Diesen Fragen sind eine Hilfe, um die Informationen zu untersuchen.

3. Vortrag gestalten

Hier sind einige Regeln zur Gestaltung von PowerPoint-Präsentationen:

- Die Folien sollten nicht mit Text und Bildern überladen werden.
- Wählt eine große Schrift, damit man sie auch von Weitem lesen kann.
- Lest den Text nicht vor, das können die Zuschauer allein. Gestaltet euren Vortrag spannend!
- Präsentiert wenig Text und viele Bilder. Ihr könnt zwischen die Textfolien ganzseitige Bilder einfügen. Wenn ihr dann ein paar mündliche Informationen dazugebt, wird der Vortrag lebendig.
- Habt Mut zum Humor. Eine witzige Karikatur lockert euren Vortrag auf.

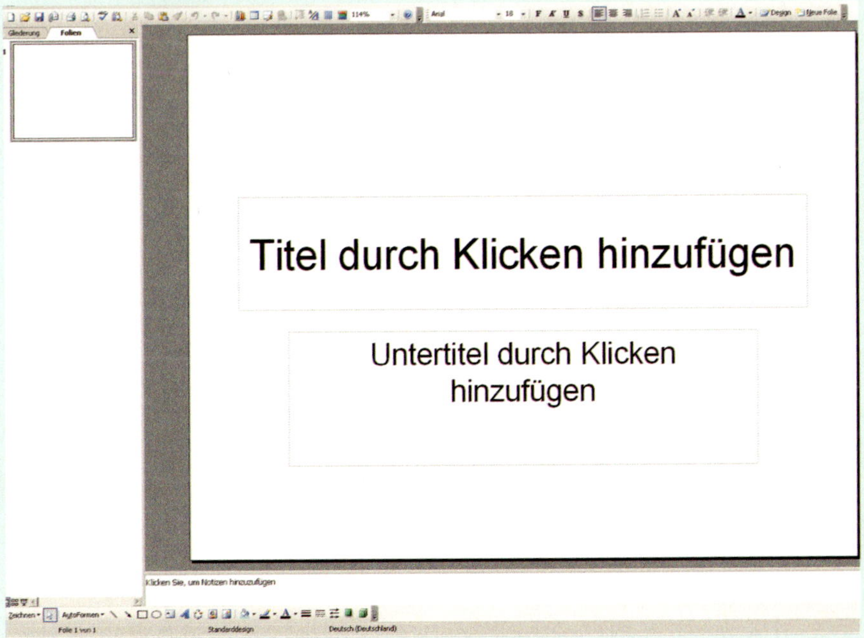

Infos auswerten

Vortrag gestalten

INFO

Mit den Befehlen „Start/Programme/Microsoft PowerPoint“ und „Einfügen/Neue Folie“ seid ihr bei dem nebenstehenden Bild. Anschließend geht es mit „Folienlayout/Neue Präsentation“ weiter.

3 Umwelt und Energie

INFO

Emission
Aussendung von Störfaktoren in die Umwelt

Eine weitere große Herausforderung für unsere Wirtschaftsordnung ist die Auseinandersetzung mit dem Umwelt- und Energieproblem. Umweltbelastung und Umweltschutz hängen insbesondere mit der Emission von Schadstoffen zusammen, die die Aufnahmefähigkeit der Luft, des Wassers und des Bodens übersteigen. Emissionen sind alle Abfälle in fester, flüssiger oder gasförmiger Form. Diese Emissionen können wiederum für Umweltbeeinflussungen sorgen, die insbesondere für die Menschen eine Gefahr darstellen können. Der Klimawandel ist so eine Gefahr.

INFO

Die energiebedingten CO_2-Emissionen in Deutschland betrugen bei den festen Brennstoffen:
1990: 508,5 Mill. t
2006: 322,7 Mill. t
(www.bmwi.de/BMWi/Navigation/Energie/energiestatistiken, did=176574.html)

Zu den Wundern dieser Welt gehört die Atmosphäre, die das Leben auf unserem Planeten überhaupt erst möglich macht. Die besondere Zusammensetzung der Atmosphäre bewirkt u. a., dass die Temperatur auf der Erdoberfläche auf einem Niveau bleibt, auf dem sich unsere Lebenswelt entfalten kann. Diese Wirkung beruht auf dem sogenannten natürlichen Treibhauseffekt, der durch Spurengase verursacht wird, die in der Atmosphäre enthalten sind. Diese Gase sind hauptsächlich Kohlendioxid, Wasserdampf, Methan und geringe Mengen anderer, die insgesamt nur einen sehr geringen Teil der Masse der Atmosphäre ausmachen. Sie verhindern einen Teil der Wärmerückstrahlung von der Erdoberfläche in das All. So herrscht auf der Erde keine eisige Weltraumkälte, sondern Temperaturen, die Leben ermöglichen.

Mithilfe der Grafik kann der vom Menschen verursachte Treibhauseffekt erklärt werden: Durch vielfältige Aktivitäten entstehen Treibhausgase, die die Wärmeabstrahlung von der Erde verringern. Die Erdatmosphäre heizt wie in einem Treibhaus auf. Es können sich also Klimaänderungen und deren Folgen einstellen.

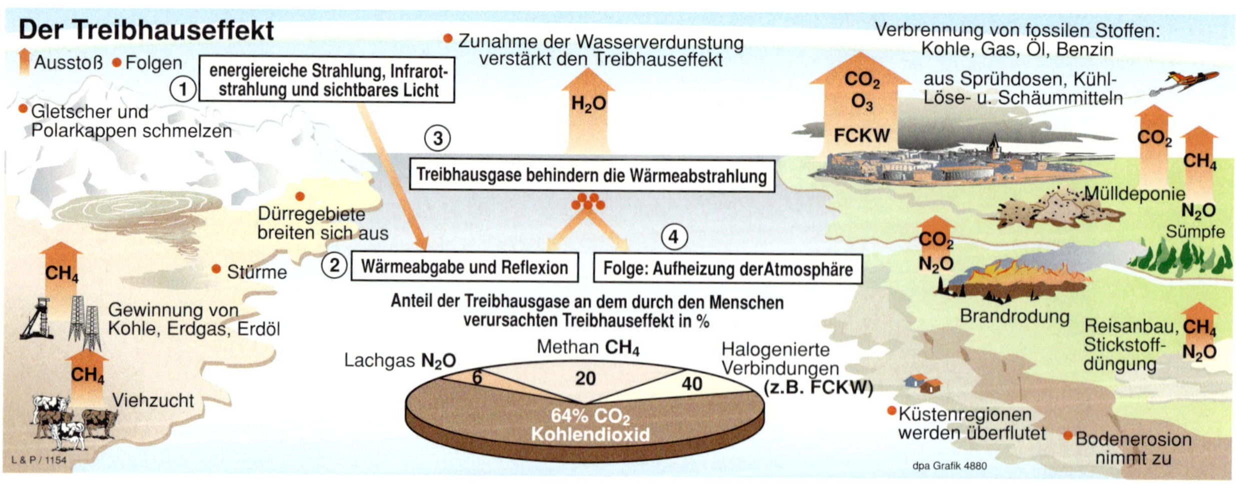

1. Erkläre den natürlichen Treibhauseffekt mit deinen eigenen Worten.

Q In Deutschland ist Umweltschutz sogar zum Staatsziel geworden und in Artikel 20a des Grundgesetzes festgeschrieben: Staatszielbestimmung Umweltschutz. Der Staat schützt auch in Verantwortung für künftige Generationen die natürlichen Lebensgrundlagen im Rahmen der verfassungsmäßigen Ordnung durch die Gesetzgebung und nach Maßgabe von Gesetz und Recht durch die vollziehende Gewalt und die Rechtsprechung.

Quelle:
Grundgesetz, Artikel 20a

Wirtschaftliche Aktivitäten des Menschen verursachen Umweltbelastungen und -schäden wie den Klimawandel. Über viele Jahrzehnte galt, dass Wirtschaftswachstum (Ansteigen des Bruttoinlandsprodukts, BIP) mit vermehrtem Energieverbrauch und dementsprechend auch mit höheren Emissionen verbunden war. Dieser Zusammenhang ist relativ einfach zu begründen: Ein Wachstum des BIP bedeutet, dass in einer Volkswirtschaft in einem Jahr mehr Güter und Dienstleistungen produziert werden als in dem vergangenen Jahr. Um zu produzieren, wird Energie benötigt, um mehr zu produzieren, wird mehr Energie benötigt. Deshalb muss das Wachsen der Wirtschaft nicht nur positive Auswirkungen haben, sondern ist auch mit negativen Folgen verbunden, wie beispielsweise mit erhöhten Emissionen von Treibhausgasen.

INFO

Wer mehr über den Klimawandel wissen möchte, kann sich hier informieren: www.bmu.de/publikationen/bildungsservice/bildungsmaterialien/sekundarstufe/schueler/doc/41991.php

In Deutschland hat sich der Energieverbrauch seit 1990 deutlich verringert. Beispielsweise haben neue Technologien in der Energieerzeugung und dem Energieverbrauch dazu geführt, dass sich in Deutschland der Ausstoß der CO_2-Emissionen, die wesentlich zum Treibhauseffekt beitragen, deutlich verringert hat. Beispiele dafür sind verbesserte Filteranlagen und sparsamere Automotoren.

Der Energieverbrauch pro Kopf in den europäischen Ländern unterscheidet sich zum Teil erheblich. In Norwegen, Schweden und Finnland ist beispielsweise der Strom vergleichsweise billig: Die Skandinavier produzieren große Mengen kostengünstig mit Wasserkraft, ohne CO_2-Emissionen. Da ist Stromsparen nicht angesagt. Den geringsten Stromverbrauch melden Portugiesen, Griechen und Italiener. In den Mittelmeerländern ist es heller und wärmer als in Nordeuropa. Es existiert auch weniger Industrie und viele Menschen leben auf dem Land. Sie kommen mit weniger elektrischem Strom aus. Der Strompreis ist dort deutlich höher.

1. In der Alltagssprache verwenden wir häufig den Begriff „Energieverbrauch". Energie kann nicht verbraucht, sondern nur umgewandelt werden, z. B. Strom in Wärme. Deshalb lautet der korrekte Begriff „Energiebedarf". Im privaten Haushalt werden drei Bereiche unterschieden, in denen Energiebedarf besteht: Kraftstoffe (z. B. Auto), Strom (z. B. Klein- und Großgeräte, Licht) und Wärme (z. B. warmes Wasser, Heizung). Wo besteht deiner Meinung nach der größte Energiebedarf?

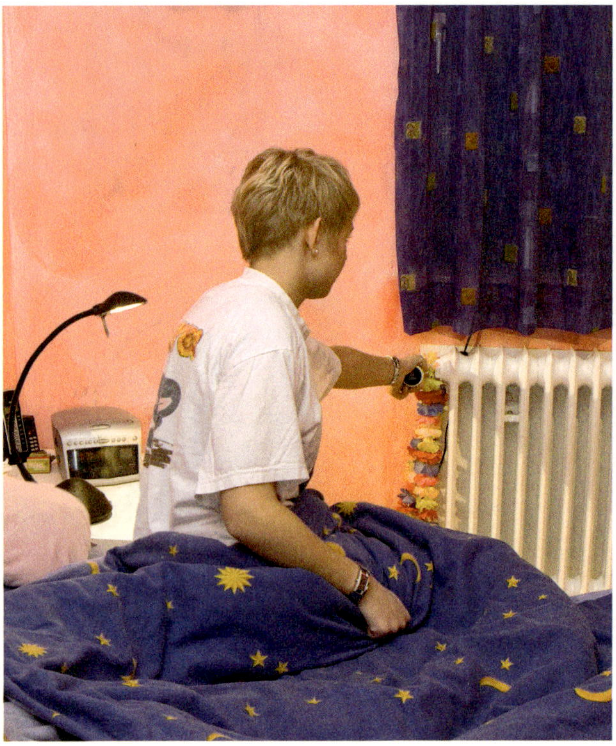

Aber auch in ganz praktischer, unmittelbarer Sicht kann die Bedeutung, der Energie für das Leben in einer Industrienation wie Deutschland deutlich gemacht werden:

B

Sabines (Energie-)Tagesablauf

Sabine ist eine 15-jährige Hauptschülerin aus Emden, die in die 9. Klasse geht. Wenn keine Ferien sind, klingelt jeden Morgen von Montag bis Freitag um 6 Uhr der Wecker. Natürlich klingelt er nicht, sondern es erklingt zum Wecken Musik aus dem Radiowecker.

Sabine steht auf, macht das Licht und die Heizung an, stellt für ihren Tee den Wasserkocher an und wünscht ihrer Mutter, ihrem Vater und ihrem Bruder, die auch schon aufgestanden sind, einen guten Morgen. Der Bruder hat schon die Kaffeemaschine eingeschaltet.

Sie bittet ihre Mutter, ihr den Tee aufzugießen, und geht dann in das Badezimmer, putzt sich die Zähne mit der elektrischen Zahnbürste, wäscht sich mit warmem Wasser die Haare und bringt sie mit dem Föhn in Form. Kaffee und Tee sind inzwischen fertig und der Toast getoastet, sodass gefrühstückt werden kann, mit Musik aus dem Radio.

Nach dem Frühstück fährt Sabine mit dem Bus in die Schule, die von der Nachtheizung auf die Tagesheizung umgestellt ist, sodass die Schülerinnen und Schüler in eine warme Schule kommen.

In der ersten Stunde hat sie Wirtschaft. Das Stundenthema heute ist: „Von der Primärenergie zur ‚Nutzenergie'".
Bis zum Abend entfaltet Sabine dann noch viele andere Aktivitäten. Dann schaut sie noch etwas Fernsehen und nach dem Zähneputzen und Waschen liegt Sabine um 10 Uhr im Bett. Sie liest noch etwas, schaltet dann ihren Radiowecker ein und wenn keine Ferien sind, klingelt jeden Morgen von Montag bis Freitag um 6 Uhr der Wecker. Natürlich klingelt er nicht wirklich, sondern es erklingt zum Wecken Musik aus dem Radiowecker …

Wie wir an Sabines (Energie-)Tagesablauf sehen können: Auch wenn es uns manchmal kaum bewusst ist, unser aller Leben ist in starker Weise mit dem Begriff „Energie" verbunden. Ohne Energie funktioniert beinahe nichts mehr. Energie ist Wärme und Licht. Energie sorgt für Bewegung. Ob wir mit dem Auto fahren, die Kaffeemaschine einschalten oder unsere Wohnung heizen – immer ist Energie die treibende Kraft.

1. Ergänze die fehlenden Aktivitäten in Sabines Tagesablauf. Wo ist dabei Energie im Spiel? ○

2. Ihr sollt gemeinsam eine Geschichte schreiben. Überschrift: Ein (Energie-) Tag in meiner Stadt/meinem Dorf. Die Geschichte könnte so beginnen: In der Morgendämmerung verlöscht langsam die Straßenbeleuchtung, in den Häusern werden die Fenster hell … ○

Alternative Energiequellen im Energiemix

Mit dem neuen Jahrhundert hat das Zeitalter der erneuerbaren Energiequellen begonnen. So könnten laut einer Studie des Umweltbundesamtes schon Mitte des Jahrhunderts 50 % des gesamten elektrischen Energiebedarfs aus erneuerbaren Energiequellen wie Wasserkraft, Windenergie, Solarenergie und Bioenergie gedeckt werden.

Um die Energieversorgung in Zukunft sicherzustellen, müssen die erneuerbaren Energiequellen stärker genutzt werden. Der Wind ist so eine Energiequelle. Er treibt die Rotorblätter moderner Windkraftanlagen an und erzeugt dadurch Strom. Windkraftanlagen werden vor allem an der Küste und in Mittelgebirgen gebaut.

Bei der Nutzung der Sonnenenergie stehen wir noch am Anfang. Unterschiedliche Techniken wurden inzwischen entwickelt, sie sind aber noch nicht ausgereift und werden fortlaufend verbessert.

Von großer Bedeutung ist der sogenannte **Energiemix**. Darunter versteht man, dass unser Energiebedarf nicht nur aus einer Quelle gedeckt wird, sondern viele unterschiedliche Primärenergieträger zur gesamten Energieversorgung beitragen. Durch einen möglichst breitgefächerten Mix besteht keine Abhängigkeit von einer bestimmten Energiequelle. Die nebenstehende Abbildung zeigt den deutschen Energiemix.

INFO

Ein **Rotor** ist der sich drehende Teil einer elektrischen Maschine.

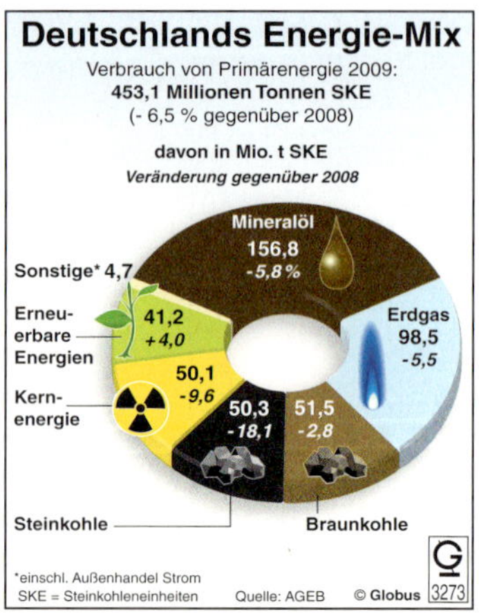

Einige der hierzulande eingesetzten Energieträger dienen der Strom- und Wärmeerzeugung, andere fließen z. B. in das Verkehrswesen oder in industrielle Produktionsprozesse.

Die Bundesregierung hat sich zum Ziel gesetzt, den Strombedarf im Jahre 2020 zu mindestens 30 % aus erneuerbaren Energiequellen zu decken. Der Anteil soll in den Jahren danach fortlaufend gesteigert werden. Damit will Deutschland nicht nur unabhängiger von ausländischen Energielieferanten werden, sondern auch im Inland Arbeitsplätze schaffen und einen Beitrag zum Umweltschutz leisten.

1. Führe folgendes Experiment durch: Zwei schwarze Filmdöschen mit Wasser füllen. Über eins ein Wasserglas stülpen, in die Sonne stellen, alle 3 Minuten die Temperatur messen und in eine Tabelle eintragen. Liefert dieses Experiment ein Argument zur Unterstützung des Ziels den Klimawandel zu verringern oder sogar zu verhindern? Erkläre und begründe. Weitere Informationen zu diesem Thema findest du unter: www.bmu.de.

2. Deutschland hat einen Kohlenstoffdioxidausstoß von 897 Mio. t pro Jahr und eine Bevölkerung von 82 Millionen. China hat einen Kohlenstoffdioxidausstoß von 4 732 Mio. t pro Jahr und eine Bevölkerung von 1 296 Millionen. Rechnet den Pro-Kopf-Verbrauch beider Länder aus und erklärt den Unterschied.

Umweltpolitik

Wie gelingt es dem Staat, Menschen dazu zu bringen, sich umweltschonend zu verhalten? Ganz einfach, könnte man meinen: Man verbietet das umweltschädigende Verhalten. Wer sich eben umweltschädigend verhält, bekommt eine Strafe: eine Ermahnung, eine Geldstrafe oder in schlimmen Fällen sogar eine Haftstrafe.
Ganz so einfach ist es natürlich nicht. Wenn man etwas verbietet, muss man auch kontrollieren, ob die Verbote eingehalten werden. Das verursacht einen großen Aufwand und nicht zuletzt auch Kosten. Und: Werden alle Übeltäter erwischt?

In Deutschland haben wir zahlreiche Umweltgesetze in vielen Rechtsbereichen und sehr viele verschiedene Bestimmungen. Diese Gesetze sind in unterschiedlicher Weise wirksam. Sie schreiben etwas vor, z. B. wie Müll getrennt werden muss (Kreislaufwirtschafts- und Abfallgesetz), oder sie legen sogenannte Grenzwerte fest, z. B. wie viel Nitrate höchstens im Trinkwasser sein dürfen (Wasserhaushaltsgesetz), oder sie versuchen Anreize anderer Art zu schaffen, mit der Umwelt sorgsam umzugehen.

INFO

Ein **Anreiz** ist das, was einem an Positivem oder Negativem versprochen wird. Daher können Anreize dazu auffordern, bestimmte Handlungen auszuführen oder zu unterlassen.

In der Umweltpolitik, welche die Umweltgesetze macht, beschäftigt man sich mit der Frage, welche Anreize am besten dafür sorgen, dass Menschen sich umweltschonender verhalten. Das betrifft die Bürgerinnen und Bürger, Politikerinnen und Politiker sowie Führungskräfte in Unternehmen. Alle tragen Verantwortung für ihre Handlungen und deren Auswirkungen.

1. Ermittle mindestens zehn Gesetze zum Schutz der Umwelt. Das BMU ist dafür eine gute Quelle. ○

CO_2-Emissionshandel

In Europa versucht man die Verringerung der CO_2-Emissionen durch den sogenannten CO_2-Emissionshandel zu erreichen.

Q [...] das System scheint einfach und effektiv zugleich. Die Politik legt Emissionsgrenzen fest. Kraftwerke und größere Produktionsanlagen, die die ihnen zugestandenen Schadstoffmengen überschreiten, müssen Verschmutzungsrechte erwerben. Die können von Unternehmen kommen, die etwa dank Modernisierung von Anlagen unter ihr Limit gesunken sind und die damit Rechte frei haben [...] Ab Januar 2005 startet der Handel mit den Zertifikaten wie an einer Aktienbörse. Wer überzählige Rechte hat, kann diese verkaufen. Wer erweitert oder neu baut, muss kaufen.

Quelle:
nach: Nordwest-Zeitung, 05.03.2004, S. 5

Emissionshandel: So funktioniert's

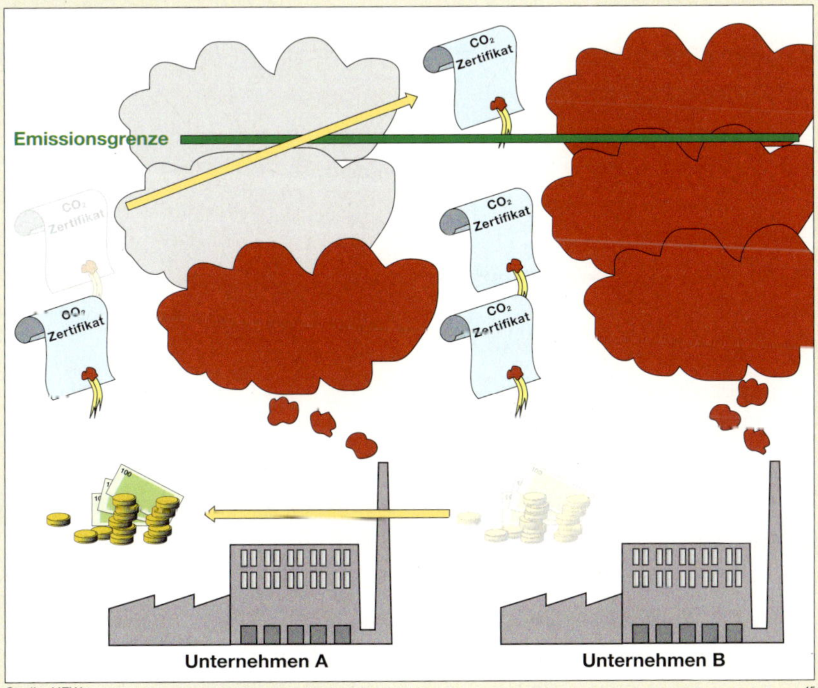

Quelle: HEW 454W

INFO

Zertifikat
Bescheinigung, Zeugnis

Q Der Bundesumweltminister hat angekündigt, den nationalen Zuteilungsplan für die zweite Runde des Emissionshandels ab 2008 deutlich zu verschärfen. Die Obergrenze für den erlaubten Kohlendioxid-Ausstoß soll von ursprünglich geplanten 482 Millionen Tonnen auf 465 Millionen Tonnen reduziert werden. Das bedeutet, dass zwischen 2008 und 2012 wesentlich weniger Emissionsrechte an die Handelsteilnehmer ausgegeben werden, als es im ersten Entwurf vorgesehen war. Ab 2013 werden die Emissionszertifikate auch nicht mehr kostenlos verteilt. Sie müssen ersteigert werden.

Quelle:
www.bmu.de

In diesem Kapitel habt ihr zwei besondere Herausforderungen für die soziale Marktwirtschaft genauer betrachtet. Zum einen kennt ihr jetzt Ursachen und Folgen der Arbeitslosigkeit, kennt die unterschiedlichen Formen der Arbeitslosigkeit (friktionelle, saisonale, konjunkturelle und strukturelle) und habt Jugendarbeitslosigkeit als ein für junge Leute schwerwiegendes Problem erkannt. Ihr könnt außerdem Maßnahmen des Staates benennen und beschreiben, mit denen er dem Problem der Arbeitslosigkeit entgegentritt.

Zum anderen wisst ihr um den Zusammenhang von Umwelt, Energie und Wirtschaft sowie Erderwärmung/Klimawandel und könnt begründen, warum Energiesparen heute notwendig ist. Ihr kennt Möglichkeiten der Politik und könnt erläutern, wie auf die in diesem Kapitel dargestellten Probleme reagiert wird.
Mit den folgenden Aufgaben könnt ihr euer Wissen überprüfen:

1. Erläutere mit eigenen Worten, welche Formen der Arbeitslosigkeit es gibt und was sie beinhalten. ◒

2. Diskutiere, welche Folgen Arbeitslosigkeit für die betroffenen Personen haben kann. ●

3. Beschreibt Beispiele für friktionelle, saisonale und strukturelle Arbeitslosigkeit. ○

4. Begründe, warum Arbeitslosigkeit nicht nur ein finanzielles Problem für die Betroffenen ist. ●

5. Diskutiert, welche Bedeutung die Berufsausbildung für den einzelnen Menschen und für die Unternehmen hat. ◒

6. Beurteile und erläutere: Die Gründe für Jugendarbeitslosigkeit können in der Person liegen. Es gibt aber auch Gründe, die nicht in der Person der Arbeitslosen liegen. ●

7. Beschreibe: Welche Maßnahmen gibt es, um Jugendlichen zu einer Berufsausausbildung zu verhelfen. Was wird in den Maßnahmen gemacht und an wen wenden sie sich? ○

8. Erkläre, wie sich Jugendliche vor Arbeitslosigkeit und vor allem vor Langzeitarbeitslosigkeit selbst schützen können. ◒

9. Beschreibe, welche Bedeutung der natürliche Treibhauseffekt für das Leben auf der Erde hat. Was wäre, wenn es ihn nicht gäbe? ○

Quelle:
Die Aufgabe 9 ist angeregt durch die BMU-Bildungsmaterialien: Klimaschutz und Klimapolitik

10. Erläutere, die Aussage der Karikatur und wie sie sich auf den Klimawandel beziehen lässt. ◒

11. Du hast gelernt, dass Kohlenstoffdioxid (CO_2) für den Treibhauseffekt von großer Bedeutung ist. Der Eintrag in die Atmosphäre durch die Nutzung fossiler Brennstoffe beträgt 6,3 Mrd. t/Jahr. Der Eintrag in die Atmosphäre durch Verbrennen von Biomasse (z. B. ein Waldbrand) beträgt 1,7 Mrd. t/Jahr. Die Speicherung in lebender Biomasse beträgt 2,4 Mrd. t/Jahr. Die Weltmeere nehmen pro Jahr 2,3 Mrd. Tonnen auf.
Stelle diesen Sachverhalt in einem Kreislaufschema dar. Rechne aus, wie viel Kohlenstoffdioxid in diesem Kreislauf „übrig" bleibt, also in die Atmosphäre abgegeben wird. ◒

Quelle:
Die Aufgabe 11 ist angeregt durch die BMU-Bildungsmaterialien: Klimaschutz und Klimapolitik

12. Versucht mithilfe der Grafik „Emissionshandel: „So funktioniert's" (S. 143) herauszufinden, wie in den folgenden Fällen verfahren wird. Begründet eure Entscheidungen. ●

a) Ein Unternehmen möchte seine Produktion ausweiten und wird dadurch mehr Schadstoffe emittieren, als ihm zustehen.

b) Ein neues Unternehmen mit CO_2-Emissionen will sich in der Region ansiedeln.

c) Der Staat verringert die Emissionsgrenze und damit auch die Verschmutzungsrechte.

13. Unternehmen versuchen Kosten zu vermeiden oder zu verringern, um Gewinne zu machen. Beschreibe, wie Unternehmen wohl reagieren, wenn sie für Emissionszertifikate zahlen müssen. ◒

14. Überlege: Welche anderen Umweltgesetze kennst du außer den in diesem Kapitel genannten? ○

VIII Wirtschaften ist international

Ihr seid beim letzten Kapitel des Buches angelangt. Es bildet den Abschluss des Themenfeldes „Ökonomisches Handeln regional, national, international". Ihr wisst schon einiges über die Verflechtungen der Wirtschaft in Deutschland mit dem Ausland.
Nun lernt ihr, was die Europäische Union für jeden Einzelnen von uns bedeutet und warum die Wirtschaft die ganze Welt umfasst.

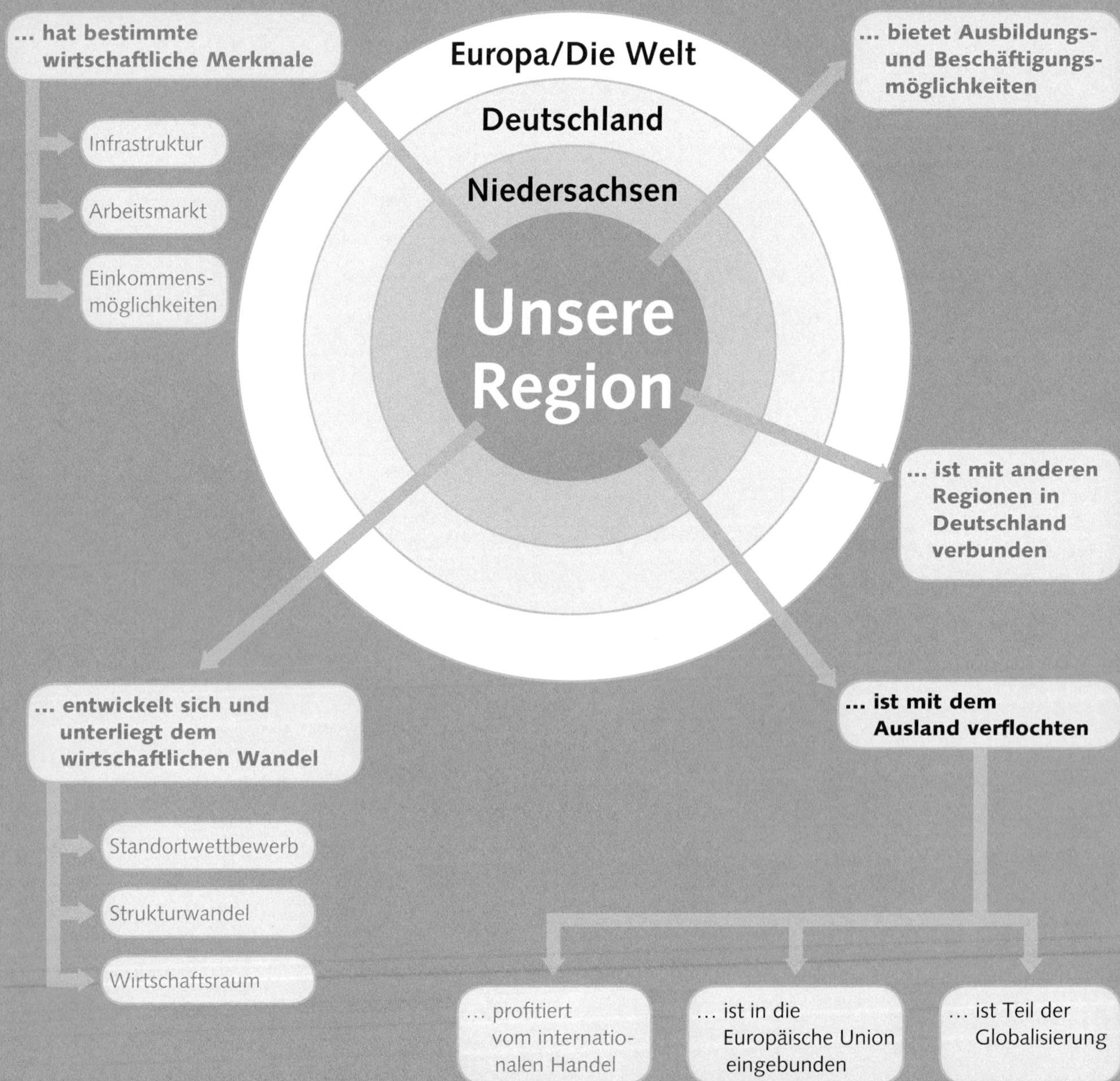

KOCKS
1

LAVIDA 朗逸
LAVIDA 朗逸

ANOTHER WORLD
POSSIBLE

INFO

Bruttoinlandsprodukt
Gesamtwert aller Güter (Waren und Dienstleistungen), die innerhalb eines Jahres innerhalb der Landesgrenzen einer Volkswirtschaft hergestellt wurden.

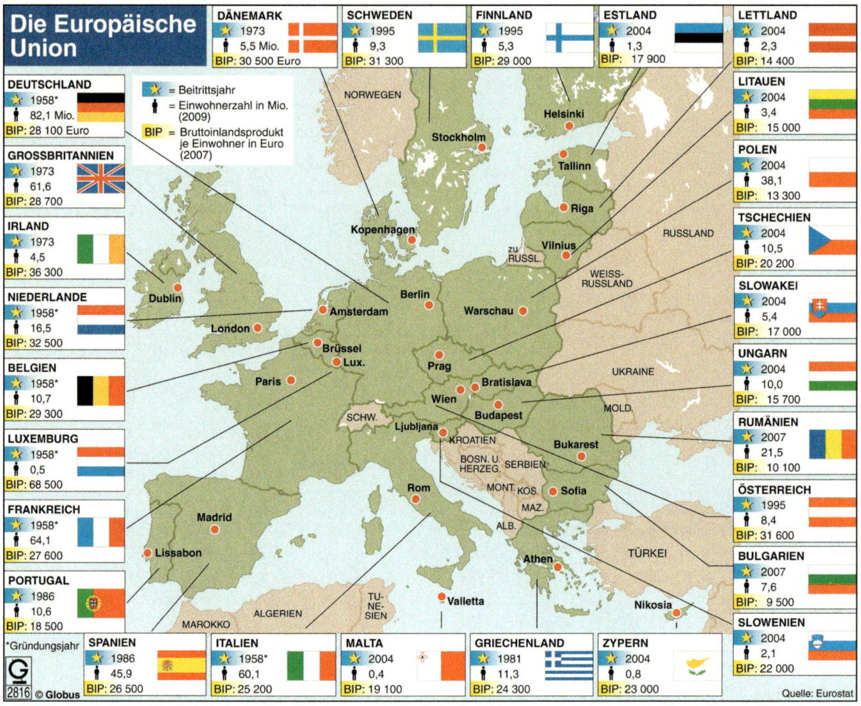

1 Die Europäische Union (EU)

Die EU im Überblick

27 europäische Staaten bilden zurzeit die Europäische Union (EU). In der EU arbeitet man auf vielen Gebieten (Politik, Wirtschaft, Kultur, Justiz usw.) zusammen. In Europa hat es in der Geschichte viele Kriege gegeben. Die EU trägt seit dem Ende des Zweiten Weltkriegs wesentlich zum Frieden in Europa bei.

Europa auf dem Stier

Die EU ist heute der größte Wirtschaftsraum der Welt, fast 500 Millionen Menschen leben und arbeiten in ihr. Der politische und wirtschaftliche Zusammenschluss bestimmt sehr stark, wie die Bürgerinnen und Bürger in den Mitgliedstaaten leben und arbeiten. Nicht immer ist uns diese Tatsache bewusst. Schaut man aber genauer hin, etwa beim täglichen Einkauf, sieht man viele Hinweise auf die EU.

INFO

Das Wort **„Europa"** entstammt der griechischen Mythologie: Danach hat Zeus die schöne Jungfrau Europa am Strand gesehen, sich in einen Stier verwandelt und sie über das Meer nach Kreta entführt. Dort verwandelte er sich in einen Mann und heiratete sie.

Die Geschichte der EU begann 1957 mit der „Europäischen Wirtschaftsgemeinschaft" (EWG). Diese bestand aus nur sechs Staaten: Italien, Luxemburg, Frankreich, Belgien, Niederlande und Deutschland.

Seitdem wächst die EU stetig, die Zusammenarbeit wird immer enger. Die Grenzen sind offen für den Warenaustausch, eine gemeinsame Währung, der EURO, erleichtert seit 2002 den Zahlungsverkehr. Auf der Karte am Ende dieses Buches könnt ihr sehen, welche Länder in der EU den Euro haben.

Die EU setzt sich für sichere Nahrungsmittel und einen besseren Umweltschutz ein und kämpft gemeinsam gegen Kriminalität. So gibt es z. B. „Europol“ als europäische Polizeibehörde.

Und in einer starken Gemeinschaft sorgt man auch dafür, dass die reicheren Staaten die weniger reichen Regionen unterstützen.

Aber die EU ist natürlich nicht vollkommen. Wenn so viele Staaten zusammenarbeiten, gibt es auch viele Probleme. Es ist für die Länder nicht immer leicht, sich zu einigen. Dies liegt z. B. daran, dass alle Länder immer auch ihre eigenen, nationalen Interessen verfolgen (und nicht zuerst an das Wohl der EU denken). Die Politiker wollen z. B. in ihrem Land wiedergewählt werden.
Weiterhin ist es ein Problem, dass es den EU-Politikern nicht immer gelingt, zu erläutern, was und warum sie etwas tun.

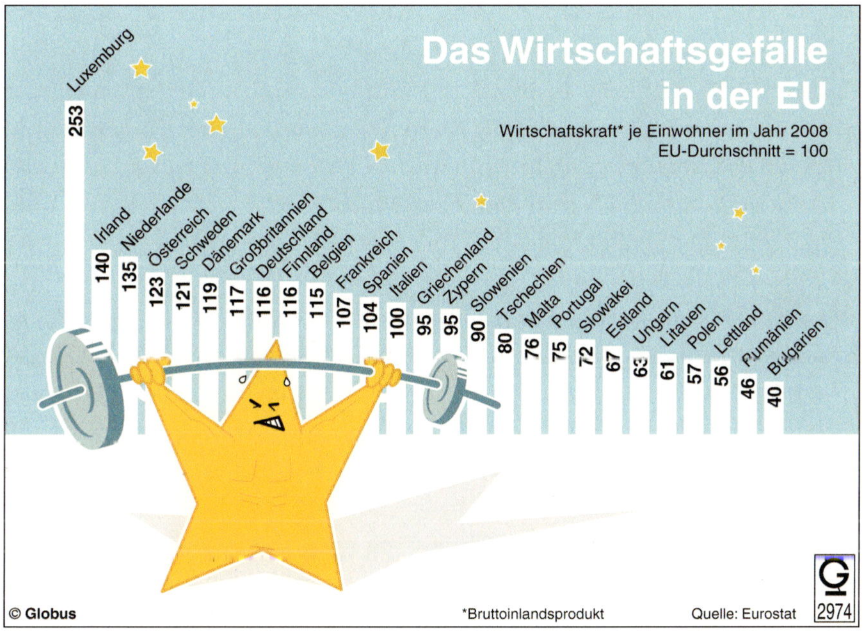

1. Was weißt du bereits über die Europäische Union? Stelle deine Kenntnisse deinen Mitschülern vor.

2. Zähle die Länder auf, die der EU erst 2004 und 2007 beigetreten sind. Überlege, welche Gemeinsamkeit diese Länder haben.

3. Ordnet die Informationen in der Karte der Europäischen Union nach den Rangfolgen der Länder. Stellt die Ergebnisse in Tabellen oder grafisch dar.

4. Werte die Abbildung „Das Wirtschaftsgefälle in der EU“ aus.

Wir sind Europäer!

Was verbinden unterschiedliche Menschen mit der EU? Lest selbst, was Verbraucher, Unternehmer und Bürger denken.

Deutsch-polnische Grenze

Die Sicht der Verbraucherinnen und Verbraucher

Susanna, 16 Jahre, Schülerin
„In den Sommerferien möchte ich mit dem Zug nach Spanien fahren, um meine Verwandten zu besuchen. Zum Glück brauche ich keine Visa, und in Spanien zahlt man mit der gleichen Währung wie hier: dem Euro. Ich muss also kein Geld wechseln und dafür Gebühren zahlen."

Tom, 16 Jahre, Auszubildender
„Wenn wir meinen Onkel in Amsterdam besuchen, kaufen wir immer auch Dinge ein, die dort viel günstiger sind als bei uns. Als Azubi verdiene ich ja nicht so viel …"

Frau Schmitz, 39 Jahre, Bankangestellte
„Mir gefällt die große Auswahl an Produkten, z. B. im Supermarkt oder bei der Kleidung. Ohne die EU hätten wir nicht so eine große Vielfalt! Und als Verbraucherin bin ich auch froh, dass die EU viel tut, um Verbraucherinnen und Verbraucher zu schützen."

Die Sicht der Unternehmerinnen und Unternehmer

Herr Holle, 65 Jahre, Kaufmann für Autoersatzteile
„Als es den Euro noch nicht gab, also bis 2001, waren wir abhängig von den Wechselkursen. Denn die Autoteile, die wir in Taiwan gekauft haben, wurden in US-Dollar bezahlt. Die Ware wurde dann in ganz Europa, vor allem in Skandinavien verkauft. Aufgrund der Wechselkursschwankungen hatten wir manchmal große Verluste".

Frau Sonnig, 50 Jahre, Geschäftsführerin eines Möbelherstellers
„Wir machen viele Geschäfte mit Polen. Seit die Grenzen offen sind, können wir unsere Möbel ohne lange Wartezeiten und Kontrollen ins Land verkaufen. Früher haben unsere Spediteure oft stundenlang warten müssen auf die Abfertigung, das war dann teuer für uns! Also, dass es in der EU keine Zölle gibt und eben keine Warterei an den Grenzen, das ist gut fürs Geschäft. Da wir fast alle unsere Produkte ins europäische Ausland verkaufen, nützen uns der Euro und die offenen Grenzen sehr."

EU-Parlament in Brüssel

1. Untersuche die Texte daraufhin, welche Vorteile die Europäische Union für Verbraucher, Unternehmer und Bürger bringt.

2. „(…) was Verbraucher, Unternehmer und Bürger denken." Benenne den Wirtschaftsteilnehmer, der alle drei Rollen einnimmt.

B Die Sicht der Bürgerinnen und Bürger

Maja, 15 Jahre, Schülerin
„2008 war bei uns zuletzt ‚Europa-Wahl'. Da wurde das europäische Parlament gewählt. Die Wahlbeteiligung war sehr gering. Meine Mutter meint, dass viele gar nicht wissen, wie wichtig die EU für uns ist und dass wir alle davon etwas haben."

Herr Simon, 45 Jahre, Tischlermeister
„Viele Leute sprechen schlecht über die EU. Über die vielen Gesetze und Verordnungen wird gemeckert und dass das alles auch viel zu teuer sei. Klar, man kann immer etwas verbessern. Aber: Ohne die EU würden wir vermutlich nicht seit vielen Jahrzehnten friedlich miteinander leben in Europa."

Mit dem Zug durch Europa

Natürlich gibt es in der EU auch viele Probleme. Eines wird in der folgenden Karikatur angesprochen:

1. Nenne ein eigenes Beispiel aus deiner Familie oder deinem Freundeskreis zur Europäischen Union. ○

2. Bereitet arbeitsteilig eine Umfrage zum Thema „Was bringt Ihnen die Europäische Union?" vor. Befragt Konsumenten und Unternehmer im Umfeld eurer Schule nach ihren Ansichten und stellt die Ergebnisse der Klasse vor. ●

3. Erkläre die Karikatur in der EU. Was will sie ausdrücken? ◒

Welche Ziele hat die Europäische Union?

Die Vereinigung Europas hat natürlich viele unterschiedliche Ziele. Die wichtigsten sind die folgenden vier:

1. Sicherung des Friedens
Die Einigung Europas soll dafür sorgen, Kriege in Europa zu vermeiden.

Das Atomium – Wahrzeichen von Brüssel, dem Hauptsitz der Europäischen Union

2. Wirtschaftliche Einigung
Die wirtschaftliche Einigung soll den Lebensstandard steigern und die Lebensverhältnisse in allen europäischen Staaten verbessern.

3. Politische Einigung
Die politische Einigung soll dafür sorgen, dass es in vielen Bereichen eine gemeinsame Politik der Staaten gibt. So sieht die neue Verfassung der EU z. B. einen gemeinsamen „Außenminister“ vor.

4. Sozialer Zusammenhalt
Die wirtschaftliche und die politische Einigung sollen zu mehr sozialem Fortschritt für alle Bürgerinnen und Bürger der Gemeinschaft führen.

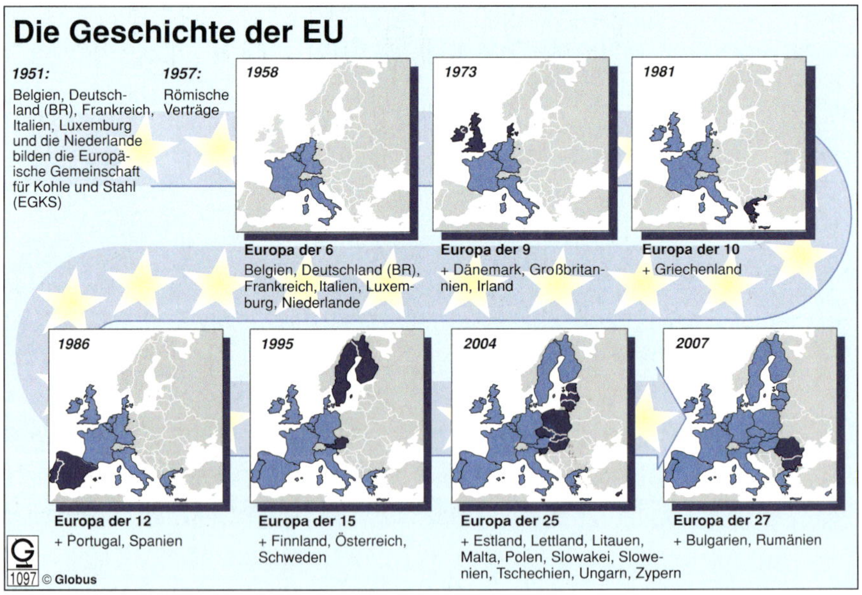

1. Warum trägt Wohlstand in Europa zum Frieden bei? Begründe.

2. Nenne die Länder in Europa, die nicht Mitglied der EU sind. Nimm hierzu deinen Atlas zu Hilfe.

3. Erkläre den Unterschied zwischen einer Freihandelszone und einer Zollunion (s. S. 153).

Auf dem Weg zur politischen Union

Das wirtschaftliche und politische Zusammenwachsen von Staaten geschieht nicht von heute auf morgen. Es verläuft über viele Stufen und braucht auch viel Zeit. Das wirtschaftliche Zusammenwachsen wird vor allem befördert, wenn es einen freien Handel zwischen Staaten gibt. Dafür müssen Hemmnisse abgebaut werden, die den Handel erschweren. Schaut euch im folgenden Schema die Schritte auf dem Weg zur vollständigen Vereinigung an.

1. Freihandelszone

Es gibt freien Handel zwischen den Mitgliedern. Aber jedes Land legt einen eigenen Zoll gegenüber Ländern außerhalb der Zone fest.

2. Zollunion

Zwischen den Mitgliedstaaten gibt es ebenfalls keine Handelsbeschränkungen. Aber gegenüber Ländern außerhalb der Union gibt es einen gemeinsamen Zoll, und es wird eine gemeinsame Handelspolitik betrieben.

3. Gemeinsamer Markt (Binnenmarkt)

Auf einem gemeinsamen Markt gibt es binnenmarktähnliche Verhältnisse mit einheitlichen Wettbewerbsregeln. Es gilt Freizügigkeit für alle Produktionsfaktoren, die „vier Freiheiten" (vgl. S. 154).

4. Wirtschafts- und Währungsunion

In einer Wirtschafts- und Währungsunion streben die Mitgliedstaaten eine gemeinsame Wirtschafts- und Währungspolitik an. Es muss dabei aber nicht unbedingt eine gemeinsame Währung wie den Euro geben.

5. Politische Union

Die politische Union ist eine vollständige Verschmelzung der Mitgliedstaaten auf allen Gebieten.

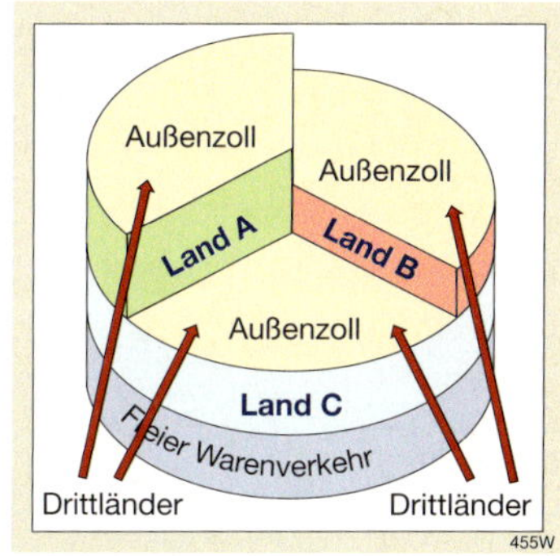

Freihandelszone

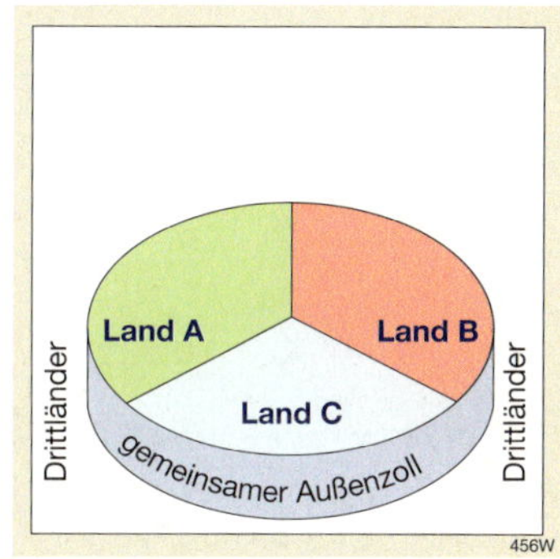

Zollunion

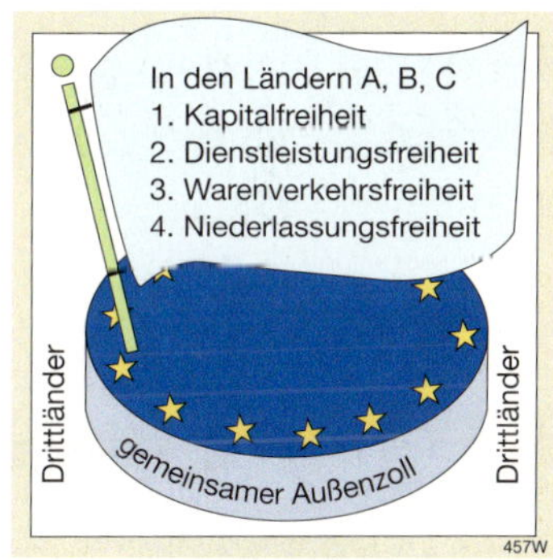

Gemeinsamer Markt

Gemeinsame Währung

Die „Vier Freiheiten" – der europäische Binnenmarkt

In einem Binnenmarkt (auch „Gemeinsamer Markt") gibt es für das wirtschaftliche Geschehen einheitliche Regeln. Es gibt gleiche Rechte, aber auch gleiche Pflichten für alle. Die Voraussetzungen sind die sogenannten „Vier Freiheiten". Diese sollen in der EU Schritt für Schritt umgesetzt werden:

1. **Freier Personenverkehr** meint den Wegfall der Grenzkontrollen bei Reisen und ein freies Niederlassungs- und Wohnrecht für Bürger und Unternehmen. Die Bürger können sich also in allen EU-Ländern eine Arbeit suchen und haben dabei die gleichen Rechte wie inländische Arbeitskräfte; Unternehmen können sich EU-weit gründen oder erweitern.

2. Für den **freien Warenverkehr** gilt auch ein Wegfall der Grenzkontrollen. Nichts soll – theoretisch – den Handel behindern.

3. Der **freie Dienstleistungsverkehr** bietet Unternehmen die Möglichkeit sich in jedem EU-Land niederzulassen und ihr Gewerbe auszuüben. Das setzt voraus, dass bestimmte Märkte, wie z. B. für Transport, Post oder Energie geöffnet werden.

4. **Freier Kapitalverkehr** heißt, dass es keine Handelsbeschränkungen für den Zahlungsverkehr gibt, sondern einen gemeinsamen Markt für Finanzdienstleistungen.

Die vier Freiheiten im Binnenmarkt

Freier Personenverkehr

Freier Dienstleistungsverkehr

Freier Warenverkehr

Freier Kapitalverkehr

Was behindert die „Vier Freiheiten"?

Die „Vier Freiheiten" gibt es nur dann, wenn der Austausch von Sachgütern, Dienstleistungen und Kapital nicht behindert wird. Beschränkungen des Handels müssen überwunden werden, damit die EU wirtschaftlich zusammenwächst. Was sind denn eigentlich Handelshemmnisse? Man unterscheidet grob sog. tarifäre und nicht-tarifäre Handelshemmnisse.

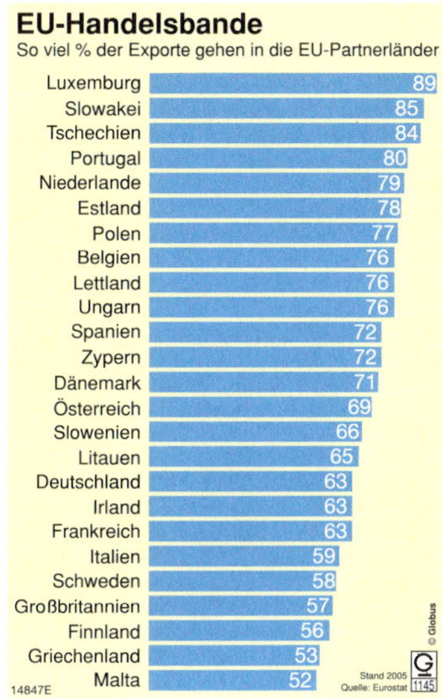

Tarifäre Handelshemmnisse sind vor allem Zölle, die bei der Ausfuhr oder Einfuhr von Waren bezahlt werden müssen. Durch Zölle werden Produkte teurer. Ein Grund dafür ist der Wunsch von Staaten, mehr Einnahmen zu erzielen. Ein anderer, dass man sich vor der Konkurrenz aus anderen Ländern schützen will.

Mit **nicht-tarifären Handelshemmnissen** sind alle Hemmnisse außer den Zöllen gemeint, mit denen Länder ihre Märkte schützen wollen. Dazu gehören z. B. Steuerregelungen, technische Bestimmungen oder Lebensmittelvorschriften. So kann es z. B. sein, dass bestimmte Zusatzstoffe in einem Lebensmittelprodukt in bestimmten Ländern nicht erlaubt sind. Häufig sind diese Behinderungen des Handels auch versteckt.

Hemmnisse aufzubauen ist einfach. Es macht aber normalerweise viel Mühe, diese Hemmnisse wieder abzuschaffen. Denn alle, die davon etwas haben, wehren sich dagegen mit aller Kraft …

1. Ordne die Aussagen der Personen auf den S. 150 und 151 („Wir sind Europäer!") den „Vier Freiheiten" zu.

2. Der Binnenmarkt ist für die Mitgliedsländer der EU das wichtigste Ziel für ihre Exporte (vgl. Grafik auf dieser Seite rechts oben). Erläutere, warum es besonders wichtig ist, dass der Handel erleichtert wird. Stelle Vermutungen an, wohin die übrigen Exporte der BRD gehen.

3. Erkläre die Karikatur.

Problemfelder der Europäischen Union

Wirtschaftskrise: Stimmung in Euro-Zone sinkt auf Rekordtief

EU erleichtert Wechsel des Energieanbieters

EU-Gipfel: Einigung auf europaweite Konjunkturspritze

Reform der Kfz-Steuer: EU-Kommission verlangt Korrektur

Europäische Kommission ergreift Maßnahmen zum Schutz vor Cyber-Angriffen

Streit um EU-Erweiterung

Trotz der großen Vorteile der EU für Verbraucher, Unternehmen und den Staat gibt es auch Probleme. Ein paar Beispiele:

1. Durch die große **Flut europäischer Regelungen, Richtlinien**, Verordnungen und Gesetze steigt man als Normalbürger nicht mehr durch. Von der „Eurokratie" ist manchmal die Rede …

2. Zu den Problemen zählen auch die angesprochenen **nicht-tarifären Handelshemmnisse** (vgl. S. 155), die viele Länder einsetzen, um die einheimischen Märkte zu schützen.

3. Es gibt **große soziale Unterschiede** zwischen den Staaten (vgl. Abb. „Wirtschaftsgefälle in der EU", S. 149). Diese haben mit ungleichen wirtschaftlichen Strukturen zu tun: Der Süden und der Osten der EU sind insgesamt strukturell schwächer als der Norden und der Westen. Dies hängt auch mit dem Zusammenbruch der Planwirtschaften in Mittel- und Osteuropa 1989 zusammen. Besonders in den strukturell schwächeren Ländern gibt es eine hohe Arbeitslosigkeit, mit allen schlimmen Folgen für die Menschen. Für den Frieden in Europa es ist es daher sehr wichtig, dass sich die Lebensverhältnisse auf lange Sicht angleichen.

4. Es gibt viele **weitere Handlungsfelder**, in denen die Mitgliedstaaten eng zusammenarbeiten und häufig eine gemeinsame Politik beschließen. Hierzu zählen z. B. der Energiemarkt, der Klimaschutz, der Verbraucherschutz und die Landwirtschaft. Gesetze, die in Brüssel in einem langen Prozess ausgehandelt werden, müssen dann in den einzelnen Staaten umgesetzt werden. Und das ist nicht immer einfach. Schließlich geht es um 27 Staaten mit ihren jeweils eigenen Interessen.

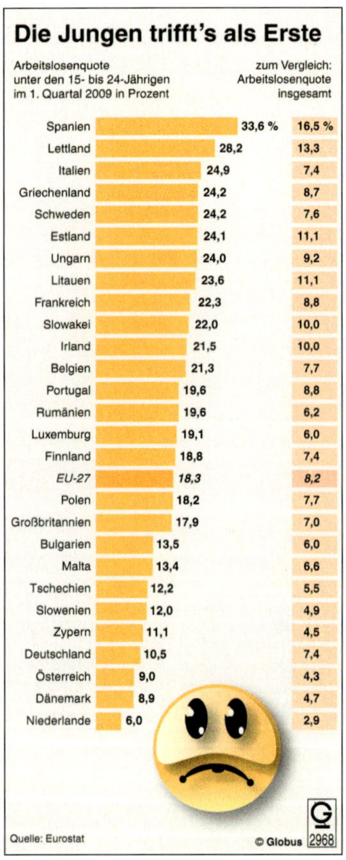

1. „Der Süden und der Osten der EU sind strukturell schwächer" – Erläutere, was hiermit gemeint ist. Hierzu brauchst du deine Kenntnisse darüber, wie man Wirtschaftsräume beschreiben und vergleichen kann (vgl. Praxis Wirtschaft 7/8).

2. Werte die Grafik „Die Jungen trifft's als Erste" aus.

2 Globalisierung

Was ist „Globalisierung"?

Den Begriff Globalisierung hören wir häufig, doch was bedeutet er? Das Wort „global" meint „auf die Erde bezogen", „weltumspannend". Das betrifft die meisten Bereiche des Lebens, das heißt Wirtschaft, Politik, Kultur und viele andere. Daher gibt es auch keine allgemeine Definition von Globalisierung.

Deutschland exportiert Waren in alle Welt und importiert viele Güter ins Land. Die Globalisierung ist daher für unser Land von großer Bedeutung. Das bedeutet aber auch, dass man sich dem internationalen Wettbewerb stellen muss.

Wirtschaftlich betrachtet bedeutet Globalisierung die immer engere Verzahnung der Weltwirtschaft. Es werden Rohstoffe aus einem Land und Vorprodukte aus einem anderen Land eingeführt. Das Endprodukt wird dann in einem weiteren Land weiterverarbeitet oder montiert und ausgeliefert. Die große Zunahme des Handels ist ein wichtiger Teil der wirtschaftlichen Globalisierung. Das kommt vor allem daher, dass die Kosten für den Transport stark gesunken sind. Im Dienstleistungsbereich können Produkte (z. B. Software oder Datenbanken) per Internet in Sekunden von einem Ende der Welt zum anderen geschickt werden. Arbeitsteilung gibt es nicht nur in einem privaten Haushalt, in einem Unternehmen oder in einem Land, sondern weltweit.

Der Weg einer Jeans

An einem ganz alltäglichen Produkt, der Jeans, wollen wir die weltweite Arbeitsteilung zeigen:

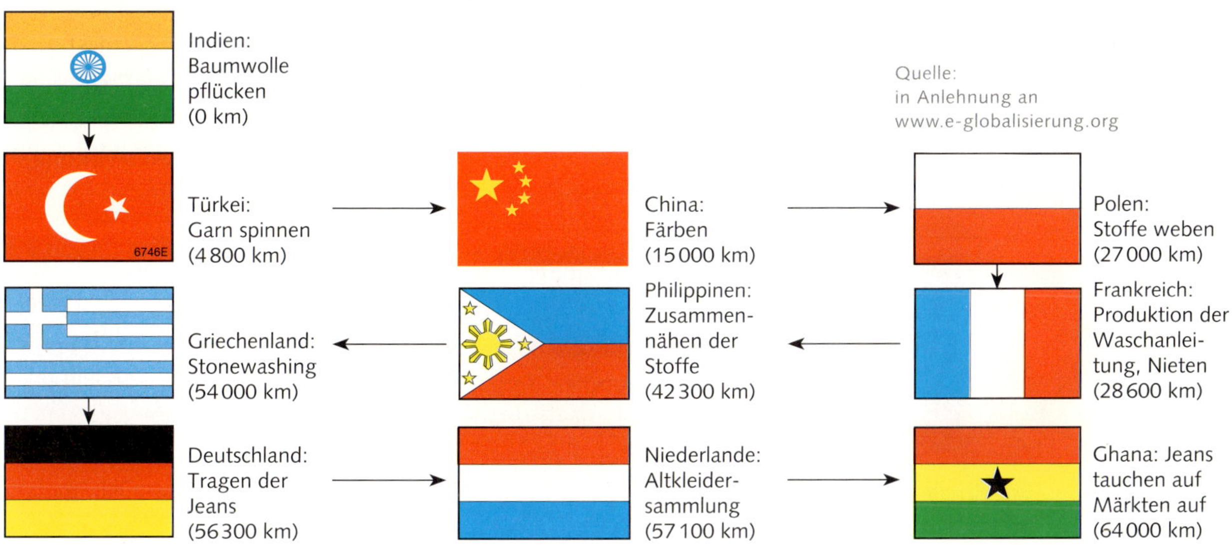

Quelle: in Anlehnung an www.e-globalisierung.org

Preis im Laden in Deutschland = ca. 70 Euro, Transportkosten = ca. 40 Cent

Die Jeans legt eine Strecke zurück, die insgesamt anderthalb Mal so lang ist wie der Äquator:

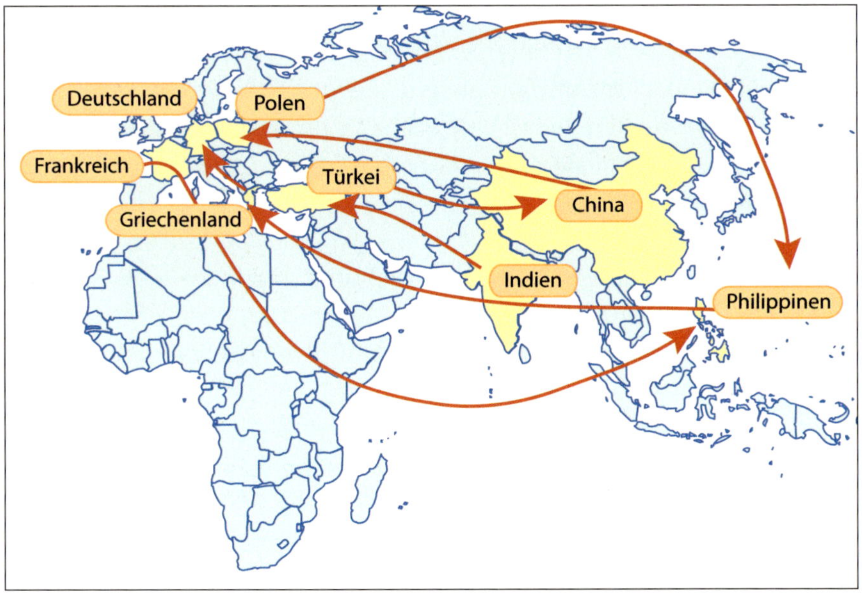

Ein Unternehmen produziert dort, wo es am günstigsten ist. Es nutzt also weltweite Preisunterschiede. Und weil die Transportkosten heutzutage so niedrig sind, rechnet sich der weite Weg der Teilprodukte.

Über die Gründe der internationalen Arbeitsteilung (Kostenunterschiede und Verfügbarkeit von Rohstoffen) habt ihr in einem vorangegangenen Kapitel etwas gelernt. Die internationale Arbeitsteilung ist auch verbunden mit dem Abbau von Handelsbeschränkungen und dem Öffnen der Waren- und Dienstleistungsmärkte, der Arbeits- und Finanzmärkte (vgl. die „Vier Freiheiten", S. 154 f. in der EU).

Die internationale Arbeitsteilung ermöglicht es einem Land, seine Stärken auszuspielen und dadurch höhere Einkommen zu erhalten. Der Prozess der Globalisierung erhöht damit entscheidend den Wettbewerb zwischen den einzelnen Unternehmen und hat darüber hinaus erhebliche Auswirkungen auf die Sicherheit der Arbeitsplätze.

1. Zählt auf, was ihr mit dem Begriff „Globalisierung" verbindet. ○

2. Wählt ein Produkt (z. B. Fußball, Auto) und untersucht dessen Weg bei der Herstellung und im Vertrieb. Veranschaulicht und präsentiert diesen Weg in Anlehnung an das Beispiel mit der Jeans. ◒

3. Die „Lebensstile passen sich weltweit an". Zählt Beispiele aus den Bereichen Mode und Musik oder anderen auf. ○

Woher kommt Globalisierung, was bewirkt sie?

Die Globalisierung hat mehrere Ursachen:

Wirtschaftliche Ursachen: Die Globalisierung wird durch den „globalen" Verbraucher beschleunigt. Dieser kauft immer häufiger Waren aus dem Ausland. Große Unternehmen haben heute häufig Standorte und Kunden in aller Welt. Unternehmen nutzen Kostenvorteile, z. B. billigere Arbeitskraft im Ausland, indem die Produktion dorthin verlagert wird.

Schließung des Nokia-Werkes in Bochum

Politische Ursachen: Ende des letzten Jahrhunderts gab es mitten in Europa noch viele sozialistische Diktaturen, z. B. in der ehemaligen DDR, in Polen oder Russland. Die Grenzen waren nicht offen für Handel oder etwa Reisen ins westliche Ausland. Seit den 1990er-Jahren sind die Grenzen für Menschen und Produkte jedoch offen und die Länder haben marktwirtschaftliche Ordnungen. Die betroffenen Länder können auch am internationalen Handel teilnehmen. Auch die Märkte in Asien, z. B. China, sind offener geworden. Entwicklungs- und sogenannte Schwellenländer (z. B. Brasilien oder Indien) nehmen stärker an der Globalisierung teil.

Bananen aus Entwicklungsländern

Technologische Ursachen: Computer, Satellitentechnik, Internet und Mobiltelefon usw. schaffen ein weltweites Kommunikationsnetz. Blitzschnell können Informationen und Wissen überall auf der Welt verteilt und abgerufen werden. So wird auch sehr schnell bekannt, wo es günstige Sachgüter und Dienstleistungen zu kaufen und welche Neuerungen es gibt.

Satellit für Telekommunikation

Soziokulturelle Ursachen: In großen Teilen der Welt nutzen die Menschen die gleichen Medien. Dazu gehören vor allem Internet und Fernsehen. Diese haben häufig ähnliche Angebote, Programme und Werbung. Auf diese Weise passen sich die Lebensstile weltweit an, insbesondere bei Mode und Musik.

„Wer wird Millionär" in Deutschland und Indien

Globalisierung im Überblick

Die Sache mit der Globalisierung ist gar nicht so einfach. Sie erscheint in unterschiedlichen Formen. Sie hat verschiedene Gründe. Und die Globalisierung hat Folgen für Verbraucher und Unternehmer – mal gute und mal weniger gute. Das kommt immer auf den Blickwinkel an.

Deshalb an dieser Stelle ein Überblick:

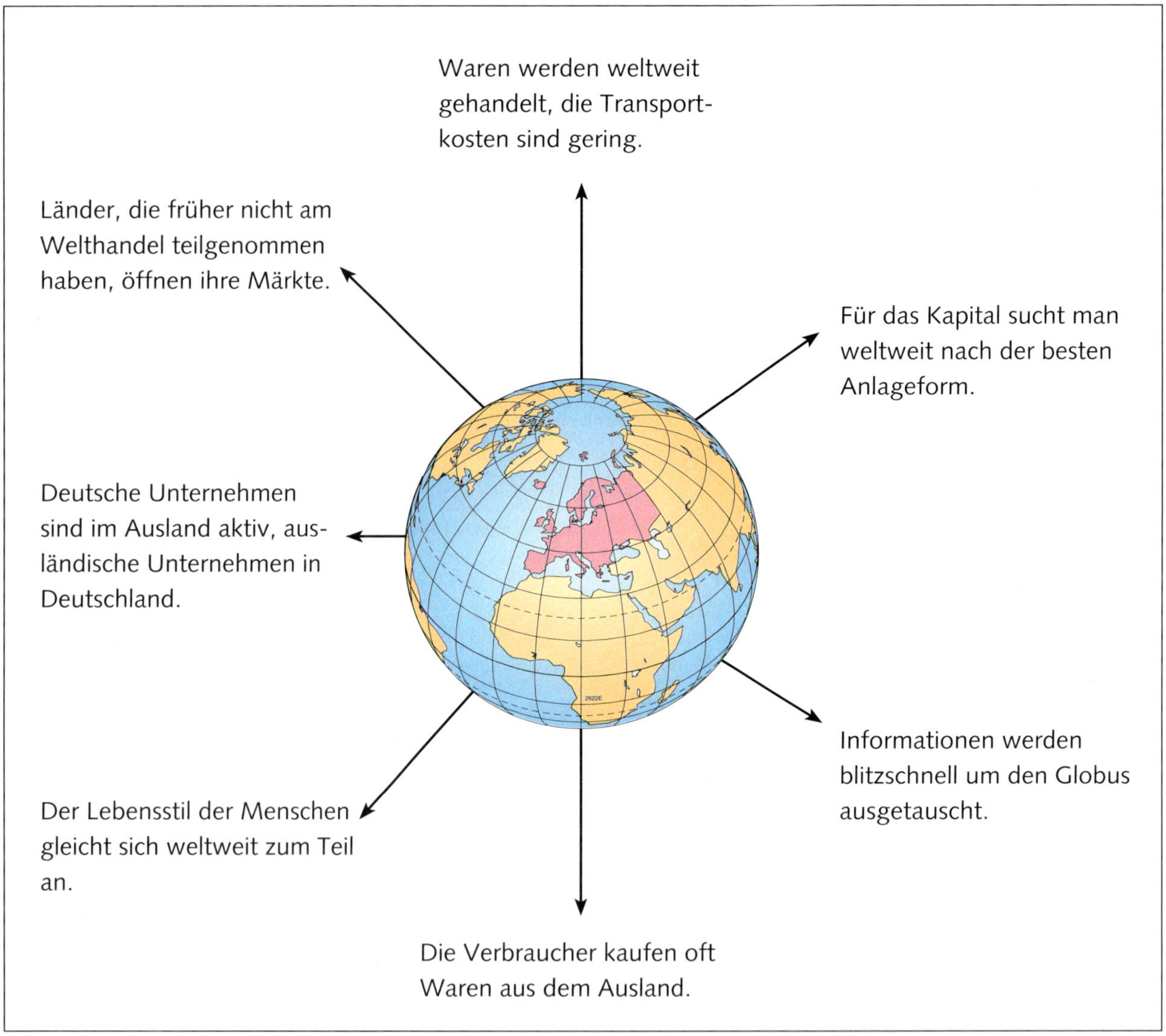

Globalisierung

1. Erkläre in eigenen Worten, was man unter „Globalisierung" versteht.

2. Zähle Beispiele für die allgemeinen Aussagen in der Abbildung auf.

3. Diskutiert Vorteile und mögliche Nachteile der Globalisierung.

Rollenspiel: Das neue Handy

Thomas freut sich. Zum Geburtstag hat er das gewünschte Handy der neuesten Generation bekommen. Stolz zeigt er es im Freundeskreis herum, doch das Echo ist geteilt.

Peter: Super, Glückwunsch. Das lässt ja nichts zu wünschen übrig.

Silke: Na toll, wieder so ein ausländisches Teil. In Deutschland machen sie die Werke zu und entlassen die Mitarbeiter, wie meinen Vater, aber ihr kauft weiter die Dinger und tragt dazu bei, dass immer mehr Arbeitsplätze in Billiglohnländer abwandern.

Thomas: Oh, Mann! Handys in dieser Form und zu dem Preis würde es doch gar nicht geben, würden sie nicht in anderen Ländern produziert werden.

Silke: Ach ja, und am Ende hat hier keiner mehr Arbeit, nur weil alle billig einkaufen wollen? Man sollte darauf achten, möglichst viele deutsche Produkte zu kaufen.

Peter: Nun aber mal halblang, Deutschland hat doch nun weltweit wirklich mit am meisten Vorteile vom internationalen Handel. Schon mal gehört: Deutschland ist zum wiederholten Mal Exportweltmeister geworden. Wir verkaufen also mehr ins Ausland als jedes andere Land. Unser Wohlstand und viele unserer Arbeitsplätze existieren überhaupt nur, weil es internationalen Handel gibt.

Thomas, 16 Jahre: Achtet beim Einkauf nicht auf die Herkunft der Ware, sondern auf Preis und Qualität. Hat sich über Zusammenhänge der internationalen Wirtschaft bislang wenig Gedanken gemacht, glaubt aber, der internationale Handel bringe Vor- und Nachteile für Deutschland.

Silke, 16 Jahre: Ihr Vater hat den Job verloren, weil das Unternehmen die Produktion ins Ausland verlagert hat. Sie ist der Meinung, man sollte deutsche Produkte kaufen, um die Wirtschaft vor Ort zu unterstützen.

Peter, 15 Jahre: Seine Eltern haben ein Unternehmen, das auch im Ausland produziert. Der Vater sagt, ohne diesen Schritt wäre der Betrieb heute pleite. Er ist der Meinung, dass Deutschland den weltweiten Handel braucht und Nutzen aus ihm zieht.

1. Teilt euch in Gruppen auf und bereitet jeweils eine der drei Rollen vor. Wählt einen oder zwei Schüler, die diese Person im ersten und zweiten Rollenspieldurchgang verkörpern sollen.

2. Die ausgewählten Spieler führen das Rollenspiel in zwei Durchgängen durch und setzen den Dialog fort.

3. Die restlichen Personen beobachten das Rollenspiel und halten wesentliche Aspekte mithilfe des Analysebogens fest.

4. Wertet das Rollenspiel aus (vgl. S. 54).

Vorbereitung

Durchführung

Diskussion

Ergebnis

Am Ende des Kapitels solltet ihr wissen, was die EU ist, welche Ziele sie hat und welche Vorteile sie für die Akteure im Wirtschaftsgeschehen bringt. Außerdem habt ihr gelernt, was es mit der Globalisierung auf sich hat und welche Chancen und Risiken sie mit sich bringt.
Beantwortet die folgenden Fragen, um eure Kompetenzen zu überprüfen.

1. Nenne die vier wesentlichen Ziele der EU. ○

2. Die Europäische Union hat für Verbraucher und Unternehmer viele Vorteile, und zwar … (ergänze). ○

3. In der Europäischen Union gibt es auch Probleme, und zwar … (ergänze). ○

4. Schau dir die Zeichnungen genau an: Wobei handelt es sich um eine Freihandelszone, wobei um eine Zollunion? Erkläre den Unterschied. ◒

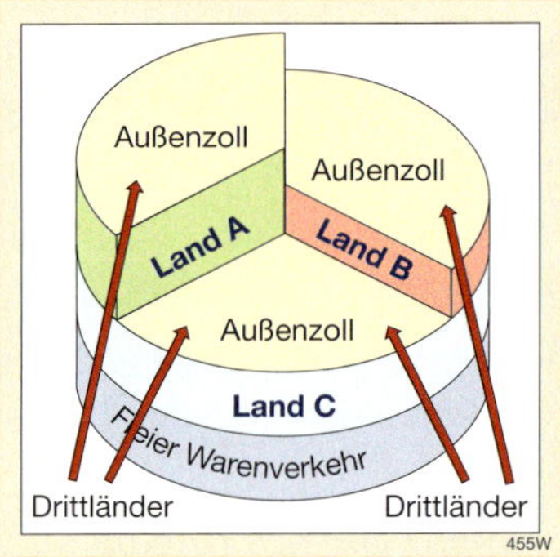

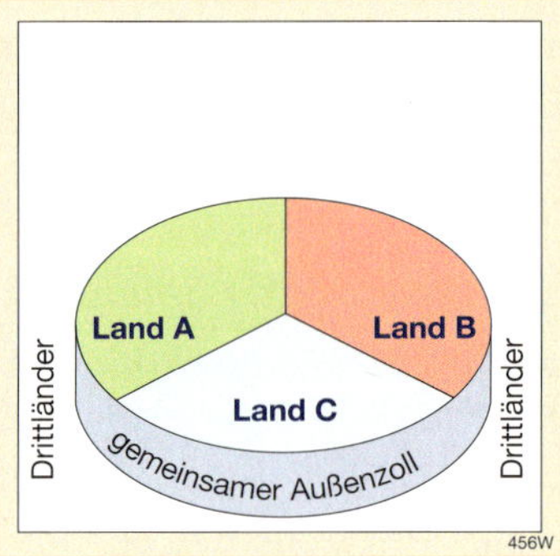

5. Ermittle die richtigen Aussagen und begründe. ●
a) Deutschland ist der EU erst 2004 beigetreten.
b) Die EU besteht aktuell aus 25 Staaten.
c) Die Zusammenarbeit in der EU findet nur im Wirtschaftlichen statt.
d) Die EU ist mitverantwortlich dafür, dass wir in Westeuropa über 60 Jahren in Frieden leben.
e) Der freie Warenverkehr ist eine der „Vier Freiheiten".
f) Alle Länder in der EU haben auch den EURO als Währung.
g) Den Menschen in der EU geht es überall gleich gut.

6. Die Verwirklichung der „Vier Freiheiten" ist nicht leicht. Nenne Beispiele für Hemmnisse und Einschränkungen. Erläutere auch das Interesse von manchen Staaten, den Handel zu behindern. ◒

7. Ermittle die richtigen Aussagen und begründe. ●
a) Die Globalisierung findet nur im wirtschaftlichen Bereich statt.
b) Die Kosten für den Transport von Waren steigen ständig.

c) Technische Neuerungen beschleunigen die Globalisierung.
d) In der ehemaligen DDR konnten die Bürgerinnen und Bürger keine Waren aus dem Ausland kaufen.
e) Wenn auf einem Produkt „Made in Germany“ steht, dann ist das ganze Produkt auf jeden Fall in Deutschland hergestellt worden.
f) Unternehmen, die ihre Produktion ins Ausland verlegen, sind keine guten Unternehmen.

8. Entscheide, ob es sich jeweils um wirtschaftliche, politische, technologische oder soziale Gründe der Globalisierung handelt:
a) In einem afrikanischen Land entwickelt sich eine Demokratie, die Regierung beschließt am internationalen Handel teilzunehmen.
b) Ein Pop-Konzert wird in die ganze Welt übertragen.
c) Der Energiemarkt wird für die Konkurrenz aus dem Ausland geöffnet.
d) Ein deutsches Unternehmen gründet eine Tochtergesellschaft in China.
e) Eine bessere Satellitentechnik sorgt für schnellere und sichere Telefonverbindungen.

9. Erläutere das folgende Zitat: „Die Teilnahme am wirtschaftlichen Wettbewerb ist wie ein Fahrradrennen: Erst fällt man zurück, und dann fällt man um. Also sollten wir alle weiter in die Pedale steigen.“ (Horst Köhler, seit dem 1. Juli 2004 Bundespräsident der Bundesrepublik Deutschland.)

10. „Die Globalisierung hat mal gute, mal weniger gute Folgen. Das kommt auf den Blickwinkel an.“ Erläutere diese Aussage. Denke dabei z. B. an den Konflikt im Rollenspiel.

11. Erläutere die folgende Karikatur.

Absatz:
Menge der in einem bestimmten Zeitraum verkauften → Güter und → Dienstleistungen

Akteur:
Akteure im Wirtschaftskreislauf sind Unternehmen, private Haushalte, Banken und der Staat.

Angebot:
Die auf einem Markt bereitgestellte Menge von Gütern und Dienstleistungen.

Arbeitsförderung:
Die Arbeitsförderung umfasst verschiedene Maßnahmen des Staates, um Arbeitslosen den Wiedereinstieg ins Berufsleben zu erleichtern.

Binnenmarkt:
Markt innerhalb eines Landes oder innerhalb eines Wirtschaftsgebietes wie der EU.

Brainstorming:
Methode, mit der eine Gruppe zunächst ungeordnet Gedanken zu einem Thema sammelt und diese dann in eine Ordnung bringt.

Dienstleistung:
→ Güter

Duales System:
Die Berufsausbildung wird meistens im dualen System absolviert. Das bedeutet, dass die Auszubildenden im Betrieb und in der Berufsschule lernen.

Emissionshandel:
Instrument der Umweltpolitik. Unternehmen handeln mit den Rechten, eine bestimmte Menge an Emissionen produzieren zu dürfen.

Energieverbrauch:
Energie wird nicht „verbraucht", sie geht nur von einem Zustand in den nächsten über.

Existenzbedürfnis:
Bedürfnis, das zum Leben befriedigt werden muss, z. B. das Bedürfnis nach Nahrung, Kleidung usw.

Export:
Die Ausfuhr von Gütern in das Ausland wird Export genannt.

Formale Organisation:
Die formale Organisation eines Unternehmens umfasst die Ablauf- und Aufbauorganisation.

Fortbildung:
Qualifikationen, die bereits in einem Ausbildungsberuf erworben wurden, sollen erhalten, erweitert, der technischen Entwicklung angepasst oder so ausgebaut werden, dass ein beruflicher Aufstieg möglich wird.

Generationenvertrag:
Der Generationenvertrag ist die Grundlage der gesetzlichen Rentenversicherung. Von den heute eingezahlten Beiträgen werden die heutigen Einkommen der Rentner finanziert. Die von einem Arbeitnehmer eingezahlten Beiträge werden also nicht für seine eigene Rente gespart.

Geschäftsidee:
Bei der Gründung eines Unternehmens braucht man eine Geschäftsidee. Damit beschreibt man das Ziel des Unternehmens und wie man es erreichen möchte.

Gewinn:
Sind die Aufwendungen geringer als die Einnahmen durch den Verkauf von Waren oder Dienstleistungen, hat man einen Gewinn gemacht. Die Höhe des Gewinns zeigt den wirtschaftlichen Erfolg des Unternehmens.

Globalisierung:
Zunehmende internationale Arbeitsteilung, deren Folge eine weltweite Vernetzung der Märkte ist. Begünstigt wird diese Entwicklung durch verbesserte Informations- und Transportsysteme.

Güter:
Alle Mittel, die der Bedürfnisbefriedigung dienen. Wirtschaftliche Güter sind knapp, haben einen Preis und erfordern einen Aufwand bei der Herstellung. Güter werden eingeteilt in Sachgüter (Getreide, Fahrräder usw.), Dienstleistungen (Transport oder Verkauf von Sachgütern) und Rechte (z. B. Patente und Lizenzen). Sachgüter lassen sich einteilen in Gebrauchs- und Verbrauchs-

güter. Verbrauchsgüter sind nach dem Konsum nicht mehr vorhanden, z. B. Lebensmittel. Gebrauchsgüter nutzt man über einen längeren Zeitraum (Haushaltsgeräte, Musikgeräte usw.).

Handelshemmnis:
Ein Handelshemmnis wirkt sich hemmend auf den Austausch von Gütern und Dienstleistungen aus. Es können tarifäre Hemmnisse sein, z. B. Zölle und Steuern oder nichttarifäre, wie die Festlegung bestimmter Anforderungen an Produkte.

Import:
Die Einfuhr von Gütern aus dem Ausland in das Inland.

Industrialisierung:
Der Übergang von der Agrargesellschaft, in der rund 80 % der Bevölkerung von landwirtschaftlichen Tätigkeiten lebten, zur Industriegesellschaft. In Deutschland fand dieser Prozess etwa zwischen 1830 und 1900 statt. Kennzeichen sind, dass ein Großteil der Handarbeit in der gewerblichen Produktion durch Maschinenarbeit ersetzt wird. Es gibt neue Transportmittel, z. B. die Eisenbahn. Die Arbeit in der Fabrik wird zur vorherrschenden Arbeitsform.

Informale Organisation:
Als informale Organisation bezeichnet man die Gesamtheit der informellen Beziehungen in einem Unternehmen, also Betriebsklima, Zusammenarbeit der Mitarbeiter usw.

Kapital:
Neben Arbeit und Boden ein Produktionsmittel. Kapital sind nicht nur Geld, sondern z. B. auch Produktionsanlagen.

Klimawandel:
Durch den Treibhauseffekt verändert sich unser Klima, es wandelt sich. Beschlüsse wie das Kyoto-Protokoll sollen Abhilfe schaffen.

Konsum:
Beim Konsum verbrauchen Menschen Waren und Dienstleistungen, um die eigenen Bedürfnisse zu befriedigen. Die Menschen müssen dabei stets entscheiden, ob sie ihr Einkommen für Konsum verwenden oder sparen wollen.

Kosten:
In jedem Betrieb fallen bei der Produktion von Sachgütern oder Dienstleistungen Kosten an, z. B. Löhne und Gehälter.

Kulanz:
Entgegenkommen, das ein Verkäufer zeigt, wenn er eine Ware umtauscht, obwohl er nicht gesetzlich dazu verpflichtet ist.

Kulturbedürfnis:
Dieses Bedürfnis ist aufschiebbar und austauschbar, z. B. das Bedürfnis Literatur, Musik, Theater.

Luxusbedürfnis:
Bedürfnis, das aufschiebbar und austauschbar ist, z. B. nach teurem Schmuck, teuren Autos.

Marketing:
Konzept von Unternehmen, das betriebliche Handeln auf den Markt auszurichten. Der Grundgedanke ist, dass die Produkte eines Unternehmens auf dem Markt verkauft werden müssen und dass es deshalb z. B. wichtig ist, nicht nur die Produkte zu verkaufen, sondern auch als Unternehmen von den Kunden positiv bewertet zu werden. Kauft man ein Produkt dieser Firma, dann kauft man auch das positive Ansehen der Firma.

Maximalprinzip:
ökonomisches Prinzip, bei dem mit begrenzten Mitteln ein größtmöglicher Nutzen erzielt werden soll.

Minimalprinzip:
ökonomisches Prinzip, bei dem ein festgelegtes Ziel mit den geringsten Kosten erreicht werden soll.

Nachfrage:
Das Verlangen von Gütern und Dienstleistungen zur Befriedigung von Bedürfnissen.

Produktionsfaktoren:
Die betrieblichen Produktionsfaktoren sind Arbeit, Boden, Betriebsmittel und Werkstoffe. Betriebsmittel sind Maschinen und Werkzeuge, die bei

der Produktion genutzt werden. Werkstoffe gehen in die Produkte ein, z. B. Mehl als Bestandteil von Brot, oder werden als Hilfsmittel gebraucht, z. B. Energie.

Regenerative Energiequellen:
regenerieren = lat. für erneuern. Erneuerbare Energiequellen sind Wind, Sonne und Wasser.

Ressourcen:
Mittel, die für die Herstellung von Gütern gebraucht werden; Arbeit, Kapital, Boden, Wissen.

Rohstoffe:
Werkstoffe, die bei der Produktion von Gütern eingesetzt werden. Sie sind Hauptbestandteile dieses Produkts.

Soziale Marktwirtschaft:
Wirtschaftsordnung der BRD seit 1949. Sie verbindet wirtschaftliche Freiheit und sozialen Ausgleich.

Standortfaktoren:
Diese beeinflussen die Entscheidung eines Unternehmens, sich an einem bestimmten Ort niederzulassen. Dazu zählen z. B. Steuern, Abgaben, Subventionen, Absatzmarkt, Infrastruktur, Arbeitskräftepotenzial, Ressourcenverfügbarkeit.

Strukturpolitik:
Sie umfasst alle wirtschaftspolitischen Maßnahmen, bei denen die Gestaltung der Struktur einer Volkswirtschaft im Zentrum steht. Sie wird z. B. beeinflusst durch die Zusammensetzung der Erwerbsbevölkerung, die vorhandenen natürlichen Ressourcen eines Landes oder die Verteilung von Einkommen und Vermögen.

Tauschprozess:
Unternehmen, Haushalte, Banken und der Staat tauschen im Wirtschaftsprozess Waren und Geld.

Volkswirtschaft:
Bezeichnung für alle Prozesse, die sich in einem Land zwischen und in den Unternehmen, den privaten Haushalten und den staatlichen Einrichtungen sowie zwischen diesem und dem Ausland vollziehen.

Weiterbildung:
Berufliche Weiterbildung ist notwendig, um die erworbenen Kenntnisse zu aktualisieren und auszuweiten.

Wirtschaftskreislauf:
Der Wirtschaftskreislauf ist ein vereinfachtes Modell einer Volkswirtschaft, in dem die wesentlichen Tauschvorgänge zwischen den Wirtschaftsakteuren dargestellt werden.

Wirtschaftsordnung:
Die Wirtschaftsordnung umfasst alle (Rechts-)Normen und Institutionen, die das wirtschaftliche Geschehen in einer Volkswirtschaft regeln. Die Wirtschaftsordnung legt die Spielregeln fest, nach denen die Akteure eines Landes im Wirtschaftsgeschehen handeln können und sollen. Sie beeinflusst im Wesentlichen die Form, den Umfang und die Entwicklung einer Volkswirtschaft.

Wirtschaftsprozess:
Unternehmen produzieren Waren, die von den Haushalten konsumiert werden. Dieser immer wiederkehrende Ablauf wird Wirtschaftsprozess genannt. Unternehmen und Haushalte tauschen Waren und Geld.

A1PIX , Taufkirchen: 159 rechts 2. Foto v. oben
action press, Hamburg: 152 links
akg-images, Berlin: 86 Mitte links, 148 links
alimdi.net, Deisenhofen: 103 rechts unten (Luhr)
AndersARTig, Braunschweig: 43, 86 Mitte 2. Foto v. links (Funke)
ANDIA, Pacé: 83 M3 (Bortoluzzi)
Baaske Cartoons, Müllheim: 53 unten (Puth), 112 (Striepecke), 116
Berger, M., Braunschweig: 95 rechts oben
Bergmoser + Höller, Aachen: 39, 74, 75, 152
Bildagentur Schapowalow, Hamburg: 140 (Weisser)
Bildarchiv Preußischer Kulturbesitz, Berlin: 66 links 2. Foto von oben, 90 unten links (Hubmann)
BilderBox, Thening: 7 rechts unten
Bildmaschine.de, Berlin: 48 Hintergrund (Gosch)
Brandt: 45 Mitte 2. Foto v. rechts
Caro, Berlin: 23 (Sorge), 101 M1 (Teich), 118 links unten (Hoffmann)
CCC/www.c5.net, Pfaffenhofen: 108, 113 rechts, 163 unten (Plassmann)
Christoph & Friends/Das Fotoarchiv, Essen: 25 rechts oben (Vollmer)
Deutsche Messe AG, Hannover: 4 links Mitte
Dägling, A., Wardenburg: 26, 28, 34, 49, 52, 53 rechts oben, 62 unten links, 62 unten rechts, 63 unten links, 63 unten rechts, 138, 139
Eastway, Witten: 154 links unten (Stachnik)
ecopix, Berlin: 127 rechts Mitte (Froese)
ESA/ESOC, Darmstadt: 159 rechts 2. Foto v. unten
F1online, Frankfurt/Main: 101 rechts unten
Fabian, M., Hannover: 29, 45 oben, 51
FOTODESIGN HEFELE, Darmstadt: 4 rechts oben
fotolia.com, New York: 3 rechts unten (Wodicka/BilderBox), 48 links unten (Münch), 57 links (Leben), 96 (Joss), 104 links unten, 122 links Mitte (Nyulaszi), 122 links unten (Glaubitz), 125 rechts unten (Kroener), 129 rechts (Milert), 130 M3 (Berchtesgaden), 130 M3 (Hering)
Getty Images, München: 8 oben rechts (Rex Butcher)
Hafen Hamburg Marketing, Hamburg: 57 rechts Mitte (Hettchen)
Henzler, Nürtingen: 40 oben
Hoffmann, K., Hannover: 7 rechts oben
imu-Infografik, Duisburg: 17 oben
Intro, Berlin: 3 rechts Mitte (Ausserhofer)
jump Fotoagentur, Hamburg: 45 Mitte links (Falck)
Keystone, Hamburg: 105 rechts oben (Zick)
Knaußmann, K., Gifhorn: 154 unten rechts
Kneffel, M., Essen: 4 rechts unten
Kohn, K., Braunschweig: 40 unten links, 41 oben rechts, 44
Kompetenzzentrum Technik-Diversity-Chancengleichheit, Bielefeld: 118
Krückeberg, H., Hannover: 61
Köcher, U., Hannover: U1 rechts unten, 9 unten
Langner & Partner, Hemmingen: 136
Lindner, A. K., Braunschweig: 11
MairDumont, Ostfildern: 10 links oben
Marcks, Marie, Heidelberg: 107
Mauritius, Mittenwald: 7 links (Gilsdorf), 86 oben rechts, 129 (Rosenfeld), 154 rechts 2. Foto v. unten
Mellinghoff, A., Frankfurt/Main: 104 links oben
Müller, R., Braunschweig: 10 links unten
Picture-Alliance, Frankfurt/Main: 3 rechts oben (zb/Wolf), 4 links unten (Frederico Gambarini), 8 oben Mitte (Wittek), 8 oben links (Rumpenhorst), 9 oben rechts, 10 links Mitte (ZB/Thieme), 13 rechts Mitte, 13 rechts unten (Perry), 14 links Mitte (scanpix/Pohl), 14 links oben (Sisulak), 14 links unten (Mittenzwei), 19 (Rumpenhorst), 21, 24 (ZB/Pleul), 25 links (Xinhua/Photoshot), 25 rechts unten (Olsson/6PA/MAXPPP), 32 (Marks), 37 (Gebhard), 38 (Schulte), 42, 45 Mitte 2. Foto v. links (Seeger), 45 Mitte rechts (Ossinger), 47 (Wittek), 48 links oben (May), 55 (Sander/T. Roos), 58 (Steffen), 61 (Kneffel), 67 Mitte (Weihs), 67 oben, 68 links oben (ZB/Kalaene), 68 links unten, 68 oben rechts (Busch), 68 unten rechts (Grubitzsch), 73 (Rumpenhorst), 75 unten rechts (Schutt), 76, 79 unten rechts, 85 oben (ZB/Euroluftbild), 85 unten rechts (Wagner), 86 Mitte rechts (Deck), 86 oben links (akg-images/Bohr), 86 unten links, 88 links oben (akg-images/Almasy), 88 links unten, 88 unten (IMAGNO/Pflaum), 89 rechts unten (Gentsch), 90 M3, 90 Mitte, 92 Mitte, 92 links (Wagner), 93 unten (Wagner), 94 unten, 95 rechts unten (ZB/Wiedl), 100 Hintergrund (Weihrauch), 103 rechts Mitte (Weihrauch), 103 rechts oben (Hager), 105 rechts unten (6PA/MAXPPP/Cirou), 108 (Steffen), 114 Hintergrund (Imaginechina Gao feng), 115 rechts oben (Lehtikuva/Marttila), 119 rechts unten (Weihrauch), 120 oben links (KPA/Hochheimer), 120 oben rechts (Rumpf), 122 links oben, 126 Hintergrund (Eisele), 127 rechts oben (Thissen), 128 (ZB/Grubitzsch), 132 links unten, 137, 140, 146 Hintergrund (Klar), 147 rechts Mitte (Imaginechina Lang shuchen), 147 rechts oben (Imaginechina Ru weizhen), 148, 149, 150 links oben (ZB/Pleul), 150 links unten, 151 rechts oben, 154 links 2. Foto v. unten (ZB/Pleul), 155, 156 M1, 159 rechts oben (Weihrauch), 159 unten rechts
RAG Deutsche Steinkohle AG, Saarbrücken: 57 rechts oben
RTL, Köln: 159 unten links
Schopf, O., Wien: 151 Mitte
Schöpper, R., Münster: 81 unten
Seidel, J., Köln: 111
Sierigk, P., Braunschweig: 115 rechts unten, 125 rechts oben
Sinopictures, Berlin: 95 rechts Mitte
SPIEGEL-Verlag, Hamburg: 155 Mitte
Staatliche Museen zu Berlin/Stiftung Preußischer Kulturbesitz, Berlin: 66 links oben
Stiftung Haus der Geschichte der Bundesrepublik Deutschland, Bonn: 35, 145 oben (Wolter)
Süddeutsche Zeitung Photo, München: 66 links Mitte
Tönnies, U., Laatzen: 89 rechts oben
ullstein bild, Berlin: 83 rechts oben (Herrmann), 86 oben Mitte (KPA/Mediacolors), 118 links oben, 124 (Granger Collection), 141
Visum, Hamburg: 102 links oben
Werbefotografie Weiss, Gersthofen: 16 links unten, 65
Westermann-Archiv, Braunschweig: 158 links
Wildlife, Hamburg: 127 rechts unten (Heumader)

Alle übrigen Karten und Schaubilder: Westermann Kartographie/Technisch Graphische Abteilung, Braunschweig.

Falls eine Abbildung nicht richtig oder gar nicht im Verzeichnis erscheint, bitten wir nachdrücklich um Entschuldigung. Bitte setzen Sie den Verlag darüber in Kenntnis.

Legende
hier gilt der Euro (im bargeldlosen Zahlungsverkehr) seit dem 1. 1. 1999
hier gilt der Euro (im bargeldlosen Zahlungsverkehr) seit dem 1. 1. 2001
hier gilt der Euro (im bargeldlosen Zahlungsverkehr) seit dem 1. 1. 2007
hier gilt der Euro (im bargeldlosen Zahlungsverkehr) seit dem 1. 1. 2008
hier gilt der Euro (im bargeldlosen Zahlungsverkehr) seit dem 1. 1. 2009
hier gilt der Euro als gesetzliches Zahlungsmittel ohne Abkommen mit der EU
hier gilt der Euro als De-facto-Zahlungsmittel ohne Abkommen mit der EU
nicht am Euroraum teilnehmende EU-Länder
Sitz der Europäischen Zentralbank
Hauptstadt
Krone Währungsname
(Dän.) Dänemark
(G.-B.) Großbritannien
(Span.) Spanien
(Port.) Portugal
Maßstab 1: 12 000 000
Reykjavik
Island
Isländische Krone
Nördlicher Polarkreis
Färöer (Dän.)
Shetland-Inseln
Orkney-Inseln
Norwegen
Norwegische Krone
Oslo
Nordsee
Dublin
Irland
Man
Großbritannien und Nordirland
Pfund Sterling
London
Dänemark
Dänische Krone
Kopenhagen
Niederlande
Amsterdam
Elbe
Atlantischer Ozean
Kanalinseln (G.-B.)
Brüssel (Bruxelles)
Belgien
Luxemburg
Deutschland
Frankfurt
Paris
Seine
Loire
Rhein
Donau
Frankreich
Bern
Schweiz
Schweizer Franken
Liechtenstein
Rhône
Po
Portugal
Madrid
Andorra
Ebro
Tajo
Lissabon (Lisboa)
Spanien
Monaco
Korsika
Italien
San Marino
Elba
Rom (Roma)
Vatikanstadt
Mallorca
Menorca
Ibiza
Formentera
Balearen
Sardinien
Gibraltar (G.-B.)
Ceuta (Span.)
Melilla (Span.)
Madeira (Port.)
Rabat
Algier
Tunis
Pantelleria (Italien)
Lampedusa (Italien)
Malta
Kanarische Inseln (Span.)
La Palma
Gomera
Hierro (Ferro)
Teneriffa
Gran Canaria
Lanzarote
Fuerteventura
Marokko
Dirham
Algerien
Algerischer Dinar
Tunesien
Tunesischer Dinar
Tripolis
Sahara (von Marokko besetzt)
West 0° Ost
10°
50°
40°
30°